hotéis • resorts • restaurantes • lojas • spas • villas

Guia itáliachic

hotéis • resorts • restaurantes • lojas • spas • villas

Guia itáliachic

leonie loudon • richard nichols • elena nichols • kerry o'neill

PUBLIFOLHA

agradecimentosdoeditor

Finalmente, chegou *la bella Italia*! Quero agradecer a todas as fabulosas locações apresentadas no *Itália Chic*. Para mais informações sobre a Chic Collection, visite o site www.thechiccollection.com ou envie um e-mail para info@thechiccollection.com.

Como sempre, são muitas as pessoas às quais agradecer: Massimo Bartolucci, diretor do Departamento do Turismo Italiano em Paris e seus colegas em Londres; Mario Chessa, diretor regional de vendas e marketing dos Starwood Hotels and Resorts, Itália e Malta; Laura Pettazzi e Alex Fenzl; a equipe de vendas e marketing do Hotel Straf; Evelina Conti, diretora de vendas e marketing da Rocco Forte Collection na Itália e Sue Heady, diretora de comunicações em Londres. E, naturalmente, a Paola Manfedi, por toda a ajuda.

De nossa equipe, especiais agradecimentos a Isabelle du Plessix, editora-associada da Chic Collection, incansável na realização de todo o projeto. Como sempre, a equipe das Editions Didier Millet correu contra o relógio para cumprir os prazos. Agradecimentos especiais a Joanna Greenfield e Priscilla Chua, e aos heróis anônimos KC Sin e Bobby Teh, que deram continuidade ao bom trabalho produzindo e distribuindo o livro.

Por fim, obrigado por ter comprado este livro e por prestigiar a coleção. Espero que encontre no *Itália Chic* um instrumento maravilhoso para planejar uma viagem inesquecível.

Nigel Bolding
editor

Título original: Italy Chic

COORDENAÇÃO DO PROJETO: PUBLIFOLHA
Editora-Assistente: Nina Bandeira
Coordenação de Produção Gráfica: Soraia Pauli Scarpa
Produtora Gráfica: Mariana Metidieri

PRODUÇÃO EDITORIAL: PÁGINA VIVA
Tradução: Eliana Rocha
Edição: Maria Sylvia Corrêa
Revisão: Elisa Elias, Pedro Ribeiro

BOLDING BOOKS
Edição Executiva: Melisa Teo
Edição: Joanna Greenfield, Pricilla Chua
Projeto Gráfico: Lisa Damayanti, Felicia Wong
Gerência de Produção: Sin Kam Cheong
Impresso na Tien Wah Press (Pte) Ltd, Cingapura

Dados Internacionais de Catalogação na Publicação (CIP)
(Câmara Brasileira do Livro, SP, Brasil)

Guia Itália Chic / Leonie Loudon... [et al.];
[tradução Eliana Rocha]. -- São Paulo :
Publifolha, 2010. -- (Coleção guias chics)

Outros autores: Richard Nichols, Elena Nichols, Kerry O'Neill
Título original: Italy chic.
ISBN 978-85-7914-138-6

1. Itália - Descrição e viagens - Guias
I. Loudon, Leonie. II. Nichols, Richard. III. Nichols, Elena. IV. O'Neill, Kerry. V. Série.

09-11962 CDD-914.53

Índices para catálogo sistemático:
1. Guias de viagem : Itália 914. 53
2. Itália : Guias de viagem 914. 53

A grafia deste livro segue as regras do Novo Acordo Ortográfico da Língua Portuguesa.

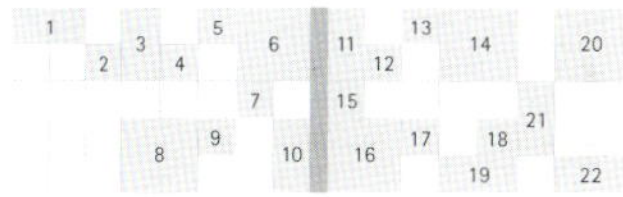

LEGENDAS DA CAPA E CONTRACAPA:

1: Palazzo Viviani: monumento medieval.
2: Design moderno e conforto na Charming House DD.724.
3: Vista do Hotel Gritti Palace.
4: Caffè Pedrocchi em Pádua.
5: Tratamento num spa de luxo.
6: A cúpula de vidro do restaurante La Cúpula, no Park Hyatt de Milão.
7: Vislumbre da alta sociedade italiana.
8: Piazza San Carlo, em Turim.
9: Cozinha gourmet no Hotel Giardino.
10: A Via Condotti, em Roma.
11: Glamour desenfreado em Milão.
12: Hors-d'oeuvre do Carlo Cracco, um maravilhoso estrelado Michelin.
13: Esplendor toscano em Montechiello.
14: Luxo em estilo renascentista no belíssimo Ca Maria Adele, em Veneza.
15: Escadaria dos Museus do Vaticano.
16: Canais de Veneza: marco da Itália.
17: Um martíni no Hotel de Russie.
18: Os magníficos mosaicos da Cappella Palatina, em Palermo.
19: Jantar cinco-estrelas.
20 e 22: O estiloso L'Albereta.
21: Detalhe vanguardista no The Gray.
PÁG. 2: *Uma villa à beira de um lago.*
NESTA PÁGINA: *Uma criação Carlo Cracco.*
PÁG. AO LADO: *Refeição de primeira.*
PÁGINAS 8 E 9: *O romantismo da Itália.*

sumário

SERVIZIO
GONDOLE

itáliaporregiões

itáliaporcapítulos

LIECHTENSTEIN
ÁUSTRIA
HUNGRIA
ROMÊNIA
SUÍÇA
TRENTINO-ALTO ADIGE
ESLOVÊNIA
FRIÚLI-VENEZA GIULIA
CROÁCIA
VALE DO AOSTA
LOMBARDIA
VÊNETO
Golfo de Veneza
Krk
Cres
PIEMONTE
BÓSNIA-HERZEGÓVINA
SÉRVIA
EMÍLIA-ROMANHA
SAN MARINO
LIGÚRIA
MÔNACO
Golfo de Gênova
TOSCANA
MARCHE
MONTENEGRO
Mar da Ligúria
Ilha de Elba
ÚMBRIA
Mar Adriático
Córsega
ABRUZOS
FRANÇA
VATICANO
Golfo de Manfredonia
LÁCIO
MOLISE
Estreito de Otranto
Ilha Maddalena
PUGLIA
ALBÂNIA
CAMPANHA
Ilhas Ponziane
BASILICATA
I. de Capri
Golfo de Taranto
SARDENHA
Mar Tirreno
CALÁBRIA
Mar Jônico
Ilha de San Pietro
Ilha de Sant' Antioco
Ilhas Eólias
Estreito de Messina
Ilha Egadi
SICÍLIA
Legenda
Aeroporto
Lago
4000–5000 m
3000–4000 m
2000–3000 m
1500–2000 m
1000–1500 m
500–1000 m
200–500 m
100–200 m
Estreito da Sicília
Ilha de Pantelleria
N
MALTA
TUNÍSIA
0 km 50 100 150 km
Ilhas Pelagie
Mar Mediterrâneo

introdução

irretocável

Majestosos picos das Dolomitas erguendo-se sobre prados aprazíveis; campos de trigo repletos de flores; ciprestes longínquos despontando perpendicularmente ao horizonte; uma profusão de limoeiros em um precipício, o mar perigosamente distante lá embaixo; vastos arrozais fundindo-se ao crepúsculo; um templo grego recortado contra um céu azul; um sol incansável branqueando uma praça: são instantâneos de uma Itália mais ou menos familiar a todos nós. Uma Itália que, por mais que acreditemos conhecer, sempre preserva um enigma irresistível.

Um dos países mais visitados da Europa, a Itália tem regiões tão diferentes que, não importa quantas vezes a visitemos, sempre haverá muito o que ver. Um assalto enorme aos sentidos, nos cativa e nos convida a voltar sempre. E não são só as belezas naturais que nos atraem, mas também sua estonteante riqueza arquitetônica. Não admira que a Itália tenha mais locais declarados patrimônios da humanidade pela Unesco que qualquer outro país do mundo – mais de quarenta. Naturalmente, Roma e Veneza são as maiores atrações do país, mas monumentos como a Torre de Pisa e centros históricos de muitas cidades são hoje protegidos como tesouros – de Florença e Siena a Verona, Ferrara e Urbino; de Nápoles às cidades barrocas do sudeste da Sicília. Há mais beleza do que até mesmo os italianos são capazes de suportar, e é em parte graças ao turismo que a incrível herança da Itália tem sobrevivido tão bem.

uma ilha de oportunidades?

Quase uma ilha alongada – a não ser pela fronteira norte, circundada pelos Alpes –, a Itália atraiu diferentes povos desde tempos imemoriais. Dos gregos aos sarracenos, dos bizantinos aos normandos, dos espanhóis aos Bourbons e aos austro-húngaros, a Itália sempre foi o centro do mundo em termos de comércio e importância estratégica. Além disso, foi de sua costa que navegantes italianos partiram para diversas conquistas – Marco Polo, Cristóvão Colombo, Américo Vespúcio e, séculos mais tarde, milhares de italianos empobrecidos, numa imigração em massa para os quatro cantos do mundo.

NESTA PÁGINA: *La dolce vita em ação: Peter Sellers e sua mulher à época, Britt Ekland, divertindo-se em Roma em 1965.*

PÁG. AO LADO: *A mais pura tradução da Itália, Veneza atrai milhares de pessoas com seu ambiente romântico e sua paisagem singular, vista aqui do alto da Basílica de São Marcos.*

in extremis

Uma terra de extremos, com marcadas divisões entre o Norte e o Sul, a Itália é uma das nações mais ricas da Europa no norte, e uma das mais pobres no sul. O país suportou e sobreviveu a inúmeras invasões, erupções vulcânicas, terremotos e bombardeios contínuos durante a Segunda Guerra Mundial, para sempre ressurgir como fênix renascendo das cinzas. Mas, embora os italianos tenham orgulho de sua herança, seus corações são mais fiéis à sua região do que ao país, porque a Itália que conhecemos hoje só passou a existir em 1861. Com o Norte lamentando o dinheiro que manda para o Sul necessitado, e o Sul saturado do crime organizado e da pobreza, o cenário político da Itália é outro campo de discórdia, dividido entre esquerda e direita, sem a mínima chance de se chegar a um acordo.

Dicotomias permeiam toda a estrutura do país: do paganismo dos romanos à ortodoxia da Igreja Católica; das conspirações e barganhas pelo poder dos imperadores e do Senado; das comunas às facções, que se dividiam entre guelfos, leais ao papa, e gibelinos, que apoiavam o Sacro Império Romano. Até a Igreja se dividiu depois da Reforma Protestante, uma união só restaurada depois do Concílio de Trento. Entretanto, apesar de tão profundamente enraizada em suas tradições, a Itália é o mesmo país que criou o conceito de futurismo.

NESTA PÁGINA (A PARTIR DO ALTO): *A grife italiana Prada conquistou grande prestígio em todo o mundo; Veneza tem sido fonte de inspiração há séculos.*
PÁG. AO LADO: *Um belo exemplo do elegância italiana, Valentino Garavani apresenta uma exposição retrospectiva em Roma para celebrar 45 anos na indústria da moda.*

bella gente, bel paese

Apesar dessas constantes contradições, foi graças à flexibilidade, à paixão e ao prodigioso talento de seu povo que a Itália é o país que é. Porque, além da beleza de suas paisagens, foram os italianos que criaram a maior parte do que faz da Itália um país tão especial. Desde o Império Romano, passando pelo Renascimento até a época atual, a Itália deu ao mundo alguns dos seus maiores escritores, músicos e artistas, sem falar em seus cientistas, inventores e exploradores. E não é só. Da moda ao futebol, da gastronomia às finanças, a Itália é um país formidável.

... além da beleza de suas paisagens, foram os italianos que criaram a maior parte do que faz da Itália um país tão especial.

made in italy: moda

Sinônimo de moda, Milão chegou ao topo do mundo fashion nos anos 1960 e de lá nunca mais saiu. Sem abandonar a longa tradição italiana na confecção de roupas, calçados e tecidos, os designers do país firmaram-se na vanguarda da indústria da moda graças ao seu senso de estilo; estão sempre à frente, seguidos pelos demais.

milão + norte da itália

Milão é hoje famosa por suas casas de moda. O triângulo de ouro milanês abriga as melhores lojas de moda: na Via Montenapoleone, **Gucci**, **Versace**, **Prada**, **Salvatore Ferragamo**, **Fratelli Rossetti** e **Valentino**; na Via Sant'Andrea, **Fendi**, **Armani**, **Moschino**, **Gianfranco Ferré** e **Trussardi**; e, na Via della Spiga, **Dolce & Gabbana**, **Tod's** e **Bulgari**.

O **Spazio Armani** (Via Manzoni 31) reúne tudo o que tem a marca Armani e ainda hospeda a filial milanesa do restaurante Nobu. **10 Corso Como** é uma butique ultramoderna, que reúne livraria, galeria e restaurante em um só lugar. Antenada nas tendências mais atuais, é parada obrigatória para quem quer estar na moda. Outras marcas italianas, como **Max Mara** e **Furla**, se encontram no Corso Vittorio Emanuele, que começa na Piazza Duomo. Na região dos Navigli há uma moda mais extravagante. Além de marcas italianas menos convencionais como **Diesel** e **Miss Sixty**, há lojas vintage e butiques de peças únicas, onde se exibem novos talentos.

veneza + nordeste da itália

As lojas de estilistas de moda estão todas situadas nas ruas ao redor da Piazza San Marco. **Vittorio Trois** (Campo San Maurizio, San Marco 2666) é o melhor lugar onde comprar tecidos Fortuny. **Venetia Studium** (duas lojas em San Marco) vende lindas roupas e peças forradas de tecidos Fortuny. O centro comercial de Bolonha é a Via Farini, dentro da Galleria Cavour, que abriga **Versace**, **Gucci** e **La Perla**, além da clássica loja de roupas masculinas **Giusti**.

florença + centro-norte da itália

As principais ruas comerciais de Florença são a Via Tornabuoni e a Via della Vigna Nuova, mas há designers e butiques menos famosos em cada esquina. Além de talentos locais famosos, como **Gucci** (Via Tornabuoni 73 e Via Roma 32) e **Roberto Cavalli** (Via Tornabuoni 83), há nomes menos conhecidos como **Patrizia Pepe** (Piazza San Giovanni 12). **Salvatore Ferragamo** (Via Tornabuoni 4-14) e **Emilio Pucci** (Palazzo Pucci, Via dei Pucci 6), vieram de Nápoles e fizeram de Florença a sua base. **SpazioA** (Via Porta Rossa 107) é uma butique moderna que hospeda vários estilistas, de **Alberta Ferretti** a **Jean Paul Gaultier, Narciso Rodriguez** e **Moschino**.

roma + centro-sul da itália

Além de uma linda cidade, Roma é um paraíso de compras, onde você encontra, além de lojas de grifes e butiques, alfaiates e estilistas que oferecem roupas sob medida. As ruas comerciais consagradas estão na e ao redor da Piazza di Spagna, onde estão localizados os deuses da moda. **Valentino** (Via Condotti 13, Via del Babuino 61 e Via Bocca di Leone 15), **Fendi** (Via Borgognona 39, com a grande

NESTA PÁGINA (SENTIDO HORÁRIO, A PARTIR DO TOPO): *Bulgari, uma grife italiana de luxo, no mercado desde 1905; Dolce & Gabbana é adorado por seu design de vanguarda; no coração da Milão glamourosa, a Prada mora na Galleria; um loja Tod's no centro de Milão.*

PÁG. AO LADO: *Modelo usa um vestido Gianni Calignano.*

matriz no Palazzo Fendi, Largo Goldoni 415-421) e **Bulgari** (Via Condotti 10) são marcas romanas tradicionais.

Ali perto fica a **TAD** (Via del Babuino 155a), loja e empório conceitual dos mais excêntricos designers romanos. A **Degli Effetti** (Piazza Capranica 75, 79 e 93) vende roupas vintage customizadas por estilistas como John Galliano e Comme des Garçons. **244 Via Panisperna** é outra butique contemporânea de roupas e, especialmente, sapatos de grife. **Leam** (Via Appia Nuova 26 e 32) é uma loja elegante que oferece peças de todos os principais designers. A moda mais convencional está na Via del Corso, na Via Cola di Rienzo (perto do Vaticano) e na Via Nazionale. A Via dei Giubbonari, perto do Campo dei Fiori, abriga butiques de alta moda e lojas de roupas mais comuns. Perto do velho Ghetto situam-se alguns dos melhores joalheiros de Roma; são dezenas de ateliês à sua escolha. A Via Veneto também tem suas próprias lojas de prestígio, como a **Brioni**, tradicional marca de roupas masculinas.

nápoles + costa amalfitana + sul da itália

A moda é um grande negócio em Nápoles, onde tanto nomes famosos quanto talentos locais se espalham pela Via dei Mille e pela Via Filangieri, perto da Piazza dei Martiri. A minúscula Via Calabritto, que termina em frente ao mar ao lado da Riviera dei Chiaia, é outro paraíso do consumo. **Eddy Monetti** (Via Dei Mille 45) é uma boa opção tanto para homens quanto para mulheres, e o lugar ideal para ternos sob medida. Presidentes e príncipes compram suas gravatas na histórica **E. Marinella** (Riviera di Chiaia 287), e a vizinha **Merolla e**

del'Ero (Via Calabritto, 20) vende camisas feitas à mão com grande variedade de botões. A Galleria Umberto I abriga a moderna cadeia de lojas **Barbaro**.

Capri tem uma profusão de lojas de moda, competindo com Rodeo Drive e com Roma em prestígio e glamour. **Ferragamo**, **Fendi**, **Gucci**, **Cavalli** e **Prada** amontoam-se ao redor das centrais Via Camerelle, Via Furlovado e Via Vittorio Emanuele. Para encomendar uma calça estilo Capri, procure **La Parisienne** (Piazza Umberto I, 7). **Pucci**, seu criador, abriu sua primeira loja em Capri em 1949. Mais recentemente, foi inaugurada na Via Camarelle uma loja que vende lindos biquínis e acessórios de iatismo. **L'Arte del Sandalo Caprese** (Via Orlando 75, Anacapri) é onde Antonio Viva faz suas famosas sandálias de pedrarias feitas à mão.

ilhas da itália

Palermo e Catânia, na ilha da Sicília, também têm a sua cota de designers. As melhores ruas comerciais são a Via della Libertà e a Via Vittorio Emanuele, em Palermo, e a Via Etnea e o Corso Italia, em Catânia. Aqui você vai encontrar os maiores nomes italianos, além de designers sicilianos. Alguns dos talentos locais são **Di Maria** (Via F Bandiera 63, Palermo), para vestidos de noiva; **Roberta Lojacono** (Via Turati 17, Palermo). para peças exclusivas; e **Marella Ferrera** (Viale XX Settembre 25-27, Catânia), para moda feminina. A Via Bara all'Olivella, perto do Museu Arqueológico, e a paralela Via dell'Orologio estão lotadas de lojas, entre elas **La Coppola Storta**, que vende uma versão moderna da boina siciliana.A ilha de Lipari é famosa por suas sandálias de couro sob medida.

NESTA PÁGINA (NO SENTIDO HORÁRIO, A PARTIR DO ALTO): *A bolsa Gucci, um clássico eterno; a exposição dedicada a Valentino celebrando 45 anos de estilo; um desfile da semana de moda de Milão; em 2007 Valentino mostrou 64 vestidos num destile em Roma para celebrar seu aniversário.*
PÁG. AO LADO (A PARTIR DO ALTO): *A loja Gucci na Via Condotti, Roma; a conceitual TAD, uma loja de departamentos elegante e eclética.*

made in italy: design

NESTA PÁGINA (SENTIDO HORÁRIO, A PARTIR DO ALTO): *A clássica poltrona Vanity Fair, réplica do modelo 904, do catálogo de 1903; uma criação mais recente, a Dezza, foi desenhada em 1965; a matriz da Poltrona Frau, em Milão.*

PÁG. AO LADO: *As lindas poltronas estofadas Duna da Arper e a cadeira Leaf Lounge, ambas desenhadas por Lievore Altherr Molina.*

Arte e arquitetura não são as únicas áreas em que o talento italiano se revela – o design é outra. Além de ter um artesanato incomparável, a Itália é também um dos poucos lugares onde o artesão e os pequenos negócios familiares ainda sobrevivem à produção industrial. Da obra de arte ao objeto de uso diário, os italianos parecem ter o toque de Midas: tudo o que eles produzem se torna objeto de desejo.

Os designers italianos sempre estiveram na linha de frente do cenário internacional contemporâneo do design, inovando sem abandonar as tradições afetivas testadas e aprovadas. Combinar beleza e funcionalidade é um talento que floresce entre eles. Veja-se, por exemplo, a Ferrari. É conhecida e adorada não apenas por seu poderoso motor, mas por seu projeto primoroso: pense na Testarossa de 1984, projetada por Pininfarina, ou na sua Alfa Romeo Spider de 1966. Ideias simples geraram o lendário e adorado Fiat 500 de Dante Giacosa, a Vespa de Corradino d'Ascanio e a Lambretta de Ferdinando Innocenti. Até a humilde Moka, a cafeteira criada por Alfonso Bialetti em 1933, entrou para a história do design italiano e até hoje é encontrada em toda a Itália e conhecida em todo o mundo. Não admira que esse Bialetti fosse o avô de outro grande designer: Alberto. Como diriam os italianos, fica tudo em família.

De Giò Ponti a Ettore Sottsass (e o grupo

Memphis), Achille Castiglioni e seus dois irmãos, Tobia Scarpa e inúmeros outros, o design italiano parece estar um passo à frente do resto do mundo. Muitos clássicos de catálogos do passado são recriados e parecem tão modernos hoje quanto eram na época.

itália

Fundada em Turim, mas com base em Le Marche, **Poltrona Frau** (www.poltronafrau.com) é a mais famosa fábrica de poltronas da Itália. No mercado desde 1912, foi o fornecedor oficial da casa real de Saboia, desde então criando poltronas para os maiores transatlânticos, carros e aviões, salas de concerto e parlamentos, assim como para casas humildes. Oferecendo uma grande variedade de cores, tecidos e acabamentos, a Poltrona Frau sempre aliou tradição e tecnologia, usando designers de vanguarda como Giò Ponti e, mais recentemente, Frank O Gehry. Em 2004 a empresa adquiriu a **Cappellini** (www.cappellini.it) e, em 2005, a **Cassina** (www.cassina.com) passou a fazer parte do grupo. Ambas são membros da aristocracia do design italiano. A Cappellini há muito vem produzindo objetos de desejo e de iluminação, enquanto a Cassina começou em 1927 fabricando mesas antes de criar poltronas. Como a Poltrona Frau, a Cassina criou estofados e cadeiras para centenas de projetos prestigiosos, de navios, hotéis e cassinos dos anos 1950 às lendárias cadeiras Leggera e Supper Leggera de Giò Ponti.

Três outras conceituadas fábricas de móveis são **Minotti** (www.minotti.it), **Il Loft** (www.illoft.com) e **Arper** (www.arper.com). A Minotti tem 60 anos de experiência na

NESTA PÁGINA: *Peças de vidro de Murano da Casa Angelina.*

PÁG. AO LADO (SENTIDO HORÁRIO, A PARTIR DO ALTO): *Barnaba Fornasetti preserva a obra do pai, além de criar novos designs como este armário chamado Zebra e a banqueta Bocca; a Catifa 70 e a Leaf Chair da Arper, ambas desenhadas por Lievore Altherr Molina; um moderno banheiro Zucchetti.*

fabricação de poltronas e sofás, e desde 2007 tem o design de Rodolfo Dordoni. Il Loft produz cadeiras premiadas e tecidos de Giorgio Saporiti. A Arper, fundada no fim dos anos 1980, fabrica cadeiras e mesas como as coleções Duna e Catifa, desenhadas por Alberto Lievore. Projetos premiados de banheiros e cozinhas são oferecidos pela **Zucchetti** (www.zucchettionline.it), enquanto a **Ceramica Flaminia** (www.ceramicaflaminia.it) é famosa por seus cobiçados banheiros.

Piero **Fornasetti** (www.fornasetti.com), pintor, escultor, decorador de interiores, gravador e designer milanês, foi um dos mais criativos talentos do século 20. Seu filho Barnaba deu continuidade à sua produção, revivendo suas peças mais populares e criando outras sob licença.

A **Artemide** (www.artemide.com), fundada em 1958 por Ernesto Gismondi e Sergio Mazza, se especializou na fabricação de objetos de iluminação projetados por famosos designers e arquitetos internacionais. As mais conhecidas são as luminárias de mesa Tizio, desenhada por Richard Sapper em 1972, e Tolomeo, desenhada por Michele De Lucchi e Giancarlo Fassina em 1986, que se tornaram ícones do moderno design italiano. Outra empresa de iluminação, a **Flos** (www.flos.com), foi fundada em 1962 e empregou designers notáveis como os irmãos Castiglioni e Tobia Scarpa. A Flos é particularmente famosa por sua lâmpada Cocoon dos anos 1950, feita de plástico de alta resistência usado de formas criativas. Em 1988 produziu a primeira luminária desenhada por Philippe Starck, chamada Arà.

Ainda hoje uma empresa familiar, a **Alessi** (www.alessi.com) é famosa pelo design de objetos e utensílios de cozinha, criados em plástico colorido e aço inoxidável. No mercado desde 1921, ganhou prestígio nos anos 1980, quando Alberto Alessi assumiu a direção. Alessi contou com a colaboração de designers como Ettore Sottsass, Richard Sapper, Achille Castiglioni e Philippe Starck. Recentemente, trabalhou com Zaha Hadid e, em 2006, a empresa se dividiu em três linhas, das quais a Oficina Alessi é a de edições limitadas e a mais experimental.

milão + norte da itália

E De Padova (Corso Venezia 14) é a maior loja de móveis de Milão, com seis andares cheios de trabalhos de designers como Achille Castiglioni e Pierluigi Cerri. Antes de morrer, Achille Castiglioni costumava decorar suas vitrines. Outra mostra de grandes talentos é a **B&B Italia** (Via Durini 14). Criada em 1966, oferece móveis de designers famosos, e seu catálogo tentador apresenta muitos clássicos do design reeditados, além de novos objetos do desejo.

Para quem procura originais raros há várias galerias que oferecem peças decorativas e de arte aplicada, além de móveis. A **Galleria MK** (Via Pietro Maroncelli 2) e a **Galleria Rossella Colombari** (Via Pietro Maroncelli 10) são um ótimo ponto de partida. Há ainda casas de leilões, uma melhor opção para certos designers. Uma peça de Carlo Mollino, o eclético designer de Turim, atingiu, em 2005, o recorde mundial por um móvel do século 20: uma mesa de carvalho e vidro de 1949 foi vendida por US$3,8 milhões. A **Danese** (Piazza San Nazaro in Brolo 15), empresa fundada em 1957, oferece reproduções em edição limitada e peças de estoque por preços mais acessíveis; a maior parte de seu catálogo foi criada por Enzo Mari e Bruno Munari.

veneza + centro-norte da itália

Atualmente, o vidro de Murano é o mais famoso produto de exportação de Veneza. Na própria ilha de Murano, **Carlo Moretti** (Fondamenta Manin 3) vende peças contemporâneas, assim como a **Domus Vetri d'Arte** (Fondamenta Vetrai 82). De volta ao continente, a **Pauly** (Calle Larga San Marco) vende objetos clássicos de vidro, enquanto a **San Vio** (Campo San Vio), em Dorsoduro, centra-se mais no design.

roma + centro-sul da itália

Além dos *showrooms* particulares das empresas, há em Roma empórios de design contemporâneo. O **Spazio Sette** (Via dei Barbieri 7) tem três andares de móveis dentro do Palazzo Lazzaroni. Duas lojas que merecem uma visita são **Magazzini Associati** (Corso del Rinascimento 7) e **Benedetti** (Via Marmorata 1341), que tem sete filiais. Para cozinhas modernas, procure a **Arclinea** (Lungotevere de'Cenci 4b) ou a **Odorisio** (Via Tomacelli 150).

E há ainda os antiquários romanos. **Babuino Novecento** (Via del Babuino 65) vende móveis e objetos de desejo; **Maurizio de Nisi** (Via Panisperna 51) se especializou no design dos anos 1930 e 1940, enquanto **Retrò** (Piazza del Fico 20-21) e **High Tech d'Epoca** (Piazza A. Capponi 7) oferecem trabalhos a partir de 1900.

Para objetos de vidro, visite **Murano Più** (Corso del Rinascimento 43/45) ou **Archimede Seguso** (Via dei Due Macelli 56). E, para acessórios de cozinha, a luxuosa **Fornari & Fornari** (Via Frattina, 133) é obrigatória. **C.u.c.i.n.a.** (Via Mario d'Fiori 65) e **Gusto** (Piazza Augusto Imperatore 9) também têm muitas opções. **TAD** (Via del Babuino 155a) oferece uma variedade de produtos para a casa.

o cenário gastronômico italiano

Apreciada nos quatro cantos do mundo, a cozinha italiana oferece muito mais do que as onipresentes pizza e pasta. Embora seja uma tradição enraizada na vida cotidiana do país, a culinária italiana é uma experiência verdadeiramente dinâmica, e o surgimento de novos talentos mantém o cenário gastronômico na vanguarda.

milão + norte da itália

Cracco (Via Victor Hugo 4) exibe a criatividade e a delicadeza orquestral do talentoso chef Carlo Cracco. É sem dúvida o melhor restaurante de Milão, com nada menos que duas estrelas Michelin e uma superestrela. Na moderna região dos Navigli você encontra outro excelente chef, Claudio Sadler, do **Ristorante Sadler** (Via Ascanio Sforza 77), famoso pela técnica brilhante e seus ingredientes cuidadosamente escolhidos. O peixe é a especialidade da casa, que tem como destaques a lagosta com alecrim e o peixe assado com Pernod e erva-doce. Na saída de Milão para Turim fica o **Caffè Groppi** (Via Goffredo Mameli 20), comandado pelo jovem Fabio Barbaglini.

Localizado em Rivoli, o **Combal.Zero** (Piazza Mafalda di Savoia), estrelado pelo Michelin, orgulha-se do talento do chef Davide Scabin. Instalado em um castelo do século 13, ao lado de um museu de arte contemporânea, o cardápio futurista de Scabin estimula os clientes a se divertir com a comida além de comer, sendo a apresentação fundamental para isso.

Em Turim, **La Pista** (Via Nizza 262-294) está estrategicamente situado no alto da pista oval de Lingotto. Uma decoração moderna e de bom gosto combina com o intrigante cardápio. As sobremesas são especialmente boas. Outros marcos da cidade são a **Locanda Mongreno** (Strada Comunale Mongreno 50), do chef Piercarlo Bussetti, e o **Dolce Stil Novo** (Via San Pietro 71/73), de Alfredo Russo. Ambos receberam a estrela Michelin.

Mais para o sul, em Alba, fica o **Piazza Duomo** (Piazza Risorgimento 4) de Enrico Crippa. Também na região das Langhe, a **Locanda nel Borgo Antico** (Via Boschetti 4), em Barolo, oferece uma das mais belas paisagens da região e a tradicional cozinha piemontesa. Mais para o sul, no litoral de San Remo, fica o **Paolo e Barbara** (Via Roma 47).

O **Villa Crespi** (Via G. Fava 18), que tem duas estrelas Michelin, é um lugar encantador à beira do lago Orta. Bem no centro do lago de Como fica a **Locanda dell'Isola Comacina** (Ossuccio), um exemplo do charme à moda antiga. Serve um cardápio fixo e encanta a todos com sua simplicidade, sua cordialidade e sua vista fabulosa. Uma das opções no lago Garda é o **Villa Fiordaliso** (Corso Zanardelli 132), o estrelado Michelin de Riccardo Camanini.

O **Dal Pescatore** (Loc. Runate 17) de Nadia Santini, um restaurante elegante cheio de antiguidade, situa-se num oásis verde logo na saída de Mântua. A cozinha simples e os ingredientes escolhidos com apuro têm a aprovação de clientes do nível do chef Gordon Ramsay.

O conceituado **St. Hubertus de l'Hotel Rosa Alpina** (Fraz. San Cassiano), perto de Bolzano, tem duas estrelas Michelin e atrai clientes famosos. O chef Norbert Niederkofler oferece um excelente menu de degustação de sete pratos, acompanhados de vinhos dos ótimos vinhedos do Alto-Adige. Na Wein Strasse fica o **Castel Ringberg** (San Giuseppe al Lago 1), um castelo do século 17 com vista para Caldaro e um criativo e eclético menu.

veneza + nordeste da itália

Um dos melhores restaurantes de Veneza é o **Met de l'Hotel Metropole** (Riva degli Schiavoni Castello 4149), agraciado com uma estrela Michelin. Em um belo salão de jantar, e num jardim no verão, o chef Corrado Fasolato oferece uma cozinha excitante, com fragrâncias e especiarias do exótico passado veneziano. **Il Vecio Fritolin** (Calle della Regina), em Rialto – com uma filial no Palazzo Grassi –, é dirigido com paixão por Irina Freguia, que serve a tradicional comida veneziana. Há outra chef excelente no **Laite** (Via Hoffe 10), em Sappada, que é administrado por um casal. Num belo chalé de madeira, Fabrizia Meroi prepara requintados pratos de peixe e da caça local: cervo, perdiz e lebre.

O jovem Massimiliano Alajmo é um dos maiores talentos culinários da Itália. Ao lado do irmão, Raffaele, ele administra **Le Calandre** (Loc. Sarmeola, Via Liguria 1), em Pádua, onde serve exemplos intrigantes de uma arte aprendida em família. O mais jovem chef a receber duas estrelas Michelin, ele tem sido chamado o Mozart da cozinha. Um restaurante-enoteca clássico de Verona é a linda **Bottega del Vino** (Via Scudo di Francia 3), aberto desde 1890. Conte com vinhos excelentes e pratos clássicos locais, como a polenta com gorgonzola e o *risotto all'amarone*.

Em Módena, a **Osteria La Francescana** (Via Stella 22), de Massimo Bottura, oferece

NESTA PÁGINA (A PARTIR DO ALTO): *A versão de sushi de Piercarlo Bussetti; o chef Enrico Crippa; o restaurante Le Calandre.*

PÁG. AO LADO (A PARTIR DO ALTO): *Carlo Cracco e duas de suas criações. A ostra com wafer crocante de sálvia defumada (abaixo) é uma recente adição de seu cardápio altamente criativo.*

NESTA PÁGINA (SENTIDO HORÁRIO, A PARTIR DO ALTO): *Paolo Lopriore no restaurante Il Cantot; o interior rústico, mas luxuoso; seus calamari in zimino, versão moderna do clássico cozido italiano.*

PÁG. AO LADO (A PARTIR DO ALTO): *Hors-d'ouvres de Moreno Cedroni; uma criação inovadora do chef Ciccio Sultano e seus ingredientes raros.*

criações de vanguarda, apresentadas com a elegância e o talento do chef.

San Domenico (Via Gaspere Sacchi 1), em Ímola, é um dos pilares da culinária italiana e romanhola. O chef Gianluigi Morini tem 30 anos de experiência e excelência: sabe combinar ingredientes balanceados e um repertório tradicional com elegância. Valentino Marcattilii é seu protegido e promete um futuro brilhante. O belo **Caminetto d'Oro** (Via de'Falegnami 4), no centro de Bolonha, serve a clássica comida local. Num cardápio simples, o chef usa principalmente produtos Slow Food.

florença + roma + centro da itália

Escolhido ano após ano como o melhor restaurante da Itália, o **Gambero Rosso** (Piazza della Vittoria 13), em San Vincenzo, é dirigido pelo chef Fulvio Pierangelini e sua mulher, Emanuela. Seus pratos simples, quase essencialistas, são descritos em termos poéticos, e o estilo e o talento no preparo são incomparáveis.

Uma refeição no **Castello Banfi** (Loc. Sant'Angelo Scalo), em Montalcino, é um prazer. Além das vistas sublimes, a comida sazonal toscana é excelente, assim como o vinho. Talvez a melhor *bistecca alla fiorentina* seja a que é servida em **Il Latini** (Via dei Palchetti 6). Inaugurado em 1950, ainda é comandado pelo primeiro dono. As mesas são coletivas, e a comida, requintadamente simples. Totalmente diferente é a **Enoteca Pinchiorri** (Via Ghibellina 87), administrada por um casal ítalo-francês que já recebeu três estrelas Michelin.

Em Siena, **Il Canto** (Hotel Certosa di Maggiano) é comandado pelo chef Paolo Lopriore, famoso por suas reinvenções dos clássicos italianos. Mais ao sul, em Maremma, o **Da Caino** (Via Chiesa 4) serve a pura comida toscana num ambiente acolhedor. O **Vissani** (Fraz. Civitella del Lago) fica a meio caminho entre Todi e Baschi. Fazendo ricas e complexas combinações, o chef Vissani aproveita a culinária local de maneira altamente inovadora.

Roma tem vários chefs excepcionais, e um dos melhores é Heinz Beck, de **La Pergola de l'Hotel Rome Cavalieri Hilton** (Via A Cadlolo 101). Com três estrelas Michelin, é uma combinação de pratos criativos, ambiente elegante e vistas fabulosas. **Baby dell'Aldrovandi Palace** (Via Ulisse Aldrovandi 15) é comandado por Alfonso Laccarino, famoso por seu restaurante Don Alfonso, em Massa Lubrense. A um passo da Escadaria Espanhola fica o **Palatium Enoteca Regionale** (Via Frattina 94), um moderno, mas pouco conhecido, centro de excelência. No badalado Trastevere fica a **Enoteca Ferrara** (Piazza Trilussa 41). É uma enoteca-restaurante conceituada, com um cardápio que muda semanalmente e uma decoração elegante.

O mais conhecido restaurante de Le Marche é o **Madonnina del Pescatore** (Lungomare Italia 11), estrelado pelo Michelin. O chef Moreno Cedroni é considerado um dos mais modernos da Itália, graças a seu experimentalismo.

sul + ilhas da itália

Perto de Brindisi, na **Osteria Già Sotto l'Arco** (Corso Vittorio Emanuele II 71), Teresa Buongiorno combina ingredientes autênticos com tradição e toques inovadores. No Capri Palace Hotel fica o **L'Olivo** (Loc. Anacapri, Via Capodimonte 2b), estrelado pelo Michelin e comandado pelo jovem chef alemão Oliver Glowig. A opulenta comida mediterrânea é servida em um belo ambiente, recentemente reformado por Loro Piana. Os sorvetes são um sucesso.

Vico Equense comanda o **Torre del Saracino** (Loc. Marina di Seiano, Via Torretta 9), um restaurante estrelado pelo Michelin com vista da baía de Nápoles. O chef Gennaro Esposito, que trabalhou com Vissani e Alain Ducasse, combina tradições regionais com um toque mágico.

Nápoles é a cidade da pizza, e até os napolitanos concordam que a **Da Michele** (Via C Sersale 1-3), perto do Corso Umberto I, é uma das melhores pizzarias da cidade. Só há dois tipos a escolher: as clássicas Margherita e Marinara. Conte com uma fila e com a necessidade de partilhar uma mesa. Uma cozinha excelente e talvez a melhor vista de Nápoles você encontra em **La Terrazza dei Barbanti** (Corso Vittorio Emanuele 328), na cobertura do Hotel San Francesco.

O **Antica Focacceria San Francesco** (Via A Paternostro 58) foi inaugurado em 1834 dentro de uma antiga capela; serve uma excelente "comida de rua" ao lado de pratos clássicos em seus elegantes salões. Um dos melhores restaurantes da Sicília é o **Ristorante Duomo** (Loc. Ibla, Via Capitano Bocchieri 31). Os sabores originais de Ciccio Sultano, além de ingredientes locais cuidadosamente escolhidos, tomaram de assalto a culinária mundial.

Cagliari abriga o melhor restaurante da Sardenha, **S'Apposentu** (Via Sant'Alenixedda), dentro do teatro municipal. A especialidade são os frutos do mar. Charme rústico, cozinha tradicional e um dos mais belos cenários da ilha se combinam no **Su Gologone** (Loc. Su Gologone, Oliena), no centro do Barbagia, famoso pela pasta, pela carne no espeto e pelos queijos locais.

tesouros da itália

Uma viagem à Itália com certeza será acompanhada de admiração artística. Em cada esquina encontramos demonstrações do talento não só dos mestres italianos do passado, mas de novos e dinâmicos heróis da arte mundial. Dos antigos romanos a Leonardo da Vinci, a coleção de tesouros da Itália não tem igual. Para alegria de seus visitantes, a Itália preserva sua tradição criativa e mantém o cenário artístico contemporâneo do país tão vibrante como sempre foi.

norte da itália

Milão tem muitas e imensas coleções de arte, das quais a da **Pinacoteca di Brera** (Via Brera 28) é a mais bela. No interior de um imponente *palazzo*, há tesouros que vão de Rafael e Bellini a Modigliani e Carlo Carrà. O **Studio Museo Achille Castiglione** (Piazza Castello 27) oferece uma amostra da obra de um dos mais prodigiosos e respeitados talentos do design italiano; para outras exposições de clássicos do design, visite a **Triennale di Milano** (Viale Alemagna 6).

Como em Veneza, a riqueza de Gênova vem do mar. Visite o excitante **Museo del Mare** (Calata de Mari 1), um impressionante estaleiro do século 17 onde as galés genovesas eram construídas, reformado para abrigar exposições de design do século 21.

Turim é famosa por seu Museu Egípcio, o

segundo mais importante do mundo. Mais divertido, porém, é o **Museo del Cinema**, situado no interior da fabulosa Mole Antonelliana (Via Montebello 20). Adequadamente situada na sede da Fiat, a melhor coleção de carros da Itália está no **Museo dell'Automobile** (Corso Unita d'Italia 40). Espaço especialmente projetado por Renzo Piano, **Lo Scrigno** (Pinacoteca Giovanni e Marella Agnelli), no Lingotto, lendária fábrica da Fiat, abriga a coleção de arte da família Agnelli: de Matisse a Modigliani.

Fora de Turim estão dois dos mais dinâmicos templos da arte moderna: a **Fondazione Sandretto Re Rebaudengo** (Via Modane 16) e, no Rivoli, o **Museo di Arte Contemporanea** (Castello di Rivoli). Em Rovereto, o **MART** (Corso Bettini 43) contém a obra de Fortunato Depero e realiza importantes exposições internacionais. Seu museu-satélite fica em Trento, um palácio renascentista que abriga arte futurista.

nordeste da itália

O apogeu do Renascimento pode ser visto na **Accademia** (Campo della Carita) de Veneza, que também exibe cinco séculos de obras espetaculares. Pinturas raras de Giorgione são alguns dos destaques. Também no Dorsoduro encontra-se a impressionante **Coleção Peggy Guggenheim** (Palazzo Venier dei Leoni), assim como os menos famosos **Ca'Pesaro – Galleria Internazionale d'Arte Moderna** (Santa Croce 2070) e o **Palazzo Fortuny** (San Marco 3780). São dois palácios renascentistas: o primeiro abriga a arte contemporânea de Klimt a Klee; o segundo expõe a obra do lendário Mariano Fortuny em sua antiga residência.

Em Bolonha, a **Pinacoteca Nazionale** (Via delle Belle Arti 56) exibe pinturas de alguns dos

NESTA PÁGINA (A PARTIR DO ALTO): *Instalado em um palazzo do século 17 em Veneza, o Ca'Pesaro contém obras-primas de nomes como Chagall e Klee, para citar apenas dois; apenas um dos tesouros da Itália,* Coroação de Thorn, *de Caravaggio, em exibição no Palazzo Reale durante uma exposição.*

PÁG. AO LADO: *O Davi de Michelangelo, símbolo de força e beleza.*

melhores artistas italianos, em especial de Vitale da Bologna, Guido Reni, Guercino e os Caraccis, todos bolonheses. O **MAMbo** (Museo d'Arte Moderna di Bologna), instalado na área renascentista à beira-rio, é um museu de arte moderna onde são apresentadas importantes exposições; ligado à mesma instituição é o **Museo Morandi** (Piazza Maggiore 6).

Faenza é o local do **Museo Internazionale delle Ceramiche** (Viale Baccarini 19), que contém uma magnífica coleção que vai de Roma ao Renascimento e à época atual. Em Ferrara, o **Palazzo dei Diamanti** (Corso Ercole d'Este 21) abriga importantes exposições de arte contemporânea e uma bela coleção de pinturas renascentistas; vizinho fica um museu dedicado ao cineasta Antonioni. O **Palazzo Massari** (Corso Porta Mare 9) abriga museus dedicados a De Pisis, Boldini e à arte do século 19.

centro da itália

A **Galleria degli Uffizi** de Florença (Loggiato degli Uffizi 6) dispensa apresentações. Lá está o maior acervo de pinturas renascentistas do mundo, entre elas uma das obras mais reproduzidas, *O nascimento de Vênus*, de Botticelli. O **Bargello** (Via del Proconsolo 4) contém a mais bela coleção de escultura renascentista, com obras-primas de Donatello e Michelangelo. Mas duas de suas melhores obras – *Davi* e *Quatro prisioneiros* – estão na **Galleria dell'Accademia** (Via Ricasoli 58-60). Menos conhecido é o **Museo Salvatore Ferragamo** (Piazza Santa Trinita 5), instalado na adega da sede renascentista da empresa.

Em Roma, os **Museus Capitolinos** (Piazza del Campidoglio 1), os mais antigos do mundo, contêm uma incrível coleção de pintura e escultura clássica. Uma imensa obra escultórica encontra-se na **Centrale Montemartini** (Via Ostiense 106), dentro de uma central elétrica da virada do século 20. A nova Esedra do Palazzo dei Conservatori abriga três estátuas de bronze colossais, entre elas a de Marco Aurélio.

Os **Museus do Vaticano** (Viale Vaticano) abrigam a arte mais valiosa do mundo, sem falar das Salas de Rafael e da Capela Sistina de Michelangelo. Dos afrescos de Pinturicchio no Apartamento Bórgia à Galeria dos Mapas, do Museu Egípcio à coleção de esculturas clássicas, o labirinto de salas é imenso e de uma beleza estonteante.

O mais belo palácio particular de Roma é provavelmente o **Palazzo Doria Pamphilj** (Piazza del Collegio Romano 2). Ainda propriedade e residência da família, exibe uma requintada coleção de arte, de Velásquez a Caravaggio. A Villa Borghese abriga a **Galleria Borghese** (Piazzale Scipione Borghese 5), onde se encontram esculturas de Berniniand e outras pinturas de Caravaggio, Ticiano e Botticelli. Ali perto fica a imensa **Galleria Nazionale d'Arte Moderna** (Viale delle Belle Arti 131), considerado o melhor acervo de arte contemporânea da Itália, com obras que vão do futurismo a Modigliani e além. Os destaques na **Galleria Nazionale Umbria** (Corso Vannucci 1), em Perúgia, são as obras dos artistas locais Perugino e Pinturicchio.

sul da itália

As maiores peças encontradas nas ruínas de Pompeia e Herculano estão expostas em Nápoles, no **Museo Archeologico** (Piazza Museo Nazionale 19). Seu acervo inclui os incríveis mármores Farnese, originais das Termas de Caracalla, em Roma. A coleção Farnese de pintura está exposta no **Museo Nazionale di Capodimonte** (Parco di Capodimonte); tem obras de Ticiano, Rafael e Caravaggio. **MADre** (Via Settembrini 79) é uma galeria contemporânea instalada no convento de Donna Regina perto do Duomo, com obras de Warhol a Gilbert & George, de Damien Hirst a Francesco Clemente.

Ruínas da Magna Grécia estão em Taranto, no **Palazzo Pantaleo** (Corso Vittorio Emanuele II). Em Palermo, na Sicília, o **Museo Archeologico Regionale** (Piazza Olivella 24) é pequeno, mas igualmente impressionante, e contém artefatos monumentais dos templos de Segesta e Selinunte.

Para conhecer a cultura *nuraghe* da Sardenha, visite o museu arqueológico na **Cittadella dei Musei** (Piazza Arsenale), em Cagliari. Uma nova sede está sendo construída por Zaha Hadid. Em Nuoro, no coração da Barbagia, o bem-montado **Museo della Vita e delle Tradizione Popolari Sarde** (Via Mereu 56) mostra a arte popular e os costumes da região, e explica os misteriosos ritos locais.

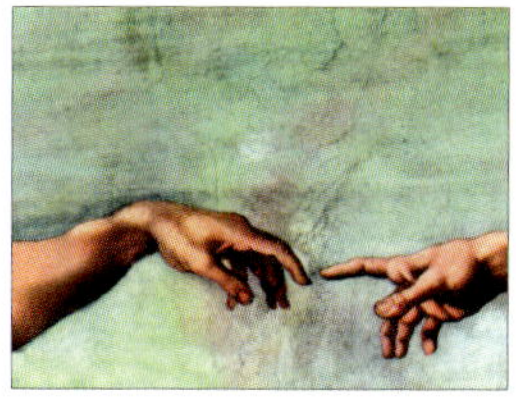

NESTA PÁGINA (A PARTIR DO ALTO): *Detalhe da lendária obra de Michelangelo no teto da Capela Sistina, no Vaticano; estátua reclinada no pátio dos Museus do Vaticano.*

PÁG. AO LADO (A PARTIR DO ALTO): *Uma exposição no Museo Salvatore Ferragamo, em Florença; o Colossus di Constantino mostra seu tamanho descomunal no pátio dos Museus Capitolinos em Roma.*

sociedade do café

O café é sagrado na Itália; há sempre uma varanda fresca com um bar acolhedor para proteger você do sol do meio-dia. Fundamental na sociedade italiana, o café da piazza tem sido o ponto de encontro habitual há gerações. E, no estilo particular da Itália, surgem cada dia mais e mais estabelecimentos elegantes.

norte da itália

O **Park Bar** (Park Hyatt Hotel) é a meca do *beautiful people* e o lugar perfeito em Milão para apreciar a *passeggiata* saboreando um coquetel. O **Armani Privé** (Via Alessandro Manzoni 31), no subsolo do Armani Nobu, é outro preferido da alta sociedade de Milão. O **Martini Bar** (Corso Venezia 15), inaugurado por Dolce & Gabbana bem atrás da sua loja, é um sonho laqueado em preto, com um dragão vermelho no piso em mosaico, banquetas de couro e um pátio. A **Cova** (Via Montenapoleone 8), uma joia de 200 anos no coração do triângulo de ouro, é por si só uma beleza. O **Caffè Zucca** (Galleria Vittorio Emanuele II), no estilo *Belle Époque*, é lotado de mosaicos e marchetaria; muito popular entre os turistas, mas ideal para respirar o velho glamour da cidade. O vizinho **Peck Bar** (Via Spadari 9) é tão popular quanto o restaurante de mesmo nome. Frequentado por executivos na hora do almoço, é mais calmo no fim da tarde. A **Caffeteria Leonardo** (Via A Saffi 7), projetada por Pupi Solari, tem uma decoração moderna e um belo espaço externo, e serve ótimos bolos, *croissants* e café. No Parco Sempione, o centro de arte Triennale (Viale Alemagna 6) abriga o **Fiat Café** e o **Coffee Design**. Com 50 cadeiras projetadas por designers, para usar e admirar, é um oásis na cidade. Fica aberto até mais tarde no verão e promove vários eventos culturais.

Em Turim, o **Caffè Al Bicerin** (Piazza della Consolata 5) serve drinques de café, creme e chocolate – filas se formam do lado de fora. A chocolataria **Baratti & Milano** (Piazza Castello 27) também serve um dos melhores cafés de Turim. O **Mulassano** (Piazza Castello 15) é outra joia, um lugar pequeno com teto de madeira, decorado em madeira, latão e mármore, e uma famosa fonte. O bar perfeito nas vizinhanças é o **Caffè Marconi** (Corso Marconi 3), com uma seleção de cafés deliciosos, entre eles o famoso café Illy. O **Ciak Bar** (Via Montebello 20) é um dos mais badalados da cidade.

centro-norte da itália

Os cafés de Veneza são lendários: o **Caffè Florian** (Piazza San Marco 56), inaugurado a 300 anos, foi frequentado por celebridades como Goethe e Stravinsky. Belo por dentro e por fora, oferece uma vista sem igual. Seu arquirrival, o **Ristorante Gran Caffè Quadri** (Piazza San Marco 121), cheio de espelhos e quadros, foi o primeiro em Veneza a servir o café turco. Realiza eventos gastronômicos no inverno. Quem quiser um lugar mais calmo e isolado deve conhecer o mundo encantado do **Bar Dandolo** (Hotel Daniele). Aqui reina a perfeição: no café, nos sanduíches, na variedade dos chás e dos vinhos. Por toda a cidade você encontra os *bàcari*, as tradicionais e acolhedoras tavernas onde se pode saborear uns petiscos, ou *cicheti*, à noite. O **Bacaro Jazz** (San Marco 5546), perto de Rialto, é uma boa opção.

Em Florença, **The Fusion Bar** (Gallery Hotel Art), projetado por Ferragamo, que é também o dono, é um sushi bar onde o Ocidente encontra o Oriente; fica aberto o dia todo e até tarde da noite. Quem procura a elegância tradicional deve conhecer o **Donatello** (The Westin Excelsior). Os florentinos gostam do **Caffè Cibreo** (Via del Verrocchio 5), cheio de antiguidades, por causa de seu café, seus coquetéis e sua comida, tudo da melhor qualidade. Já os amantes da literatura preferem o **Giubbe Rosse** (Piazza della Repubblica 13-14), que tem sua própria editora e é frequentado por intelectuais e artistas. Do outro lado do rio fica o **Negroni** (Via de'Renai 17), que tem o nome do inventor do famoso coquetel dos anos 1920. Em Montalcino, **Alle Logge di Piazza** (Piazza del Popolo 1) é um bar perfeito para experimentar ótimos vinhos e admirar a vista das montanhas da Toscana.

roma

Não muito longe da estação Termini fica a **Tazio Champagnerie** (Hotel Exedra). Situada na Piazza della Repubblica, tem o nome do rei dos *paparazzi*, Tazio Secchiaroli. O melhor coquetel-bar de Roma é o **Stravinskij Bar** (Hotel de Russie); tem martínis fabulosos, petiscos deliciosos, um serviço moderno e um belo pátio no verão.

No centro histórico, uma tradição que se mantém é a **Tazza d'Oro** (Via degli Orfani 84), perto do Panteão, que serve sua própria mistura de cafés. Perto da Escadaria Espanhola, o **Museo Atelier Canova Tadolini** (Via del Babuino 150 a/b) serve chás, bolos, refeições leves e coquetéis num ambiente cheio de esculturas de mármore do protegido de Canova, Tadolini. No Trastevere, a bela casa de chá com jardim **Bibli** (Via dei Fienaroli 28) é uma livraria que pro-

NESTA PÁGINA (A PARTIR DO ALTO): *Um garçom serve no famoso Caffè Florian, na Piazza San Marco, em Veneza; o elegante Stravinskij Bar no Hotel de Russie, em Roma.*

PÁG. AO LADO: *Ponto preferido dos milaneses, o moderno Park Bar, no Park Hyatt Hotel, no centro de Milão.*

NESTA PÁGINA (A PARTIR DO ALTO): *O famoso drinque do Al Bicerin é feito de café expresso, chocolate amargo e chantilly; a arte no preparo do café, um talento em que os italianos se destacam; o ambiente romântico de um dos café de Roma.*

PÁG. AO LADO: *Uma experiência imperdível na Itália: saborear um café na calçada de uma piazza deslumbrante.*

move leituras e outros eventos. É um oásis onde se pode saborear bolos deliciosos e chá de jasmim, e que serve um ótimo bufê na hora do aperitivo. **Freni & Frizioni** (Via del Politeama 4-6) é um moderno café durante o dia; à noite fica muito movimentado, quando é servido um fabuloso bufê e as calçadas ficam lotadas de clientes.

À noite, Ostiense é o bairro mais animado; porém no centro, perto do Pantheon, fica o **Supperclub** (Via dei Nari 14). Fundado pelos mesmos donos do seu equivalente de Amsterdã, está instalado nos banhos de Nero. Com cabaré, instalações para DJ e uma gigantesca cama barroca, foi imediatamente adotado pelos romanos.

nápoles + arredores

Nápoles é famosa pelo café forte, escuro e já adoçado. Se quiser um sem açúcar, peça um *amaro*. Os fãs do *kitsch* vão adorar o **Bar Mexico** (Piazza Dante 86). O **Gran Caffè Gambrinus** (Via Chiaia 1-2) é um remanescentes dos antigos cafés napolitanos. Em frente ao palácio real e ao Teatro San Carlo, tem mesas na calçada e decoração Art Nouveau. O **Gran Caffè Cimmino** tem duas filiais (Via Filangieri e Via Petrarca 147); ambas populares entre a alta sociedade. Um café no estilo milanês *high-tech* é o **Culti Spa Café** (Via Carlo Poerio 47), que serve ótimos drinques e petiscos.

O **Quisi Bar** (Grand Hotel Quisiana), no centro de Capri, é o bar mais badalado da ilha – seus Krug Champagne Bar e Sushi Bar são ideais para ver gente. Em Amalfi, o **Caffè Pansa** (Piazza Duomo 40) oferece a melhor vista do Duomo. Em Ischia, há o **Dal Pescatore** (Piazzetta Sant'Angelo), uma pequena pérola em Sant'Angelo. Serve bolos caseiros com um ótimo café, além de uma vista perfeita.

ilhas da itália

A Sicília é famosa por seus bolos e sorvetes. Os melhores ficam no sudeste da ilha. Em Ragusa, a **Pasticceria Di Pasquale** (Corso Vittorio Veneto 104) serve bolos e *granite* (sorvetes) maravilhosos, tudo produção local. Experimente o sorvete de morangos silvestres do Etna, de amora ou de pistache. Em Noto, o **Caffè Sicilia** (Corso Vittorio Emanuele 125) é famoso por suas incríveis invenções, muitas delas combinações de sabores doces e picantes.

Palermo tem o premiado **Spinnato Antico Caffè** (Via Principe di Belmonte 107-115). É um estabelecimento de administração familiar que serve café, bolos, coquetéis, sorvetes e sanduíches deliciosos. Em La Kalsa, o **Kursaal Kalesa** (Foro Umberto I 21) tem um lindo pátio cheio de figueiras no térreo e um interior de paredes de pedra decorado com sofás de veludo e obras de arte. Abre dia e noite.

Na Sardenha, **Antico Caffè** (Piazza Costituzione 10-11), em Cagliari, é um café histórico que abre do amanhecer até o cair da noite. Em Alghero, o **Caffè Latino** (Bastioni Magellano 10) fica acima do porto e oferece vistas de cartão-postal, perfeito para um café no início da manhã ou um drinque numa noite de verão. Arzachena tem o **Ojster's Bar** (Villagio Poltu Quatu), no porto de Poltu Quatu, que serve aperitivos, ostras e champanhe, além de um bom café da manhã. Porto Cervo não é só brilho e glamour: o **Caffè du Port** (Molo Vecchio) é um bar localizado na marina. Perfeito dia e noite, fica aberto 24 horas na alta estação. Para um coquetel no estilo italiano, vá a San Teodoro e procure o **Buddha del Mar** (Villagio Gallura 2). É um bar com DJ, decorado com grandes e pequenos budas laranja e uma atmosfera divertida.

os melhores mercados e feiras

Os mercados de alimentos funcionam todos os dias nas cidades, muitas vezes em edifícios construídos com esse propósito. Mas há feiras que só ocorrem uma vez na semana na praça principal. Os mercados de pulgas são mensais. Algumas cidades são famosas pelas feiras de antiguidades, que atraem visitantes de todas as partes do exterior. Tanto os mercados e feiras de alimentos quanto os mercados de pulgas funcionam em geral até 13h30.

norte da itália

A principal feira de quinquilharias, roupas e antiguidades de Milão funciona nos **Navigli,** na Ripa Ticinese, no primeiro domingo do mês. **Turim** tem um grande mercado coberto que abre diariamente; aos sábados há um mercado de pulgas e, uma vez por mês, o **Grand Balôn**, uma imensa feira de antiguidades, todos ao redor da Piazza Borgo Dora, no Quadrilatero Romano. **Savona** é famosa pela cerâmica, e uma boa feira ocorre no primeiro fim de semana do mês. Duas das maiores feiras de antiguidades da Itália estão em **Chiavari** (no segundo domingo do mês e no sábado seguinte) e **Sarzana** (no primeiro domingo do mês). Aosta é famosa por sua **Fiera di Sant'Orso**, que ocorre no fim de janeiro. Ela existe desde o ano 1000 e vende arte e artesanato da região. No terceiro fim de semana do mês, Trieste realiza um mercado de pulgas especializado em antiguidades austro-húngaras.

centro da itália

Em **Florença** há um popular mercado de pulgas no segundo domingo do mês, enquanto **Arezzo** realiza uma das melhores feiras de antiguidades da Itália no primeiro fim de semana do mês.

Uma das mais belas praças de Roma, o **Campo dei Fiori**, abriga todas as manhãs uma feira de alimentos e flores, especialmente animada nos fins de semana. Quem quiser encontrar roupas deve ir à **Via Sannio** aos fins de semana pela manhã. **Bracciano** também tem um mercado de pulgas no segundo domingo do mês.

L'Aquila tem uma feira na Piazza Duomo desde 1304. Vende alimentos de segunda a sábado e abriga um mercado de pulgas no segundo fim de semana do mês. A Úmbria é muito conhecida por três grandes mercados de pulgas realizados em **Perúgia** no primeiro fim de semana do mês e por uma feira de antiguidades que ocorre em **Todi** na última semana de março.

sul da itália

O primeiro domingo do mês é dia de feira na Puglia: **Brindisi** abriga uma feira de móveis na Piazza Teresa; **Lecce** e **Gallipoli** têm mercados de pulgas. **Nápoles** realiza a maior feira de antiguidades do Sul, na Villa Comunale, no terceiro e no quarto fim de semana de cada mês.

A Sardenha tem ótimas feiras de artesanato. A maior é o festival de tapetes de **Mogoro**, que ocorre do fim de julho a início de agosto. No segundo domingo do mês, **Cagliari** realiza um grande mercado de pulgas; o de **Sassari** é no último domingo do mês. Na Sicília, nos **Giardini Naxos**, acontece uma feira no terceiro fim de semana do mês. Mas, sem dúvida, as melhores feiras de alimentos são as de **Palermo** e de **Catânia**, ambas tipicamente sicilianas.

NESTA PÁGINA (SENTIDO HORÁRIO, A PARTIR DO ALTO): *Limoni d' Amalfi e pimentas, sempre presentes na culinária italiana; uma banca de queijos italianos; feiras de alimentos são diárias; cogumelos porcini, um famoso ingrediente italiano.*

PÁG. AO LADO: *Geralmente instalados em edifícios cobertos, os mercados são permanentes e um ponto de reunião social.*

cuidados à italiana

A Itália está na vanguarda do setor de spas, aproveitando da melhor maneira suas bela paisagens. O cliente tem uma riqueza de opções, do resort spa ao spa de montanha, e ainda conta com a possibilidade de ser paparicado em um day spa urbano. Modernos tratamentos e terapias tradicionais são oferecidos em todo o país, e, naturalmente, com a suprema elegância italiana.

norte da itália

O **Bulgari Hotel Spa** (Via Privata Fratelli Gabba 7b), em Milão, é um dos mais glamorosos spas do mundo – todo decorado em teca, bronze e pedra. Merano tem dois spas de montanha, as **Terme Merano** (Piazza Terme 9), um gigantesco cubo de vidro com uma vista fabulosa, obra do arquiteto Matteo Thun, e o **Vigilius Resort** (Vigiljoch Mountain), nos arredores de Lana. O Merano fica no centro da cidade; o Vigilius é mais exclusivo, e a ele se tem acesso por um teleférico. Com hotel e restaurante, fica no coração da montanha e oferece banhos de feno e tratamentos à base de ervas da montanha, peelings com maçã, milho e mel, e muito ar de montanha.

No vale do Aosta ficam as termas romanas do glamoroso spa **Terme Pré-Saint-Didier** (Allée des Thermes Pré-Saint-Didier), perto de Courmayeur. Em Sondrio está o **Bagni di Bormio Spa Resort** (Via Bagni Nuovi 7), com piscinas de águas quentes provenientes de nove fontes da montanha.

Na região dos lagos fica o lindo spa **Henri Chenot's Espace Vitalite** (L'Albereta), na Franciacorta. Situado em uma região famosa por seu vinho, tem um ótimo restaurante e um campo de golfe. Projetado por Ettore Mocchetti, diretor da revista italiana *AD*, o spa é colorido e tranquilo – nem minimalista, nem antiquado.

No centro de Veneza, o **Casanova Spa** (Hotel Cipriani) usa produtos La Prairie. Oferece massagens para casais em uma sala com iluminação aquática por fibra ótica.

centro da itália

Talvez o mais famoso spa da Toscana, e o mais prestigiado da Itália, o **Terme di Saturnia** (58014 Saturnia, Grosseto) oferece uma grande variedade de tratamentos. Está instalado em meio a um complexo de lindas piscinas naturais, com ricas águas termais e a cascata de Gorello. Mais ao norte fica o **Grand Hotel Tombolo** (Via del Corallo 3). A talossoterapia é administrada nos olivais e vinhedos ao lado de uma praia de propriedade familiar. A grande variedade de tratamentos inclui a chocoterapia.

O **ESPA at Castello del Nero** (Castello del Nero Hotel & Spa) fica no coração das montanhas da Toscana. Projetado por Alain Mertens, o interior em vidro e madeira de oliveira se funde com a espetacular paisagem exterior. Entre os tratamentos oferecidos, a sauna aromática é particularmente relaxante. **Borgo La Bagnaia** (Strada Statale 223 km 12), perto de Siena, está situado em uma bela área verde frequentada por cervos, e é decorado com muitas antiguidades chinesas e indianas.

Bem no coração do centro histórico de Roma, perto do Panteão, o **Acanto Benessere Spa** (Piazza Rondanini 30) recria os rituais dos antigos romanos no local dos banhos de Nero. A ênfase é na hidroterapia, e os tratamentos são aplicados em um ambiente que mistura o antigo e o moderno, com mosaicos de folhas de acanto, velas e pétalas de rosa em profusão.

sul da itália

A **Capri Beauty Farm** (Capri Palace Hotel & Spa) é um spa premiado com uma famosa *leg school*. Em uma linda localização, é frequentado por celebridades. Schia tem a água termal mais radioativa da Europa, e o luxuoso **Spa at Mezzatorre** (Mezzatorre Resort & Spa), situado acima da linda praia de Montano, oferece uma das mais privilegiadas vistas da ilha.

O **Furore Inn Resort & Spa** (Via dell'Amore), na Costa Amalfitana, oferece um day spa com piscina e uma grande variedade de tratamentos, inclusive bandagens de chocolate e pacotes românticos diários para casais.

Na Puglia, situada entre Bari e Brindisi, fica a **Masseria San Domenico** (Strada Litoranea 379). Tem praia particular, campo de golfe e talassoterapia. A água do mar aqui é particularmente rica em minerais e plâncton. O spa usa produtos La Prairie e Thalgo, e tem seus próprios produtos biológicos à base de oliva.

Na Sicília, o **Daniel Steiner Beauty Spa** (Kempinski Hotel Giardino di Costanza Sicily) é um refúgio ao sul de Trapani. Instalado em uma praia particular, oferece muitos tratamentos que usam o sal de Trapani, além de argila vulcânica, frutas cítricas da região, amêndoas e olivas.

Na Sardenha, a **Villa del Parco and Spa** (Le Méridien's Forte Village Resort) está instalado em meio a uma vegetação tropical. Tem seis piscinas com talassoterapia e uma piscina cheia de *aloe vera*.

NESTA PÁGINA: *Oferecendo os melhores tratamentos disponíveis, os spas da Itália prometem total relaxamento em um ambiente elegante. A terapia com pedras quentes é apenas um exemplo.*

PÁG. AO LADO (A PARTIR DO ALTO): *O conforto do luxuoso Bulgari spa em Milão, onde a decoração é espontaneamente elegante; o deslumbrante hammam do Bulgari, fechado numa caixa de vidro verde-esmeralda, um toque moderno em um spa tradicional.*

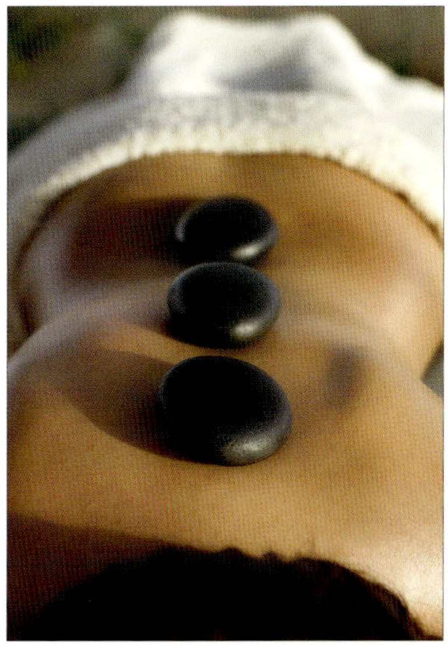

as melhores vistas da itália

Mesmo com a câmera mais moderna, encontrar o lugar certo para uma foto perfeita não é fácil. Achar a locação perfeita, capaz de propiciar fotos sublimes, é a parte mais divertida. As vistas seguintes são uma amostra de paisagens que lhe permitirão tirar as melhores fotos da Itália.

milão + norte da itália

As **Dolomitas** têm vistas de tirar o fôlego. Vá em direção à Sella Ronda ou percorra a lendária **Estrada das Dolomitas,** de Bolzano a Cortina d'Ampezzo. As montanhas são memoráveis.

Na cidade de Turim, pegue o teleférico para o topo da **Mole Antonelliana,** de onde se descortinam lindas vistas da cidade e, além, dos picos nevados dos Alpes. Do alto de uma cadeirinha do teleférico de **Bérgamo Alta,** a vista da Piazza Vecchia, uma das mais belas da Itália, compete com a que se tem do topo da Catedral de Milão, puro encantamento. À beira-mar, há a delicada **Portofino** e a rota serrana das **Cinque Terre**. E, naturalmente, o lago de **Como**, ainda mais belo visto de um barco.

veneza + norte da itália

A melhor vista do **campanário** e do **Palácio dos Doges,** na Piazza San Marco, é a que se tem do Dorsoduro ou do canal da Giudecca: a **Basilica di San Marco** aparece em todo o seu esplendor.

Em Verona há a **Arena** e a **Piazza dell'Erbe**, provavelmente a praça mais fotogênica do Vêneto. Nos arredores de Vicenza e Pádua há dezenas de vilas paladianas: **Barbaro at Masèr**, perto da pitoresca Asolo, é particularmente bela.

Bolonha oferece magníficas oportunidades de fotos com suas torres de tijolos vermelhos e a **Piazza del Nettuno**, enquanto Ferrara tem uma catedral medieval e o **Castello Estense,** dotado de um fosso. O **Duomo** de Parma é uma rapsódia de mármore rosa.

florença + centro-norte da itália

Em Florença, a vista da cidade que se descortina do **Giardino di Boboli** é capaz de produzir bons fotógrafos. Outra opção é subir em direção a **Fiesole**, fora da cidade. A subida até San Miniato al Monte será recompensada com as vistas do **rio Arno** e da cidade, dessa vez da área ao redor da Ponte Vecchio.

A torre da vila medieval de **San Gimignano** abre caminho para a perfeita paisagem toscana com seus ciprestes. Depois, vale a pena subir a **Torre del Mangia,** em Siena, para ter uma vista privilegiada da Piazza del Campo e além. Para quem procura um cenário mais selvagem, há os espetaculares rochedos na costa de **Conero**, ao sul de Ancona, em Le Marche, ou os picos nevados do **Monte Sibillini**, vistos em sua total beleza de Castelluccio, na Úmbria.

roma + centro-sul da itália

Em Roma, para aquela grande foto, suba o monte **Pincio** – logo depois da Escadaria Espanhola – ou à cobertura do **Hotel Raphael,** perto da Piazza Navona. Para uma vista do **Fórum** na direção do Coliseu, suba ao terraço da Piazza del Campidoglio. Para ver todas **as sete colinas de Roma**, vá até o topo da **Via Garibaldi,** no Trastevere: aqui você terá a cidade a seus pés.

Assis oferece lindas vistas, especialmente ao pôr do sol. O que Abruzos tem de mais típico são suas montanhas; suba ao topo do **Gran Sasso,** perto de Aquila, que oferece as melhores oportunidades de boas fotos.

costa amalfitana + sul da itália

Os rochedos **Faraglioni** são a imagem perfeita de Capri e uma paisagem obrigatória para os fotógrafos. Para as melhores vistas panorâmicas, vá à **Villa Krupp** ou à Marina Piccola. O terraço da **Villa San Michele,** em Anacapri, também oferece ótimas vistas de Capri.

Ravello tem duas das vistas mais fotografadas da Costa Amalfitana: do terraço sobre o mar da **Villa Cimbrone** e do frondoso pinheiro plantado na encosta ao lado da **Villa Rufolo**. A colorida **Positano** vista da praia é outra imagem preferida, assim como a do belo **Duomo** de Amalfi.

Vista da calma Sorrento, a **baía de Nápoles** se revela em sua beleza simples, enquanto a vista do alto do **Castel Sant'Elmo,** em Nápoles, mostra quão vasta e impressionante é a cidade.

Mais para o sul, **Matera** tem uma beleza trágica, que pode ser apreciada dos terraços panorâmicos da cidade alta, enquanto o templo grego em **Paestum** na hora mágica do pôr do sol é uma joia para os fotógrafos. Outras imagens prediletas na região são as **pedras douradas das catedrais barrocas de Lecce** e os pitorescos **trulli** (construções de pedra) da região de Alberobello.

ilhas da itália

Em **Taormina**, do teatro grego avista-se o Etna e o mar – duas vistas espetaculares, assim como a dos templos de **Agrigento** cercados de flores na primavera. Na Sardenha, a beleza da ilha pode ser apreciada em **La Maddalena** de barco, nas montanhas do **Gennargentu**, perto de **Bitti,** e nos **pântanos de sal habitados por flamingos** perto de Cagliari durante o inverno.

NESTA PÁGINA (A PARTIR DO ALTO): *As Dolomitas; a vista espetacular que se tem da Villa San Michele, em Anacapri; as montanhas toscanas, perto de Florença; as singulares construções trulli de Alberobello, patrimônio da Unesco, não decepcionam.*

PÁG. AO LADO: *Uma imagem obrigatória de Veneza: a da Basilica di San Marco, magnífica em qualquer estação.*

milão+nortedaitália
ALEMANHA
FRANÇA
SUÍÇA
LIECHTENSTEIN
ÁUSTRIA
MÔNACO
Palace Merano Espace Henri Chenot <
Seiser Alm Urthaler <
Hotel Milano Alpen Resort, Meeting + Spa <
Villa Lake Como <
Hotel Giardino <
Merano
Bolzano
Caldaro
Appiano
Dolomitas
Cortina d'Ampezzo
Trento
Rovereto
Ascona
Lago Maggiore
Lago di Como
4634
Mte Rosa
4478
Mte Matterhorn
4808
Mte Bianco
Courmayeur
Aosta
St. Vincent
Verrès
Omegna
Arona
Como
Bergamo
Brescia
Desenzano
Golfo de Veneza
Novara
Milão
Vercelli
Pavia
Cremona
Bardonecchia
Susa
Turim
Sestriere
Torre Pellice
Asti
Saluzzo
Bra
Alba
Acqui Terme
Cuneo
Gênova
> L'Albereta
> Palazzo Arzaga Hotel Spa + Golf Resort
> Grand Hotel et de Milan
> Park Hyatt Milan
> The Gray Milano
> The Straf
> Portofino Paradiso
La Spezia
Lerici
Golfo de Gênova
Albenga
Imperia
San Remo
Bordighera
N
Legenda
Rodovia
Estrada Principal
Outra Estrada
Aeroporto
Lago
4000–5000 m
3000–4000 m
2000–3000 m
1500–2000 m
1000–1500 m
500–1000 m
200–500 m
100–200 m
0 km
25
50
75 km

milão + norte da itália

Para muitos, as belezas naturais do Norte da Itália são sua maior atração, mas suas principais cidades, Milão, Turim e Gênova, guardam alguns dos melhores exemplos da arte, da arquitetura e do design, além de oferecer a excelência da comida e do vinho. Historicamente, as regiões são muito diferentes. Sua proximidade da França e do antigo Império Austro-Húngaro acabou criando uma mistura de culturas que tornou o Norte da Itália diferente do resto do país.

É fácil combinar vida urbana e excursões pelo campo. Você pode sair de Milão de carro pela manhã, chegar a um spa na montanha e estar de volta a seu hotel ao anoitecer. De Turim, é fácil esquiar por um dia ou dois no Val di Susa ou pegar a rota do sul até as montanhas das Langhe. Partindo de Gênova, há muitas opções de praias e lindas vilas a explorar nas montanhas que acompanham a faixa litorânea. Ainda mais ao norte, as montanhas e pequenas cidades do vale do Aosta da região de Trentino-Alto Adige oferecem prazeres menos urbanos – mas nem por isso menos agradáveis.

a próspera milão

Milão sempre foi uma cidade estratégica, primeiro para os romanos, depois para os lombardos e, finalmente, para a independência da região depois da formação da Liga Lombarda nos séculos 12 e 13. Governada pelos Visconti e pelos Sforza, Milão esteve na vanguarda do Renascimento: o toscano Leonardo da Vinci a preferiu a Florença em sua busca de patrocínio. Hoje, Milão e o Norte são a espinha dorsal da economia italiana, sede da indústria e da Borsa (a Bolsa de Valores italiana), o que justifica sua evidente aparência de prosperidade. Milão é hoje a cidade escolhida por muitos dos melhores e mais influentes designers de moda do mundo – devido, em grande parte, ao fato de que aqui há muito dinheiro. Mas, além de gastar, há muito a explorar na cidade. Sua catedral gótica na Piazza del Duomo é uma das maiores do mundo e levou 500 anos para ser terminada. Suntuosamente decorada, tem inúmeras gárgulas e 135 pináculos.

PÁG 42: A nobre Piazza San Carlo, em Turim, guardada pela estátua equestre de Emanuel Filiberto de Saboia.

NESTA PÁGINA: Made in Italy: onde a moda de vanguarda se encontra com clássicos do design.

PÁG. AO LADO: Os espetaculares telhados góticos do Duomo de Milão.

NESTA PÁGINA: *Compras com estilo na Galleria Vittorio Emanuele II.*

PÁG. AO LADO (A PARTIR DO ALTO): *Elegância minimalista no Emporio Armani, no distrito dos Navigli; prédios coloridos de Ripa di Porta Ticinese, também no bairro dos canais em Milão.*

Do alto da catedral avista-se a praça e a entrada da Galleria Vittorio Emanuele II. Conhecida como o salão de Milão, é o arquétipo dos shopping centers e exemplo do esplendor da Belle Époque. Trata-se de um pavilhão de ferro batido e vidro, construído em 1877, com uma sucessão de arcadas em quatro andares e uma cúpula de vidro ao centro, sobre um piso de mosaicos que representam os signos do zodíaco. Os milaneses acreditam que traz boa sorte pisar os genitais do Touro – e não há por que você também não tentar a sorte. Um recente renascimento trouxe os grandes nomes da moda de volta à galeria, misturados a bares elegantes, como o novo Caffè Gucci, e ao vizinho e luxuoso Park Hyatt Hotel. Na extremidade oposta da galeria encontra-se o Teatro alla Scala. Inaugurado em 1788, desde então atrai os maiores artistas do mundo. Com poltronas de veludo vermelho e camarotes dourados, o teatro antigamente era iluminado por velas, que cintilavam em uma miríade de espelhos – por si só um espetáculo.

A oeste do centro, na Piazza Castello, ergue-se o Castello Sforzesco, residência renascentista dos Visconti. No interior há afrescos inacabados de Michelangelo e Leonardo. De volta à área da catedral, há dois importantes museus. O primeiro é a Pinacoteca Ambrosiana, com pinturas de Leonardo da Vinci, Botticelli, Giorgione e

Caravaggio. Ali perto fica o Civico Museo d'Arte Contemporanea, que, depois de extensas obras de restauração, vai expor sua coleção de 3 mil obras de arte contemporânea, dos pós-impressionistas aos abstracionistas, entre eles Van Gogh, Cézanne, Modigliani e De Chirico. Mas a Pinacoteca di Brera talvez seja a mais impressionante. Instalada na Accademia di Belle Arti, um edifício do século 17, tem um acervo que abrange obras da arte primitiva à arte contemporânea. Particularmente memoráveis são o *Cristo Morto* de Mantegna, *O Casamento da Virgem* de Rafael e uma das mais românticas pinturas do século 19, *Il Bacio*, de Francesco Hayez. As salas X e XI exibem a arte contemporânea em meio a estatuetas cicládicas.

A palavra "ambrosia", manjar dos deuses, veio do padroeiro de Milão, santo Ambrósio, cuja doce eloquência, dizia-se, era capaz de atrair as abelhas. Sua basílica atrai o olhar, embora muitos prefiram ir direto a Santa Maria delle Grazie, convento do século 15 que abriga *A Última Ceia*, de Da Vinci. Agende a visita.

Uma arte de outro tipo é encontrada ao redor do triângulo de ouro, formado pela Via Montenapoleone, Via della Spiga e Via Sant'Andrea. Aqui os grandes nomes da moda mantêm suas *maisons*. A região emergente de Milão fica afastada do centro, na área industrial dos canais dos Navigli, ao mesmo tempo a parte mais antiga da cidade e o lugar do futuro. O designer Achille Castiglioni tem um novo museu na Piazza Castello. Não muito longe, na Viale Alemagna, fica a Triennale, que tem um acervo de design italiano, além de prestigiosas exposições temporárias e dois cafés excelentes. Os admiradores da arquitetura moderna podem perambular pelas ruas admirando obras pioneiras: a Villa Figini, de 1935, primeira construção italiana no estilo racionalista; a Torre Velasca, de 1957; o arranha-céu de 32 andares da Pirelli e a Chiesa di San Francesco, 1964, duas obras de Giò Ponti. No subúrbio de Rho-Pero, em uma antiga refinaria de petróleo, Massimiliano Fuksas construiu o novo pavilhão de feiras de Milão, parte de um projeto de renovação urbana que envolve novos talentos da arquitetura europeia.

a arte da lombardia

Além de Milão, a Lombardia tem outros tesouros. Cremona, uma cidade sofisticada, cheia de curvas, volutas e tons rosados, tem o campanário mais alto da Itália e um magistral relógio astrológico medieval. Aqui nasceu Antonio Stradivari, o *luthier* do século 18 por excelência. A fabricação de violinos ainda é um grande negócio, e há belos exemplares nos ateliês e museus da cidade. Mantova, uma impressionante cidade às margens do rio Mincio, é famosa por sua cozinha e suas grandes praças – em torno da Piazza dell'Erbe, do século 13, da Piazza del Broletto e da Piazza Sordello gira a atividade da cidade. Para cá afluem os turistas para ver o Palazzo Ducale, famoso por seus afrescos e pinturas em trompe l'œil – os mais suntuosos foram pintados por Andrea Mantegna na Camera degli Sposi. Em outra parte da cidade, o Palazzo Te abriga obras de arte igualmente impressionantes. A vida de Mantova também foi marcada pelo drama: Virgílio nasceu aqui; aqui Shakespeare exilou Romeu; e aqui é ambientado o *Rigoletto*.

A cidade alta de Bérgamo, construída principalmente no Renascimento e cercada de montanhas, tem a Piazza Vecchia, louvada por Le Corbusier e Frank Lloyd Wright. O funicular que leva ao Castello di San Vigilio oferece vistas espetaculares. A cidade baixa de Bérgamo foi projetada pelo arquiteto Marcello Piacentini nos anos 1920, uma festa para os modernistas. A coleção de arte da Accademia Carrara é uma das mais belas da Itália. Em frente fica a Galleria d'Arte Moderna, que abriga exposições temporárias, além de contar com uma ótima coleção permanente.

Ao norte de Brescia, o Val Camonica é famoso por suas belas gravuras rupestres, como se fosse um imenso muro grafitado, com desenhos que vão do neolítico ao período romano. A obra da natureza pode ser admirada em Cislano, onde a erosão criou fabulosas pirâmides de pedra, apelidadas "as fadas da floresta", bem ao lado do lago glacial de Iseo. Pávia – ao sul de Milão e antiga capital do reino da Lombardia – foi palco da coroação de Carlos Magno e de Frederico Barba Roxa. Exemplo da bela arquitetura lombarda, a vizinha Cartuxa de Pávia, cuja construção levou 200 anos, é a cereja do bolo.

turim: contemplada pelos alpes

Antiga capital do principado de Saboia, Turim mostra uma elegante estabilidade de tijolos vermelhos em suas arcadas, praças, palácios e museus. Mas é também exuberante e barroca, cuja alta sociedade compartilha os melhores prazeres da vida. No Quadrilatero Romano, o lado mais descolado de Turim se diverte. Com bares, restaurantes e casas noturnas, além de butiques, o bairro boêmio da cidade desafia sua reputação de tradicionalismo. A Mole Antonelliana é sede de um moderno museu do cinema, enquanto em outro ponto do rio Pó, as casas-barcos dos Murazzi oferecem uma cena *underground* com *happenings* e boates.

No coração do centro histórico fica a Piazza San Carlo, que leva à Via Roma e às suas arcadas, e ao esplêndido Palazzo Reale. O Palazzo Carignano (sede do primeiro Parlamento italiano em 1861), o Palazzo dell'Accademia delle Scienze (que contém o Museu Egípcio e a Galleria Sabauda), a Real Chiesa di San Lorenzo e a

NESTA PÁGINA: *O sol se põe sobre Turim, destacando a silhueta da cúpula de La Mole Antonelliana e o encanto dos Alpes ao fundo.*

PÁG. AO LADO (A PARTIR DO ALTO): *Brilhante trompe l'oeil de Andrea Mantegna no Palazzo Ducale; figuras de mulheres rezando em Val Camonica, apenas uma das muitas gravuras rupestres da era neolítica.*

Cappella della Sindone são todas obras do genial arquiteto Guarino Guarini. Domos geométricos são fundamentais em seu estilo. O Duomo, onde o Santo Sudário às vezes é exposto, é a única construção renascentista de Turim, embora com decoração interior barroca. Uma agradável caminhada é a que parte da Porta Nuova, a principal estação ferroviária, pelo Parco del Valentino, às margens do rio Pó. Criado para a Exposição Universal de 1884, contém um jardim botânico e o Borgo Medioevale.

A região do Quadrilatero Romano tem um clima comunitário e é o bairro da moda de Turim. Aqui fica o Caffè Lavazza, assim como Il Bicerin, um café inaugurado em 1763, famoso pelo drinque que leva café, creme e chocolate. Em frente ao Santuario della Consolata, local de peregrinações, e ao redor da Piazza Repubblica, há um mercado Art Nouveau de ferro e vidro. Aos sábados, as ruas do bairro são ocupadas por um mercado de pulgas, ao passo que o Gran Balon é uma feira de antiguidades realizada um vez por mês. Aqui perto, a Galleria Civica d'Arte Moderna e Contemporanea (GAM) é dedicada à arte do século 20.

Turim foi a primeira cidade italiana a realizar uma exposição de arte moderna, em 1863. No inverno, a cidade se ilumina no Luci d'Artista, enquanto o ManifesTO leva a arte dos cartazes às ruas. Artissima é uma feira de arte contemporânea realizada no Lingotto, antiga fábrica da Fiat. Hoje sede de Lo Scrigno – galeria que abriga peças de Modigliani e Picasso –, o Lingotto foi construído entre 1916 e 1926. Aclamado pelos futuristas e por Le Corbusier, representou o triunfo da produção em série. A matéria-prima do piso térreo emergia na forma de um carro acabado no último piso, e daí diretamente para a pista de testes da cobertura, à qual se tinha acesso por uma rampa helicoidal. Essa pista foi cenário do filme *Golpe à Italiana* (*The Italian Job,* 1969).

Há outros edifícios notáveis na cidade, como o Pavilhão de Exposições de 1949, de Pier Luigi Nervi, e o Palavela, de Annibale e Giorgio Rigotti.

piemonte: montanhas de comida

Em volta de Turim há pavilhões de caça e antigas residências da Casa de Saboia, dos quais a Palazzina di Stupinigi é o exemplo mais esplêndido. Outros destaques são a Abadia della Novalesa, no vale de Susa – onde está a excelente estação de esqui da Via Lattea – e a Sacra di San Michele, bem acima de Avigliana. O Forte di Fenestrelle merece uma visita. O vale do Pellice serviu de esconderijo para a seita valdense, que se opôs à Igreja Católica muito antes de Lutero. No Colle Vaccera, perto de Angrogna, há uma extraordinária formação rochosa, a "Roccia del Profeta". E na Torre Pelice, a Galleria Civica d'Arte Moderna "Filippo Scroppo" contém obras italianas do pós-guerra.

Ao sul e a oeste de Turim encontram-se os famosos vinhedos e plantações do Piemonte. Na região de Vercelli e Novara, os arrozais desenham no campo um enorme tabuleiro de xadrez. No coração do vale do Pó, quase sempre encoberto pela névoa, o cenário é melancólico, a não ser quando se imagina os deliciosos risotos que vão resultar desses campos. Bem mais dionisíaca é a região das Langhe, ao sul, famosa por suas trufas brancas de Alba e os mundialmente conhecidos vinhos Barolo, Nebbiolo, Barbaresco, Dolcetto e Barbera. A melhor época para uma visita é durante as colheitas de outono, quando ocorrem inúmeras feiras de alimentos.

A paisagem é salpicada de castelos feudais, luxuriantes vinhedos e lindas cidades. A cidade de Asti, famosa por seu espumante, realiza em setembro o Palio di Asti, uma festa medieval com grande banquete. Alba – rival tradicional de Asti – também tem o seu Palio, no qual palhaços desfilam montados em asnos, numa zombaria da festa verdadeira. Além de Alba fica Bra, sede do pioneiro e influente movimento internacional Slow Food, que preserva as tradições gastronômicas. Alba é

NESTA PÁGINA (A PARTIR DO ALTO): *Vinhedos em uma encosta de Barolo, no Piemonte; ouro branco, tartufi bianchi.*

PÁG. AO LADO: *Fábrica original da Fiat, o Lingotto,depois da restauração de Renzo Piano.*

também a cidade da Ferrero Rocher, fábrica dos famosos bombons e da Nutella. Pessione é a sede da Martini e de um museu de vinhos e aperitivos. Há ainda Aqui Terme, uma antiga e agradável cidade--spa romana, famosa pelo Brachetto, um delicioso vinho doce.

à altura dos vizinhos

Embora hoje Milão e Turim sejam os polos de sustentação econômica, foi Gênova que dominou durante a maior parte do último milênio. A República Genovesa controlava algumas das mais prósperas colônias do Oriente Médio e do norte da África, e dominava o mar Tirreno. Cristóvão Colombo trouxe para a república riquezas ainda maiores, e o Banco di San Giorgio financiava a maioria das campanhas militares de uma Europa em constante conflito. Gênova teve seu apogeu em meados do século 16, sob o temível *condottiere* Andrea Doria.

O porto de Gênova, pálida lembrança de um passado glorioso, tem duas faces muito diferentes: a superlotação típica de uma casbá na área do porto e a estonteante riqueza dos *palazzi* da Strada Nuova. De um lado, o dinheiro era produzido; do outro, era gasto. Afinal, Jano, o deus romano de duas caras, aparece acima do emblema da cidade. Porto de esperança e tristeza, foi de Gênova que Garibaldi partiu com milhares de homens para unificar a Itália, mas também foi desse mesmo porto que centenas de milhares de italianos partiram para a América no início do século 20 em busca de uma vida melhor. Decadente, Gênova recebeu nas últimas décadas injeções de recursos que valeram a pena: o turismo está em alta, e, em julho de 2006, a cidade ganhou a condição de patrimônio da humanidade da Unesco por sua Strada Nuova.

O Rolli de Genova foi uma lista que, nos séculos 16 e 17, relacionava os palácios da cidade de acordo com seu tamanho, beleza e importância. A partir dessa lista o governo decidia onde os nobres visitantes deviam se hospedar. Por essa razão, os nobres genoveses, fiéis à mentalidade de competição, disputavam com os vizinhos quem possuía o mais belo palácio, dotado das melhores obras de arte e das maiores estátuas, na esperança de alcançar uma melhor posição social. Os mais belos *palazzi*, onde o papa ou imperador do Sacro Império podiam se hospedar, ficavam na Via Garibaldi, o endereço nobre da cidade. O Palazzo Bianco, o Palazzo Rosso e o Palazzo Reale, na Via Balbi, possuem incríveis coleções de arte e hoje estão abertos ao público.

A zona portuária tem um ar marinho e decadente: aqui, a estreiteza dos *carrugi* (vielas) da cidade velha contribuem para um clima de agitação. Não muito longe do Banco di San Giorgio fica o aquário municipal, construído para a Expo 92, peça-chave do projeto de restauração de Renzo Piano. Há ainda a Bolla, uma estufa de plantas exóticas, e o Bigo, um elevador panorâmico, além de restaurantes e bares de onde se pode admirar a vista. Mais além está o farol de Gênova, a estação marítima transatlântica e o Museo del Mare, que recria a excitação da idade de ouro de Gênova.

O Palazzo Ducale, na Piazza De Ferrari, é o verdadeiro centro da cidade. Antiga residência dos doges de Gênova, hoje é um imenso centro cultural que abriga importantes exposições de arte. Perto ficam as torres gêmeas de Porta Soprana, que datam de 1155. Antigamente faziam parte das velhas muralhas, e conta-se que o pai de Colombo foi porteiro aqui, e que sua casa ficava próxima.

San Lorenzo, a catedral, com sua fachada gótica em branco e preto, fica poucos metros adiante. Diz-se que seu tesouro guarda o Santo Graal, assim como a bandeja em que a cabeça de João Batista foi oferecida a Salomé. Da Piazza De Ferrari chega-se ao Teatro Carlo Felice. Bombardeado pelos Aliados, o teatro foi reformado por Aldo Rossi. Hoje, mantém a antiga fachada, mas o interior é inteiramente novo.

NESTA PÁGINA (A PARTIR DO ALTO): *Interior de um castelo em Gênova, exemplo da bela arquitetura do século 19; montando guarda em San Lorenzo.*

PÁG. AO LADO: *Sem pressa, a passeggiata à la genovesa.*

os melhores perfumes nos menores frascos

Ao sul de Gênova estende-se uma das mais belas costas da Itália. A primeira escala deve ser em Nervi, depois em Camogli, uma bela vila de pescadores e centro naval. Portofino é um pequeno tesouro, com um punhado de hotéis, restaurantes e bares enfeitando o porto. Nos fins de semana e na alta estação, a estrada de acesso fica engarrafada; o chique é chegar de barco. Aqui o mar é ótimo para mergulho, um santuário de golfinhos e baleias. Contornando o promontório, é obrigatória uma visita à Abazzia di San Fruttuoso. Fundada em 711, tem uma linda prainha e uma *trattoria*. Mais adiante, seguindo a costa, fica o elegante e animado balneário de Santa Margherita Ligure, do século 19. Vários outros *resorts* competem por sua atenção neste litoral: Rapallo, Sestri Levante e Moneglia são os melhores.

As Cinque Terre se tornaram lendárias nos últimos anos: são cinco pequenas vilas medievais situadas em uma encosta escarpada e até hoje inacessíveis. Embora sejam vilas de pescadores, bons vinhos são produzidos nos vinhedos cultivados em terraços cortados na encosta íngreme, hoje protegidos pela Unesco. Muita gente vem até aqui para percorrer a trilha costeira que liga as cinco vilas, mas também se pode alcançá-las de barco ou de trem. A bela Monterosso é a vila maior, dotada de duas ótimas praias; Vernazza tem uma igrejinha dependurada sobre as ondas; Corniglia, a mais tranquila, é também a menos acessível; a multicolorida Manarola despenca de um grande rochedo em direção à sua praia de cartão-postal, enquanto a íngreme e movimentada Riomaggiore é a melhor para o mergulho.

NESTA PÁGINA: *Jantar em Portofino.*

PÁG. AO LADO: *Uma das mais belas baías da Itália – os golfinhos também adoram Portofino.*

costa oeste da ligúria: olivais, cavernas e cassinos

A costa a oeste de Gênova é relativamente mansa comparada ao acidentado litoral sul. São fileiras de praias, onde guarda-sóis e espreguiçadeiras formam faixas coloridas sobre a areia dourada. Entre elas há pequenos tesouros que valem uma busca. Noli, uma república marítima entre 1192 e 1796, é uma cidade medieval com uma linda praia. Imperia é famosa pelo comércio de azeite de oliva. Dolcedo, mais para o interior,

contém alguns dos melhores olivais da Itália. Cervo apresenta um festival internacional de música de câmara no verão, em frente à Chiesa dei Corallini, referência aos pescadores de coral locais. San Remo exibe seu elegante estilo Liberty. Velha dama dos balneários da Riviera, tem lindas *villas* e elegantes hotéis, os domos de sua Igreja Ortodoxa Russa (a cidade já teve uma considerável população de imigrantes russos) e sua maior atração, o esplêndido Casino. Tem também um centro histórico medieval escondido atrás da Piazza San Siro, e os passeios pelo Corso dell'Imperatrice, ladeado de palmeiras, ou pelo panorâmico Corso degli Inglesi. Mais para oeste ficam Dolceacqua e Bordighera, amada pelo pintor Monet. Então, quase na França, na romana Ventimiglia, encontramos as cavernas de Balzi Rossi, onde foram encontrados artefatos anteriores à Idade do Ferro, datados de 200.000 a.C. De volta a Albenga, ficam as impressionantes Grotte di Toirano, com gravuras, pegadas pré-históricas e estalactites espetaculares.

NESTA PÁGINA: *Isola Bella, uma das ilhas Borromeo, no lago Maggiore.*

PÁG. AO LADO: *Um dos muitos castelos Scaligeri e cidades históricas do belo lago de Garda.*

os lagos

Protegidos por uma cadeia de montanhas de picos nevados, todos os lagos no Distretto dei Laghi têm um clima ameno e ensolarado, mas cada um tem um atrativo. Maggiore tem uma beleza serena, a sobriedade e a meticulosidade de uma matrona; Garda é uma visão adorável, como a de uma babá saudável que conquista todo mundo com um sorriso caloroso; Como é uma tentação, vestida para matar como uma linda mulher deslumbrando um bando de pretendentes e aniquilando a oposição.

O lago Maggiore, o mais próximo de Milão e Turim, se estende pela fronteira suíça. Segundo em tamanho, é cercado por luxuriantes jardins botânicos e antigas villas, propriedades de VIPs locais. Stresa é uma linda cidade, porta de acesso às ilhas Borromeo, local de extravagâncias arquitetônicas e parques paisagísticos. Ainda em Stresa, um teleférico leva ao topo do monte Mottarone, onde num dia claro se descortina uma fantástica vista dos Alpes e dos sete lagos.

O lago de Garda, o maior e mais movimentado, é uma paradisíaca extensão de azul – até parece que estamos à beira-mar. Banha três regiões: ao norte, Trentino; a oeste, a Lombardia; e ao sul e a leste, o Vêneto. Sirmione, no sudeste, é cidade de lazer desde a época romana, quando Catulo passou uma temporada lá escrevendo torturados poemas de amor. O castelo Rocca Scaligera domina o porto e as ruas de pedra da cidade, onde o *beautiful people* se reúne para aperitivos e jantares. A maior cidade à beira do lago, Desenzano, tem uma das melhores vidas noturnas da região, enquanto Riva di Garda, no extremo norte, é muito procurada para a prática do windsurfe. No nordeste, o pico mais alto do lago, monte Baldo, oferece vistas espetaculares. Salò, na margem oeste, é uma linda cidade, onde Mussolini fundou sua malfadada república em 1943.

As águas cor de safira do lago de Como rodeiam uma forquilha sob os picos nevados dos Alpes, cenário perfeito para os turistas milaneses de fim de semana ou as celebridades de Hollywood. Suas praias românticas e mansões luxuosas apareceram em filmes como *Cassino Royale*, *Guerra nas Estrelas*, *A Month in the Country* e no filme de

... cenário perfeito para os turistas milaneses de fim de semana ou as celebridades de Hollywood.

estreia de Hitchcock, *The Pleasure Garden*. Embora os astros e estrelas só tenham descoberto o charme de Como recentemente (George Clooney, Sting, Tom Cruise e Richard Branson, para citar alguns), os italianos há muito o exploram. Luciano Pavarotti e Gianni Versace tinham casas aqui, e, antes deles, gerações de nobres. Foi aqui que nasceram os dois Plínios, o Velho e o Jovem, onde Bellini, Rossini e Verdi buscaram inspiração, e onde os poetas Wordsworth, Byron e Shelley moraram.

A uma hora de carro de Milão e a leste do cantão suíço de Ticino, Como é um dos lagos mais profundos da Europa, mas tem apenas 35km de comprimento e 4,5km no ponto mais largo. Ao redor de suas margens há belas cidades, com sublime arquitetura e encantadoras casinhas com cascatas de gerânios, ruas de pedra, *piazzas* e passeios cheios de cafés e restaurantes com vistas maravilhosas. Embora rodeado pelos Alpes, Como tem um clima mediterrâneo ensolarado. Verdejantes e vibrantes, laranjeiras e palmeiras se misturam com buganvílias e hibiscos; jardins em terraços, cheios de estátuas, descem em direção ao lago, em cujas margens veem-se ancoradouros e praias. A melhor maneira de conhecer o lago é de barco, que pode ser alugado com ou sem um marinheiro. A margem oeste de Como é mais calma, mais exclusiva e mais sofisticada – aqui estão as cidades de Como, Cernobbio e a *villa* de George Clooney, em Laglio. A margem leste, onde Varenna se destaca, tem uma linha férrea e é mais acessível. Mais ao norte, o lago fica mais tranquilo e decididamente menos elitista: os windsurfistas adoram Domaso. Na extremidade leste fica Lecco, dramaticamente situada em um profundo fiorde com cascatas. Leonardo da Vinci usou a paisagem como pano de fundo para duas de suas obras-primas, *A Virgem dos Rochedos* e *A Virgem e o Menino com Sant'Ana*.

NESTA PÁGINA: *A requintada Villa Carlotta, em Tremezzo, presente de casamento para a princesa Carlota da Holanda, tem salas decoradas de afrescos e obras de arte, e é famosa por seus soberbos jardins.*

PÁG. AO LADO: *Castelo Mareccio (Schloss Maretsch), no Alto Adige, uma região romântica, cheia de castelos e vinhedos.*

montanha chique

O vale do Aosta, no canto noroeste da Itália, tem muitos tesouros romanos e medievais, estações de esqui e os vinhedos mais altos da Europa. A região está cheia de castelos fortificados, muitos deles joias renascentistas, como em Issogne, Fénis e Verrès. Courmayeur tem ótimas pistas de esqui. E, para quem quer um spa termal, há Pré St. Didier e St. Vincent. No verão o cenário é igualmente fascinante, e os campos floridos de Val Ferret, perto de Entrèves, são o antídoto perfeito para a agitação de Courmayeur.

A cidade de Aosta tem a mais antiga feira da Europa, Sant'Orso (sucesso desde o ano 1000), um festival de touradas – onde só os touros se enfrentam – e uma bela arquitetura romana e medieval. A Tour Fromage abriga a coleção de arte moderna da cidade. Cogne é a porta de entrada para o Parco Nazionale del Gran Paradiso, antiga reserva de caça dos Saboia. Os esquiadores de La Thuile, no Colle del Gran San Bernardo, podem ver um dos cães mais queridos do mundo – o são-bernardo – em ação. A raça surgiu no monastério do século 11 situado no alto do desfiladeiro. Hoje fica na Suíça, e é preciso passaporte para visitá-lo. A lendária Courmayeur, situada aos pés do Monte Bianco (Mont Blanc), é uma das melhores estações de inverno dos Alpes.

trentino-alto adige: dupla personalidade

Trento e Alto Adige são diferentes do resto da Itália. A província mais setentrional da região já fez parte do Império Austro-Húngaro e só foi anexada ao território italiano no século passado. A população de Trento, mais ao sul, é de língua inglesa; a de Bolzano, ao norte, é em grande parte de língua alemã, mas suas cidades têm nomes nas duas línguas. As Dolomitas ficam principalmente no Alto Adige (ou Süd Tirol), onde a arquitetura, o ambiente e a culinária são mais austríacos que italianos.

Toda a região é muito procurada para a prática de esqui e de alpinismo, mas os italianos também a visitam por causa de seu ótimo vinho. Uma rota do vinho parte do sul de Bolzano e atravessa um vale de vinhedos e muitos castelos. Os melhores pontos para parar são Eppan (ou Appiano) e Kaltern (ou Caldaro), onde há um museu do vinho no Castel Ringberg. É uma das regiões mais ricas e pitorescas da Itália, com prados, florestas e as majestosas Dolomitas, onde castelos precariamente plantados dão acesso a belas cidades antigas, perfeitas para quem quer fugir da correria do mundo moderno.

Bolzano, capital do Alto Adige, é cercada pelas montanhas Rosengarten, cujos picos de calcário ficam rosados ao pôr do sol. Uma cidade-mercado desde a Idade Média, sua maior atração é uma múmia chamada Ötzi, de 5.300 anos. Encontrada em perfeitas condições em uma geleira local em 1991, hoje está exposta em um museu arqueológico. Ao sul de Bolzano, Val Gardena merece uma parada, e a viagem de carro até Cortina d'Ampezzo é inacreditável, se não fosse o medo.

Merano é famosa por seu spa, uma construção de vidro que oferece vistas fabulosas. Muito procurada para caminhadas, Merano tem esplêndidos castelos, como Trauttmansdorff e o Castello Principesco. Há também uma galeria de arte contemporânea e uma conhecida pista de corridas.

Em Rovereto, ao sul de Trento, há um charmoso museu dedicado ao artista futurista Fortunato Depero, onde estão expostas suas vibrantes pinturas, tapeçarias e bonecas. Ao lado, uma loja vende belas reproduções de algumas de suas obras. Mais trabalhos de Depero e outras obras futuristas podem ser vistos no MART, um novo centro de artes no Corso Bettini, no centro da cidade. Além de exposições, realiza um importante festival de dança no verão. A sudeste da cidade, pode-se seguir dezenas de pegadas de dinossauros, datadas de 200 milhões de anos. Estendendo-se da região de Venezia Friuli-Giulia em direção à Áustria e à Eslovênia, os Alpes Julianos e os Alpes Cárnicos são pouco conhecidos. Região mais densamente florestada de toda a Itália, lar de ursos, águias e linces, tem uma ótima estação de esqui em Sella Nevea, perto de Tarvisio, e a cidade de Tolmezzo abre caminho para outros tesouros valiosos.

NESTA PÁGINA: *No vale do Aosta, pode-se esquiar o ano todo no glaciar Toula, no Monte Bianco.*

PÁG. AO LADO: *Imagem espelhada das Dolomitas – o cristalino lago de Misurina e o impressionante Gruppo del Surapis.*

... castelos precariamente situados dão acesso a lindas cidades antigas...

Grand Hotel et de Milan

... Milão no auge de sua elegância e sofisticação...

NESTA PÁGINA (A PARTIR DO ALTO): As luxuosas suítes do Grand Hotel hospedaram convidados ilustres, entre eles o grande compositor Verdi; os quartos emanam charme e elegância. PÁG. AO LADO (SENTIDO HORÁRIO, A PARTIR DO ALTO): Don Carlos é famoso por seus criativos pratos italianos; a majestosa decoração do saguão; o aconchegante Gerry's Bar, ambiente perfeito para um drinque relaxante.

Como capital da Lombardia, Milão foi historicamente um centro comercial para o qual convergiam as rotas transalpinas. Hoje é uma agitada metrópole, vanguarda nos negócios, na moda e nas finanças. É uma cidade cosmopolita e chique, que oferece uma enorme gama de divertimentos, desde uma ópera de alto nível internacional a fascinantes tesouros artísticos e aos últimos lançamentos da moda.

Os que quiserem vivenciar Milão no auge de sua elegância e sofisticação devem se hospedar no Grand Hotel et de Milan, cuja história fascinante está entrelaçada à da cidade há mais de um século. Inaugurado em 1863, o Grand Hotel foi o preferido de Giuseppe Verdi, que o escolheu por sua localização, próxima ao La Scala. Na verdade, praticamente se tornou um anexo desse incomparável teatro de ópera desde que os sucessos de Verdi passaram a ser celebrados no hotel, de cujos balcões ressoavam as árias mais famosas. Caruso, Callas e outras lendas da ópera – para não mencionar membros da realeza e altos dignitários – desfrutaram e até hoje desfrutam sua hospitalidade. Pela cúpula de vidro do vasto saguão, a luz natural se infiltra e incide sobre um elaborado piso, coberto com ricos tapetes orientais, enquanto a intricadamente esculpida lareira de mármore é decorada com gloriosas peças antigas.

Os quartos são luxuosos e muito confortáveis, decorados em estilo Liberty do século 18 ou Art Déco. Pisos de madeira polidos e cortinas de brocado complementam a suntuosa mobília. Algumas suítes guardam sinais da passagem de lendários hóspedes do hotel. Os banheiros são

palacianos, revestidos de mármore italiano, com banheiras profundas e itens de toalete exclusivos. Nada melhor do que relaxar da tensão das movimentadas ruas de Milão com um longo banho de imersão.

São muitas as opções de uma excelente refeição no Grand Hotel, seja no acolhedor Don Carlos – cada palmo de suas paredes é coberto por interessantes pinturas e gravuras – seja no gracioso restaurante Caruso. O aclamado chef Angelo Gangemi adota uma versão criativa da cozinha clássica italiana, enquanto a excepcional adega oferece inúmeras marcas de prestígio para acompanhar os atraentes cardápios. Para uma estadia luxuosa em Milão, em um cenário histórico incomparável, o Grand Hotel não tem rival.

QUARTOS
95

CULINÁRIA
Caruso: italiana • Don Carlos: italiana

BEBIDA
Gerry's Bar • adega

DESTAQUES
academia • personal trainers

NEGÓCIOS
salões de banquete • salas de reunião

ARREDORES
Duomo • Teatro alla Scala • Galleria Vittorio Emanuele • Via Montenapoleone

ENDEREÇO
Via Manzoni 29, 20121 Milão • telefone: +39.02.723 141 • fax: +39.02.8646 0861 • e-mail: reservations@grandhoteletdemilan.it • site: www.grandhoteletdemilan.it

Hotel Giardino

... as mais modernas conveniências em um ambiente calmo e luxuoso.

Embora esteja tecnicamente localizado na Suíça, o Hotel Giardino é um estabelecimento tipicamente italiano em todos os aspectos. Afinal, a cidade de Ascona, onde ele está situado, é famosa por seu caráter italiano. E ainda há o clima, muito mais mediterrâneo que alpino. Até a língua falada por seus habitantes é o italiano. Assim, os hóspedes do hotel podem desfrutar o melhor de dois mundos: o padrão suíço de eficiência e a hospitalidade italiana.

Talvez tenha sido essa mistura de influências a razão do sucesso do hotel desde sua inauguração, em 1986. Membro do conceituado grupo Relais & Chateaux, o Hotel Giardino é um estabelecimento cinco estrelas reconhecido como o melhor hotel de lazer da Suíça, famoso pelo alto padrão de seus serviços, hospitalidade e culinária.

Instalado em meio a bem-cuidados jardins em estilo mediterrâneo, o Hotel Giardino tem 72 amplos quartos, suítes e apartamentos residenciais, todos dotados das mais modernas conveniências em um ambiente calmo e luxuoso. Esse cuidadoso equilíbrio entre elegância e conforto se estende às áreas de uso coletivo, decoradas com móveis luxuosos, pisos exóticos e arrojadas cores italianas. Em toda parte nota-se a atenção ao detalhe e ao bem-estar dos hóspedes, pouco comum mesmo pelos altos padrões de um estabelecimento Relais & Chateaux.

Além disso, o Hotel Giardino conta com dois dos melhores restaurantes desta linda região italiana. No recém-inaugurado Ristorante ECCO, o chef Rolf Fliegauf combina o conhecimento acumulado em uma longa carreira com o que há de mais novo na culinária para criar pratos tão agradáveis à vista quanto ao paladar.

O Ristorante Aphrodite, por outro lado, tem o chef Urs Gschwend no comando, servindo especialidades contemporâneas mediterrâneas e italianas que mereceram, por sua excelência, nada menos que 16 pontos do prestigiado guia Gault Millau, além de muitos outros prêmios nacionais e internacionais.

NESTA PÁGINA (A PARTIR DO ALTO): *Desfrute a elegância do Giardino Spa; o charme mediterrâneo dos suntuosos jardins do hotel.*

PÁG. AO LADO (A PARTIR DO ALTO): *O máximo do sabor e do requinte; O Hotel Giardino, um cinco estrelas de qualidade superior, é famoso por sua calorosa hospitalidade; antecipe o prazer dos criativos pratos do Ristorante ECCO.*

Qualquer pessoa acostumada a frequentar os lagos italianos vai apreciar a possibilidade de cuidar da saúde e realizar alguma atividade ao ar livre, e nesse aspecto o Hotel Giardino também não decepcionará ninguém. Além de oferecer duas piscinas, o excelente Giardino Spa e uma academia, fica vizinho de um dos mais belos campos de golfe da Europa e a curta distância do lago Maggiore e do famoso vale do Ticino. Com tudo isso a oferecer, o Giardino é um hotel do qual tanto suíços quanto italianos podem se orgulhar.

QUARTOS
72

CULINÁRIA
Ristorante Aphrodite: italiana e mediterrânea • Ristorante ECCO: cozinha molecular

BEBIDA
bar • bar da piscina

DESTAQUES
Giardino Spa • piscina coberta • piscina descoberta • academia • estacionamento

ARREDORES
Ascona • Como • lago Maggiore • Lugano • Milão • vale do Ticino

ENDEREÇO
Via Segnale 10, CH-6612 Ascona, Suíça • telefone: +41.91.785 8888 • fax: +41.91.785 8899 • e-mail: welcome@giardino.ch • site: www.giardino.ch

Hotel Milano Alpen Resort, Meeting + Spa

... combina modernidade e tradição...

NESTA PÁGINA: *Com um ambiente acolhedor e uma esplêndida vista dos Alpes, o Lounge Bar é ideal para um drinque relaxante.*

PÁG. AO LADO (SENTIDO HORÁRIO, A PARTIR DO ALTO): *A Alpen Suite combina elegância, natureza e conforto; a reluzente piscina coberta do spa; os tons suaves do quarto Exclusive completam a decoração contemporânea.*

"Em todas as coisas da natureza existe algo de maravilhoso", já dizia Aristóteles. O Hotel Milano se dedicou a utilizar a beleza circundante, apresentando uma abundância de spa, beleza e atividades de aventura e tirando o máximo proveito de seu impressionante cenário alpino.

Este luxuoso e moderno hotel e spa resort está inserido no vale da Alta Seriana, ou Valseriana, aos pés do maciço Presolana. Este magnífico cenário funciona como um constante, embora sempre mutável, lembrete da beleza e do poder curativo da natureza. Seja para relaxar, regenerar-se ou revigorar-se, este refúgio de administração familiar combina modernidade e tradição, assim como os métodos modernos do Alpen Spa e práticas antigas, para garantir que os desejos de cada hóspede sejam satisfeitos. O hotel é também um centro de conferências tecnologicamente avançado, oferecendo um serviço eficiente e individualizado.

Os 67 espaçosos quartos do Milano foram decorados segundo diferentes temas. Os hóspedes podem escolher o interior suave e contemporâneo dos quartos Junior, Standard, Exclusive Bio Eco e das Alpen Suites, com banho turco particular e ducha *shiatsu*. Quem preferir um ambiente mais acolhedor e tradicional pode experimentar um dos quartos Classic ou Deluxe. Executivos e casais em lua de mel talvez prefiram a fabulosa Presidential Suite, que oferece vistas espetaculares e uma banheira de hidromassagem. Embora imerso nas maravilhas da mãe natureza, o hóspede do Milano tem acesso à internet e TV LCD nas suítes, o que lhe permite manter-se conectado com o mundo exterior.

Os que estão em busca de adrenalina vão adorar as muitas oportunidades que lhes oferecem os Alpes, que podem ser explorados com dois guias experientes, Ernesto e Hugo. Desfrute a estruturada trilha Nórdica ou uma aventura de *mountain bike*, cercado pelo ar puro da montanha e pela beleza estonteante da paisagem. Na temporada, também se pode esquiar e jogar golfe.

Com dois criativos restaurantes – o Caminone e a Enoteca servem a melhor cozinha regional e internacional – e o acolhedor Alpen Lounge Bar para eventos privados, o Milano é um resort diferente. E a diferença está no seu Alpen Spa, o máximo de cuidados luxuosos no coração dos Alpes italianos.

Além de uma piscina coberta, o spa oferece uma variedade de tratamentos, que vão de algumas horas a um fim de semana inteiro. Escolha um dos muitos tratamentos que oferecem saúde, relaxamento, beleza, vida natural ou aventuras. Os hóspedes também podem criar um programa adequado a suas necessidades.

Para quem quer fazer uma imersão nos programas do Alpen Spa, são organizados fins de semana temáticos com base nos quatro elementos: terra, ar, água e fogo. Os casais podem escolher um programa especialmente concebido para eles ou usufruir um fim de semana oriental. De bandagens balsâmicas de limão a massagens com pedras, de Pilates à ioga, de *peelings* de mel a massagens desintoxicantes Bio Eco, o Alpen Spa e o Hotel Milano Alpen Resort como um todo estão preparados para impressionar.

QUARTOS
67

CULINÁRIA
Il Caminone: internacional • Enoteca: regional e alpina

BEBIDA
Alpen Lounge Bar • Enoteca: adega

DESTAQUES
Alpen Spa • sauna • piscina coberta • sauna a vapor • solário • academia • serviços de bem-estar e massagem • mountain bikes grátis • programas especiais para crianças

NEGÓCIOS
Salas de reuniões • salas de treinamento

ARREDORES
Presolana Golf Club • Albenza Golf Club Bergamo • Franciacorta Golf Club Brescia • pistas de esqui em Presolana e Monte Pora

ENDEREÇO
Via Silvio Pellico 3, 24020 Castione della Presolana, Bratto • telefone: +39.0346.31 211 • fax: +39.0346.36 236 • e-mail: info@hotelmilano.com • site: www.hotelmilano.com

L'Albereta

... não falta absolutamente nada em termos de alto luxo e hospitalidade de nível internacional.

NESTA PÁGINA (A PARTIR DO ALTO): *O espetacular Honey Room, com vistas igualmente fantásticas dos Alpes; o ambiente relaxante do Library Bar é bem acompanhado por sua impressionante carta de vinhos.*

PÁG. AO LADO (SENTIDO ANTI-HORÁRIO, A PARTIR DO ALTO): *Experimente a deliciosa cozinha do chef Gualtiero Marchesi em seu restaurante; além dos tratamentos relaxantes, os hóspedes contam com programas de exercícios aquáticos no spa; o tranquilo ambiente campestre do L'Albereta é um santuário para o corpo e a mente.*

Os *connoisseurs* italianos costumam classificar um hotel segundo sua capacidade de satisfazer os cinco Cs: cortesia, caráter, calma, charme e, finalmente, cozinha. Embora alguns estabelecimentos consigam alcançar um alto nível em uma ou duas dessas categorias, pode-se contar nos dedos de uma mão os que recebem a cotação mais alta em todos esses quesitos.

L'Albereta é um desses hotéis. Este antigo pavilhão de caça, hoje respeitado membro da ilustre cadeia Relais & Chateaux, é o mais próximo da perfeição que um hotel campestre pode chegar, na Itália ou em qualquer outro lugar. Localizado em uma colina, entre belos vinhedos da famosa região vinícola de Franciacorta, L'Albereta determina os padrões pelos quais os outros devem ser avaliados, e por isso não surpreende que tenha se tornado um ícone para a sociedade milanesa desde sua inauguração, em 1993.

L'Albereta deve muito de seu sucesso ao fato de ser propriedade do lendário hoteleiro italiano e produtor de vinhos Vittorio Moretti e de sua filha, Carmen Moretti de Rosa. Foram eles que tiveram a sabedoria e a visão de perceber o potencial da propriedade, e que supervisionaram a meticulosa obra de reforma que a transformou na joia brilhante e multifacetada que é hoje.

Além de um ambiente imaculado e do envolvimento pessoal da família Moretti, vários fatores contribuem para o status de que o L'Albereta desfruta como um dos melhores hotéis da Itália, a começar pelos 57 magníficos quartos e suítes, dos quais não há dois iguais. Todos exibem o bom gosto e a elegância que tornaram a Lombardia justamente famosa e são equipados com tudo o que há de mais moderno, de modo que o hóspede não pode deixar de se sentir um privilegiado.

Essa sensação de privilégio se estende às áreas de uso comum, que incluem biblioteca, sala de xadrez, salão de bilhar e vários terraços, mas talvez atinja seu apogeu no elegante restaurante do hotel. Aqui, sob a orientação do internacionalmente aclamado chef Gualtiero Marchesi, pratos da cozinha clássica e da nova cozinha italiana são servidos diariamente a uma respeitada clientela. Mesmo pelos padrões exemplares da alta cozinha italiana, a comida é extraordinária. Com justiça, o restaurante foi agraciado com nada menos que duas estrelas Michelin, e o serviço, como tudo o mais no hotel, é sempre da mais alta qualidade.

Desde 2003, L'Albereta se orgulha de oferecer um dos melhores centros de saúde e bem-estar desta região da Itália. Com um investimento de mais de 2 milhões de euros, os 1.400 m^2 do Henri Chenot Espace Vitalité oferecem os mais modernos tratamentos e terapias, que, aliados a uma piscina coberta e uma quadra de tênis, fazem com que ao L'Albereta não falte absolutamente nada em termos de alto luxo e hospitalidade de nível internacional.

QUARTOS
57

CULINÁRIA
Ristorante Gualtiero Marchesi: italiana

BEBIDA
Library Bar

DESTAQUES
Spa Espace Vitalité Henri Chenot • piscina coberta • quadra de tênis • biblioteca • personal trainers • salão de bilhar • sala de xadrez • heliponto

NEGÓCIOS
salas de reuniões • espaço de exposições

ARREDORES
Vinhedos de Franciacorta • lago Iseo • Bérgamo • Brescia • Milão • Veneza • Verona

ENDEREÇO
Via Vittorio Emanuele II 23, 25030 Erbusco, Brescia • telefone: +39.030.776 0550 • fax: +39.030.776 0573 • e-mail: info@albereta.it • site: www.albereta.it

Palace Merano
Espace Henri Chenot

... que mescla com eficiência o design clássico italiano e o genuíno luxo alpino...

NESTA PÁGINA (A PARTIR DO ALTO): *As suítes Junior combinam arte, elegância e luxo; desfrute um excelente jantar no luxuoso ambiente do La Table du Palace.*

PÁG. AO LADO (A PARTIR DO ALTO): *O interior bem-cuidado do Palace Merano; a beleza da região alpina vista do terraço; num ambiente de tranqulidade, a piscina é o lugar ideal para relaxar.*

A famosa estação termal de Merano ocupa uma região luxuriante e florida na convergência de três vales no norte da Itália. Um hotel inigualável, o Palace Merano é o único cinco estrelas desta cidade espetacular, que mistura com eficiência o design clássico italiano e o genuíno luxo alpino para oferecer um dos mais exclusivos e famosos spas da Europa.

O Palace conta com 105 quartos impecavelmente decorados, o refinado restaurante La Table du Palace e o acolhedor Jockey Club Bar, que tem esse nome em homenagem ao famoso hipódromo de Merano. Entretanto, é o famoso Espace Henri Chenot que faz a fama desta magnífica cidade.

O Espace Henri Chenot foi o primeiro a utilizar a "biontologia". Esta terapia, desenvolvida pelo próprio Chenot e hoje amplamente divulgada, foi concebida para beneficiar corpo, alma e psique. Utilizando um grande número de métodos cientificamente avançados, a biontologia se foca em saúde, bem-estar, nutrição e medicina estética, aliados a tratamentos de hidro-biontologia. Essas terapias complementares ajudam os hóspedes a atingir seus objetivos físicos e estéticos, reencontrando a energia e os níveis de vitalidade anteriores.

Este centro de bem-estar atípico oferece inúmeros tratamentos, complementados pelos produtos de beleza cem por cento naturais que levam a marca Sources de Santé. Com 18 salas individuais de massagem, cabines de hidroterapia, piscina coberta e descoberta, uma sauna finlandesa e um revigorante *hammam* fazem uma semana parecer uma estadia curta demais.

Depois de uma consulta médica e bioenergética, o

centro ajuda o cliente a organizar um programa de energização, regeneração e desintoxicação, capaz de atender às suas necessidades individuais, da perda de peso a tratamentos antiestresse e antienvelhecimento. Os nutricionistas do Henri Chenot então planejam uma dieta personalizada destinada a melhorar os resultados conquistados no spa. Além disso, os qualificados terapeutas do Chenot ainda oferecem uma grande variedade de tratamentos cosméticos de laser e microinjeções para aumentar o tônus muscular.

Para aqueles que podem se dar o luxo de passar uma semana ou mais no Palace Merano, um programa personalizado Henri Chenot pode incluir uma dieta desintoxicante, um bioteste para avaliar os níveis de energia, massagens regeneradoras, tratamentos energizantes, hidroterapia, sessões de fitoterapia enriquecida de minerais e atividades de grupo na piscina ou na academia. Para combater um estilo de vida sedentário e recuperar a forma, o programa individualizado do Chenot é o ponto de partida ideal.

A abordagem exclusiva de Henri Chenot tem sido apurada à perfeição ao longo de mais de 30 anos de experiência. Seus tratamentos são os mais benéficos no clima despoluído de Merano. Por tudo o que oferece, o Merano Palace-Espace Henri Chenot brilha como referência entre os spas de luxo da Europa.

QUARTOS
105

CULINÁRIA
La Table du Palace: cozinha natural • La Terrasse Diététique: cozinha dietética

BEBIDA
Jockey Club Bar

DESTAQUES
centro de beleza • hidroterapia • piscina coberta • piscina descoberta • solário • *hammam* • sauna finlandesa • tênis •fitness center • aluguel de bicicletas • babysitter • estacionamento • centro médico

NEGÓCIOS
business center

ARREDORES
estação de esqui Merano 2000 • golfe • equitação • hipódromo • as Dolomitas

ENDEREÇO
Via Cavour 2, 39012 Merano • telefone: +39.047.327 1000 • fax: +39.047.327 1100 • e- mail: reservations@palace.it • site: www.palace.it • www.henrichenot.com

Palazzo Arzaga Hotel Spa + Golf Resort

... mobiliado com móveis de estilo lombardos ou venezianos...

NESTA PÁGINA (A PARTIR DO ALTO): *Os magníficos afrescos nas paredes contam a história do Palazzo; relaxe no acolhedor bar no saguão.*

PÁG. AO LADO (SENTIDO HORÁRIO, A PARTIR DO ALTO): *O Palazzo Arzaga, uma construção do século 15; as amplas e luxuosas suítes garantem uma estadia confortável; a decoração clássica e a grandiosa escadaria são exemplo de opulência.*

A região dos lagos, no norte da Itália, há muito desfruta de uma reputação inalcançável como um dos melhores destinos turísticos tanto para férias quanto para lua de mel. As razões disso são bem conhecidas: seu magnífico cenário, sua história e sua cultura, um clima quase mediterrâneo e um comércio de primeira classe, sem falar na excepcional qualidade de sua cozinha e de sua hospitalidade. Atualmente, graças à recente inauguração do Palazzo Arzaga, duas novas atrações foram acrescentadas a essa extensa lista: campos de golfe e um complexo de spa comparável aos melhores que a Itália tem a oferecer.

Situado nas colinas ondulantes a sudoeste do lago da Garda, este membro dos The Leading Small Hotels of the World está localizado numa propriedade privada de 144ha, espaço suficiente para suas muitas instalações e serviços, inclusive dois campos de golfe. Arzaga I é um campo de 18 buracos, par 72, projetado por Jack Nicklaus II, enquanto Arzaga II tem 9 buracos, par 36, e foi projetado por Gary Player. Ambos são tão estimulantes quanto bonitos, e com certeza merecem o respeito e a simpatia de seus jogadores.

Igualmente impressionante é o complexo de beleza e bem-estar do hotel. O premiado spa do Palazzo Arzaga está instalado num ambiente tranquilo e oferece uma grande variedade de terapias, todas dedicadas ao rejuvenescimento físico e mental. O destaque

talvez seja sua piscina térmica *slim-tonic*. Com a temperatura mantida entre 30 e 32°C e rica em sais minerais, a piscina ajuda a estimular o metabolismo e o processo de emagrecimento, além de relaxar a mente.

O hotel é igualmente notável. Ocupando três deslumbrantes mansões, duas delas monumentos históricos, o Arzaga conta com áreas de recepção espaçosas e luxuosamente decoradas e 84 quartos e suítes. Todos foram decorados com móveis da época lombarda ou veneziana, e oferecem a última palavra em termos de elegância, conforto e estilo. É desnecessário dizer que conveniências como banheiros anexos, ar-condicionado, acesso à internet sem fio e TV LCD por satélite são padrão em todo o hotel.

A paixão pela excelência que se reflete em todos os aspectos e serviços do hotel se estende também a seus bares e restaurantes. Dignos de nota são o restaurante Il Moretto, mais formal e refinado, especializado na cozinha italiana, e o informal Il Grill Restaurant & Coffee Bar, que oferece petiscos e refeições leves. E há ainda o sempre popular Le Bar, o lugar perfeito para saborear um drinque, seja diante da acolhedora lareira, seja no terraço, de onde se pode observar o lendário pôr do sol da Lombardia.

QUARTOS
84

CULINÁRIA
Il Moretto: italiana gourmet •
Il Grill at the Clubhouse: italiana

BEBIDA
Coffee Bar at the Clubhouse •
Le Bar & Lounge

DESTAQUES
TV LCD por satélite • frigobar •
internet sem fio

NEGÓCIOS
salas de reuniões • salas de banquete

ARREDORES
lago da Garda • Brescia • Mantova •
Verona

ENDEREÇO
Loc. Arzaga 25080, Carzago di Calvagese della Riviera, Brescia •
telefone: +39.030.680 600 •
fax: +39.030.680 270 •
e-mail: arzaga@arzaga.it •
site: www.palazzoarzaga.com

Park Hyatt Milan

Os interiores do hotel são modelo de refinada elegância.

Em uma cidade dinâmica como Milão, é importante estar localizado no centro e ao mesmo tempo se hospedar em um lugar que ofereça descanso da agitação das ruas. É exatamente isso que The Park Hyatt proporciona. No coração da metrópole, este elegante santuário fica a poucos passos do magnífico Duomo, do Teatro alla Scala e do distrito financeiro, para não falar nas ultrachiques lojas de moda da Via della Spiga e da Via Montenapoleone.

Tão sofisticado quanto a própria Milão, o Park Hyatt foi construído ao redor de um requintado *palazzo* do século 19, e sua decoração, embora contemporânea, conserva elementos clássicos como um tributo ao edifício histórico. Os interiores do hotel são modelo de refinada elegância. Uma imensa cúpula cobre o vasto salão, e por ela a luz natural se infiltra, criando um ambiente sereno. As paredes são de travertino, e as colunas de granito rosado que sustêm a cúpula contrastam com as ricas sedas e veludos escuros dos móveis modernos.

Os amplos quartos e suítes exibem um luxo discreto, e os materiais e tecidos cuidadosamente escolhidos que os decoram os tornam irresistíveis. O mármore bege das paredes se harmoniza com as roupas de cama de tons leitosos e a sutil tonalidade laranja da iluminação, criando um refúgio acolhedor – o ambiente perfeito para descansar e assistir a um filme na TV Bang & Olufsen.

Os que tiverem o infortúnio de ter que trabalhar ainda assim podem apreciar a experiência, porque todos os quartos são equipados com uma mesa de bom tamanho e acesso rápido à internet. Não por acaso a revista *Travel & Leisure* definiu o Park Hyatt Milan como "o melhor hotel de negócios da Itália". Afinal, com três salas de reunião e equipamentos da mais moderna tecnologia multimídia, os hóspedes que viajam a trabalho não poderiam pedir mais.

Se o trabalho ou as compras forem cansativos, The Spa do Park Hyatt pode proporcionar o remédio perfeito em um espaço exclusivo de relaxamento. Uma sessão de exercícios na academia pode ser seguida de um banho turco ou de um dos vários tipos de massagem ou tratamentos de beleza, capazes de revigorar até os mais exaustos combatentes.

NESTA PÁGINA (A PARTIR DO ALTO):
A sofisticação do Park Hyatt Milan; a suíte Junior combina elegância e conforto.

PÁG. AO LADO (A PARTIR DO ALTO):
Tome o café da manhã ao ar livre, desfrutando as magníficas vistas da cidade; o domo de vidro do La Cupola é um elemento espetacular no ambiente clássico do restaurante; o banheiro de mármore tem todas as conveniências de luxo, além de uma banheira profunda.

QUARTOS
117

CULINÁRIA
The Park: italiana clássica e contemporânea • La Cupola: mediterrânea e internacional

BEBIDA
The Park Bar

DESTAQUES
DVD • TV por satélite • spa • acesso de alta velocidade à internet • telefones de múltiplas linhas • ducha

NEGÓCIOS
salas de reuniões • salão de banquete • tecnologia multimídia

ARREDORES
distrito financeiro • La Galleria • Teatro alla Scala • Piazza del Duomo • Via della Spiga • Via Montenapoleone

ENDEREÇO
Via Tommaso Grossi 1, 20121 Milão • telefone: +39.02.8821 1234 • fax: +39.02.8821 1235 • e-mail: milano@hyattintl.com • site: www.milan.park.hyatt.com

Embora Milão seja famosa por sua cozinha, os hóspedes não precisam se afastar do hotel para desfrutar uma experiência gastronômica memorável. A decoração sóbria e moderna de seus restaurantes oferece um ambiente ideal para saborear os pratos regionais preparados com ingredientes frescos da estação pelo chef Filippo Gozzoli. Com delícias como o peito de galinha-d'angola frito com castanhas e *funghi*, e excelentes vinhos para acompanhá-las, os hóspedes se apressarão a fazer outra reserva no Park Hyatt Milan antes de partir.

Seiser Alm Urthaler

... uma nova dimensão do luxo alpino...

O Seiser Alm Urthaler, um hotel de administração familiar, criou um novo conceito de design que é um sinal positivo do futuro ecologicamente sustentável. Uma propriedade repousante e ensolarada no coração do Parco Natural di Alpe di Siusi, tem uma localização invejável no alto das Dolomitas italianas. Situado na encosta da montanha, oferece instalações para a prática de esqui no inverno e uma infinidade de trilhas durante o verão.

É o primeiro hotel alpino na Europa construído em madeira, proveniente de árvores cortadas de acordo com as fases da lua. Só materiais naturais – como pedra e tapetes feitos à mão – foram usados nesta construção orgânica, sem processos químicos, criando um ambiente livre de alérgenos no centro do mais alto platô da Europa, o Alpe di Siusi.

O edifício do elegante Urthaler se irradia a partir de uma torre circular, com 51 quartos e três luxuosas suítes. Os banheiros utilizam aço, vidro e pedra natural, enquanto os quartos são permeados pelo aroma de madeira, compatível com sua localização alpina. Com uma decoração harmoniosa, acentuada pelos extraordinários conceitos de iluminação de Ingo Maurer, este é um hotel de personalidade.

Além de sua deslumbrante localização, o Seiser Alm Urthaler também conta com o exclusivo Antermoia Beauty, Sport and Bath Center. Antermoia é o nome de um lago de translúcidas águas turquesa nas Dolomitas. Com mais de $700m^2$ de áreas de recreação e beleza, sua filosofia é promover o bem-estar interior e exterior em um ambiente discreto e elegante.

NESTA PÁGINA (A PARTIR DO ALTO): *Uma experiência diferente aguarda o hóspede nesta esplêndida piscina coberta; materiais naturais foram incorporados ao projeto do Seiser Alm Urthale.*

PÁG. AO LADO (A PARTIR DO ALTO): *A madeira é parte essencial da decoração do hotel; o Urthaler é cercado pela beleza dos Alpes; uma iluminação suave e tapetes de lã feitos à mão propiciam um ambiente acolhedor.*

QUARTOS
54

CULINÁRIA
Dolasilla Restaurant: mediterrânea e do sul do Tirol

BEBIDA
Onyxbar • Ciulé: adega

DESTAQUES
Alpine Regeneration Garden • sauna • sauna finlandesa • piscina coberta • piscina descoberta • massagens • tratamentos de beleza

ARREDORES
Parco Natural di Alpe di Siusi • pistas de esqui • trilhas • Golf Club

ENDEREÇO
Fam. Urthaler, I-39040 Seiser Alm • telefone: +39.0471.727 919 • fax: +39.0471.727 820 • e-mail: info@seiseralm.com • site: www.seiseralm.com

Depois de um revigorante mergulho na piscina externa ou na panorâmica piscina coberta, você pode escolher entre uma variedade de massagens, banhos e tratamentos de beleza. O banho de maçã e o banho de feno são apenas duas dessas opções pouco convencionais. Para alcançar uma serenidade solitária, escolha a sauna finlandesa, banhos de aromoterapia ou a sala de relaxamento. Depois, um passeio meditativo pelo idílico Alpine Regeneration Garden vai aumentar sua sensação de paz alimentada pela equipe profissional do Antermoia.

Para reabastecer o corpo e o espírito, aproveite o bufê de café da manhã ou uma refeição de cinco pratos no restaurante Dolasilla. Os apreciadores de um bom vinho vão se maravilhar com a seleção de vinhos raros armazenados na adega Ciulé. Para confraternizar com outros hóspedes ou ler os jornais locais, visite o Onyxbar. Com um ambiente acolhedor, confortáveis poltronas de couro e uma lareira, é a área social do hotel. O Seiser Alm Urthaler faz parte de um trio de refúgios alpinos administrados por uma inovadora família hoteleira. O Urthaler oferece, em todos os aspectos, uma nova dimensão do luxo alpino.

The Gray Milano

... passado e presente, tradição, moda e inovação estão em perfeita sinergia sob o mesmo teto...

NESTA PÁGINA (A PARTIR DA ESQ.): *Os quartos oferecem todos os confortos modernos, garantindo uma estadia agradável; desfrute de um banheiro luxuoso depois de um dia de atividade.*

PÁG. AO LADO (A PARTIR DO ALTO): *A decoração de vanguarda faz parte do estilo contemporâneo do hotel; o assento flutuante do saguão; conte com uma atmosfera vibrante e acolhedora no The Gray.*

Milão, capital da moda, desfruta de uma reputação de ousada inovação e design pioneiro. E o orgulho da cidade é o The Gray design hotel, um instigante edifício que surpreende a cada passo. Um simples olhar para o assento rosa pendurado do teto do saguão revela a qualquer potencial visitante que este hotel pode ser tudo menos sem graça.

Localizado na Via San Raffaele, entre o Duomo e o Teatro alla Scala, The Gray ocupa o centro desta inigualável cidade italiana. Sua população cosmopolita inclui homens de negócios acostumados a altos padrões de conforto e serviços, e sua jovem cultura persegue tudo o que é novo no mundo da arte ou da moda.

The Gray tem uma fachada com colunas no estilo Liberty, às quais uma asa de diorito verde e cristal foi recentemente acrescentada. O projeto do renomado arquiteto Guido Ciompi – responsável pelo interior das lojas Gucci espalhadas pelo mundo –, explora uma dualidade visual que incorpora justaposições. Aqui, passado e presente, tradição, moda e inovação estão em sinergia sob o mesmo teto, produzindo uma experiência que supera a soma de suas partes.

As 21 suítes individualizadas são dotadas de cama com dossel ou pendente, equipamento de ginástica privado, TV de plasma, banho turco ou grandes banheiras de hidromassagem, enquanto todos os quartos contam com luxuosos banheiros anexos. Materiais palpáveis decoram o interior, como o ébano lustroso dos pisos, o travertino de Tivoli e as sedas, peles e ricos tecidos africanos que forram os móveis.

Nas áreas de uso comum, nichos são ocupados por vasos chineses antigos e vestidos de noite de estrelas do cinema internacional, enquanto as paredes são decoradas com quadros originais e altas ondas de gesso sobre às quais se apoiam imensas conchas cintilantes.

Para um ótimo jantar, o restaurante pós-moderno Le Noir é o lugar ideal. Iluminado por lanternas chinesas de seda vermelha, tem um cardápio de inspiração mediterrânea criado pelo talentoso chef Luciano Sarzi Santori. O reluzente serviço de mesa é disposto sobre toalhas de linho branco, e a impressionante carta de vinho contém clássicos italianos e vinhos orgânicos.

O GBar foi concebido para chocar e surpreender visualmente, atraindo o olhar tanto quanto o paladar. Tem sofás macios de veludo, luminárias cônicas e mesas sobre um trilho iluminado. Sente-se em um dos bancos de ferro oxidado forrados de couro vermelho, saboreando um refrescante Mojito ou um coquetel personalizado, enquanto imagens são projetadas nas telas de tecido do bar. Se preferir um ambiente ao ar livre sob o céu estrelado da Itália, experimente o Aria Lounge, um espaço conceitual onde o luxo e o design de vanguarda se encontram.

Captando o dinamismo de Milão, o hotel é um ponto de partida perfeito para explorar a cidade. Reserve algum tempo para desfrutar esta que é uma das cidades da Europa mais ricas culturalmente, e usufrua o luxo do design hotel feito sob medida para Milão, The Gray.

QUARTOS
21

CULINÁRIA
Le Noir: mediterrânea e internacional

BEBIDA
Aria lounge • Gbar

DESTAQUES
Camas com dossel ou suspensas • academia particular • banho turco • hidromassagem • TV de plasma • acesso de alta velocidade à internet

ARREDORES
Duomo • Teatro alla Scala

ENDEREÇO
Via San Raffaele 6, 20121 Milão • telefone: +39.02.720 8951 • fax: +39.02.866 526 • e-mail: info.thegray@sinahotels.it • site: www.hotelthegray.com

The Straf

... funcionalidade high-tech e minimalismo se misturam de maneira inteligente com uma iluminação criativa...

NESTA PÁGINA: Os quartos do The Straf misturam design de vanguarda com o que há de melhor em matéria de conforto.

PÁG. AO LADO (SENTIDO HORÁRIO, A PARTIR DO ALTO): O elegante saguão do hotel é modelo de modernidade e dinamismo; com uma decoração sofisticada e um soberbo menu, o Straf Bar é uma festa para os sentidos; um dos luxuosos e relaxantes banheiros; experimente a vibrante vida noturna milanesa no Straf Bar.

Não há como negar: Milão é a capital do design. Cidade que conta com muitas das melhores indústrias de moda, móveis e acessórios do mundo, para não falar de sua proeminência em feiras internacionais nessas áreas, sua supremacia no design é indiscutível. Portanto, não admira que a capital industrial da Itália também abrigue alguns hotéis ultrachiques para receber a clientela sofisticada dessas usinas do design, assim como viajantes em busca de algo mais moderno e menos convencional que a média da hotelaria. O moderníssimo Straf Hotel está nessa categoria. Localizado bem no centro de Milão, literalmente a poucos passos do Duomo, do Teatro alla Scala e da Via Montenapoleone, uma rua sensacional para compras, The Straf oferece um luxo urbano revigorante.

Os interiores são impressionantes em sua austeridade. Aqui, funcionalidade high-tech e minimalismo se misturam de maneira inteligente com uma iluminação criativa e com texturas fascinantes, criando uma atmosfera surpreendentemente acolhedora e serena. A constante justaposição de aspereza e suavidade, luz e sombra, praticidade e luxo caracteriza o hotel, criando a sensação de que se está habitando uma obra de arte.Os pisos e paredes são de concreto aparente, contrastando com a suavidade dos veludos dos estofados, enquanto extraordinárias peças de arte contemporânea e placas de ardósia, latão polido e espelhos envelhecidos à mão decoram as paredes.

Os quartos são espaçosos e mantêm o estilo minimalista na decoração. Enormes quadros arrojados sobre paredes de concreto ou pintadas de um preto fosco se harmonizam com roupas de cama de um branco leitoso e cortinas translúcidas. Janelas à prova de som garantem uma noite tranquila apesar da localização do hotel, no centro da cidade, enquanto todas as comodidades – TV, filmes e música

– estão disponíveis em todos os quartos, garantindo absoluto conforto.

Alguns quartos contam com um cantinho do bem-estar, equipado com cadeira de massagem e produtos de cromoterapia e aromaterapia, ideais para combater o estresse do dia. Os que procuram algo mais energético podem se exercitar na academia do hotel, que fica aberta 24 horas e conta com equipamentos de última geração. Depois, pode se dirigir ao suntuoso banheiro do apartamento para um banho merecido. Aqui, o piso de granito preto e latão polido é sutilmente iluminado, criando um ambiente suave e zen, enquanto a banheira funda garante um relaxamento total. O hotel oferece duas opções igualmente tentadoras para uma refeição: um elegante restaurante, que serve um atraente menu no almoço, ou o bar, que oferece refeições leves *à la carte* durante todo o dia. À noite, esse mesmo bar se torna um dos pontos mais animados de Milão, atraindo um público descolado que vem pelo DJ da casa, pela música ao vivo e pela vibrante atmosfera.

Quem quiser mergulhar no design milanês pode começar pelo hotel mais moderno da cidade. Com um projeto vanguardista e um conceito requintado, The Straf não vai desapontar.

QUARTOS
64

CULINÁRIA
Straf Bar: mediterrânea

BEBIDA
Pina Picantera

DESTAQUES
música e filmes (em todos os quartos) • internet • TV • academia • cantinho do bem-estar (em alguns quartos) • salas de relaxamento com cadeira de massagem

NEGÓCIOS
salas e equipamentos para reuniões

ARREDORES
centro da cidade • distrito da moda • Duomo • Galleria Vittorio Emanuele • Teatro alla Scala

ENDEREÇO
Via San Raffaele 3, 20121 Milão • telefone: +39.02.805 081 • fax: +39.02.8909 5294 • e-mail: reservations@straf.it • site: www.straf.it

Villa Lake Como + Portofino Paradiso

Ambas oferecem o mais puro gosto de la dolce vita...

NESTA PÁGINA (A PARTIR DO ALTO):
Desfrute a brisa fresca no jardim da Villa Lake Como; uma vista deslumbrante do refúgio de férias, postado tranquilamente à beira do lago.

PÁG. AO LADO (A PARTIR DO ALTO):
A tranquilidade do local torna um jantar ao ar livre um prazer; o interior acolhedor da Villa Lake Como.

O Norte da Itália é uma região cheia de paisagens maravilhosas, história, arte e prazeres culinários. Entre os melhores lugares a conhecer estão o lago de Como e Portofino.

Seja qual for o destino escolhido, a imobiliária Villa Books oferece muitas luxuosas *villas* equipadas para uma viagem de sonho. Com a privacidade e o conforto que proporcionam, Villa Lake Como e Portofino Paradiso são um lar longe de casa. Ambas oferecem o mais puro gosto de *la dolce vita*: vistas panorâmicas, belos jardins, interiores modernos, piscinas e instalações para uma refeição ao ar livre – tudo perfeito para um repouso romântico ou para umas férias divertidas. Além do serviço discreto, os hóspedes vão apreciar a comodidade de ter acesso rápido à internet e TV por satélite durante sua estadia.

A Villa Lake Como, que data do século 19, está situada numa margem do lago de Como. O magnífico *hall* de entrada da *villa*, com sua lareira de mármore, teto decorado com afrescos e candelabros, é uma amostra do esplendor de seu rico passado. Quem quiser ar puro e tranquilidade pode relaxar no terraço que se estende da ampla área formada pelas salas de estar e de jantar. A Villa Lake Como oferece aulas particulares de culinária, nas quais o hóspede pode aprender os principais segredos da cozinha italiana. Naturalmente, sempre existe a opção de solicitar os serviços de um chef profissional.

Não muito longe da Villa Lake Como fica a cidade turística de Bellagio, que abriga adoráveis *villas* dos séculos 18 e 19, além de várias *trattorias* e um restaurante laureado com uma estrela Michelin. Também se pode alugar barcos para explorar as cidades e vilas ao redor do lago.

Na outra extremidade do Norte da Itália fica o Portofino Paradiso, uma magnífica propriedade instalada em 5ha de terras na encosta de uma colina, com vista para a famosa praia de Portofino. Chegar à propriedade é por si só uma experiência memorável, que envolve pegar um elevador e subir 76m até o portão de entrada, não sem antes atravessar um túnel sob as rochas. E não é só. Os hóspedes ainda têm que caminhar por uma trilha no jardim até chegar finalmente à porta de entrada. Uma vez lá dentro, todas as janelas oferecem fascinantes vistas do mar. Com espaçosas e arejadas áreas de convivência, além dos serviços personalizados e discretos do caseiro, do garçom e do chef, Portofino Paradiso é um oásis. Apesar de isolada, a propriedade fica a poucos minutos a pé do movimentado centro da cidade, onde o visitante encontra muitas lojas e ótimos restaurantes.

As prestigiosas propriedades do lago de Como e de Portofino são sofisticadas e elegantes, sem perder o ar acolhedor e despretensioso. Ambas oferecem o que existe de melhor em termos de conforto, luxo e conveniência, captando a essência da Itália, para que os hóspedes partam com uma experiência única e memorável.

Villa Lake Como

QUARTOS
7

CULINÁRIA
chef da casa mediante solicitação

BEBIDA
carta de vinhos

DESTAQUES
piscina • lareira • churrasqueira • internet • TV por satélite • aulas particulares de culinária • aluguel de barcos para passeios

ARREDORES
trattorias • esportes aquáticos • lago de Como • convento beneditino • Castello Brown • Bellagio • Lecco • Bérgamo • Milão • Lugano • Portofino

Portofino Paradiso

QUARTOS
5

CULINÁRIA
chef da casa mediante solicitação

BEBIDA
bar da piscina • carta de vinhos

DESTAQUES
piscina • TV por satélite • internet • aluguel de barcos para passeios

ARREDORES
Portofino • convento beneditino • Castello Brown • esportes aquáticos

RESERVAS*
12 Venetian House, 47 Warrington Crescent, Londres W9 1EJ • telefone: +44.845.500 2000 • fax: +44.845.500 2001 • e-mail: info@thevillabook.com • site: www.thevillabook.com
(*ver pág. 252)

veneza+nordestedaitália

veneza + nordeste da itália

Com o nome Veneza surgem visões de palácios flutuantes em uma lagoa azul. Esta que já foi uma das mais poderosas repúblicas do mundo hoje é famosa por seu carnaval e por ser um moderno centro de arte. A República de Veneza reinou sobre o Nordeste da Itália até ser dominada por Napoleão. Continua como uma das mais belas regiões do país – Verona, Vicenza e Pádua são apenas algumas das cidades artísticas daqui, e aqueles que anseiam por paz e tranquilidade vão adorar as cidades montanhosas de Arqua Petrarca e Asolo, assim como a obra-prima paladiana, Villa Barbaro, em Maser.

A região autônoma de Friúli-Veneza Giulia é um tanto esquizofrênica: parte veneziana e parte austro-húngara. Ao sul de Veneza fica a próspera região da Emília-Romanha, onde a elegante mas despretensiosa Bolonha é sede da primeira universidade da Europa. Quase em linha reta traçada entre Piacenza a Rimini ficam as cidades de Parma, Modena, Ferrara e Ravena, cada uma delas mais especial e sofisticada que a outra. Rimini traz uma mudança: ainda tem arte, mas tem também o mar e uma boa dose de *kitsch*.

veneza: cidade da luz

A lagoa Veneziana é um dos tesouros mais belos da Itália. Permanece quase intocada desde seu apogeu, no século 18: não há carros, apenas o som dos passos, dos remos dos gondoleiros batendo na água ou do motor dos *vaporetti*. Imortalizada em inúmeras pinturas, a cidade já foi sede de um vasto império: o ouro entrava e o talento se derramava para fora. Entre os séculos 9º e 12, Veneza foi uma república marítima. Devido à sua posição privilegiada no mar Adriático, a cidade-estado floresceu, porto de ligação entre a Europa e os mundos bizantino e islâmico. Não satisfeita em dominar o mar, Veneza lançou o olhar sobre terra firme, vindo a controlar a Ístria, a Dalmácia (hoje Croácia) e as regiões do Vêneto e de Friúli-Veneza Giulia, mantendo-as sob seu domínio até o século 18, quando Napoleão conquistou a cidade e pôs fim a uma era.

PÁGINA 84: A entrada de La Serenissima, ao lado do Palácio dos Doges – em todo lugar onde governaram os venezianos há um pódio com o leão de São Marcos.

NESTA PÁGINA (A PARTIR DO ALTO): Um jantar às margens do Grand Canal ao brilho suave do vidro veneziano. Em Murano estão sediadas famosas indústrias de vidro; uma cena na Piazza San Marco.

PÁG. AO LADO: A praça vista do outro lado da lagoa, da ilha de San Giorgio Maggiore.

Veneza, conhecida como a Cidade da Luz, se divide em seis *sestieri*: Canareggio, Dorsoduro, San Marco, San Polo, Santa Croce e Castello. O Canal Grande em forma de S é a principal via de Veneza. Byron, famoso morador, que tinha um pé defeituoso, preferia nadar a caminhar: em Veneza ele estava em seu elemento. A poderosa elite dos mercadores venezianos morava no Canal Grande, e durante séculos só seus herdeiros tinham permissão para viver aqui.

A melhor maneira de ver os palácios é da água, uma visão que nunca cansa. Um dos mais belos é o Ca' d'Oro, que significa "casa dourada", atualmente sede da Galleria Franchetti. O Ca' Rezzonico – também aberto ao público – foi lar do poeta Robert Browning e estúdio do artista John Singer Sergeant. O Palazzo Grassi (hoje propriedade do empresário francês François Pinault) abriga uma galeria de arte e um novo café-restaurante, o Vecio Fritolin. Próximo fica o famoso Palazzo Malipiero, residência de um velho senador que adotou Casanova a seus cuidados. Foi aqui que Casanova aprendeu a arte de entreter as damas e de onde mais tarde foi expulso por ter sido apanhado com alguém em quem Malipiero estava de olho. Perto do Rialto fica o requintado Palazzo Contarini del Bovolo, com sua escadaria em espiral e uma bela vista do telhado, aberto ao público.

O belo Palazzo Labia é uma extravagância barroca criada por uma família espanhola que comprou o título de nobreza e o direito de viver aqui. O canal é atravessado por apenas três pontes: Ponte di Rialto (a mais antiga e mais famosa), Ponte dell'Accademia e Ponte degli Scalzi. Está em estudo uma quarta ponte projetada pelo arquiteto espanhol Calatrava. Mas em Veneza muitos projetos nunca saem do papel. O hospital de Le Corbusier foi um deles, embora a nova Universidade de Arquitetura esteja em construção.

piazza san marco

A Piazza San Marco parece quase a mesma que aparece nas pinturas de Canaletto. Aqui se encontram o Palácio dos Doges, a Basílica de São Marcos e dois cafés do tempo do apogeu da cidade: o Caffè Florian e o Gran Caffè Quadri. À beira da água erguem-se pedestais com o leão de São Marcos e a estátua de são Teodoro de Amasea, marcos da passagem para a república. São Marcos brilha em dourado bizantino, tão esplêndida por dentro quanto por fora. Para uma melhor visão, suba a pequena escada na entrada, que leva a um balcão interno e a uma pequena sala que guarda os verdadeiros cavalos de bronze de São Marcos. Dali chega-se ao telhado, com suas belas réplicas e um panorama incomparável.

O Palazzo Ducale foi ao mesmo tempo residência do doge e prisão. No interior há salas e salas cheias de pinturas e afrescos. Visitas guiadas especiais percorrem a rota pela qual Casanova escapou da prisão em 1755. Foi Byron que, no século 19, deu nome à romântica Ponte dos Suspiros, imaginando os suspiros dos condenados ao lançarem um último olhar sobre a bela cidade antes de serem enviados para a escuridão das masmorras. Diz a lenda que um beijo trocado sob a ponte, em uma gôndola, ao pôr do sol, garantirá amor eterno. Muita gente tenta.

por trás de portas fechadas: um tesouro de arte

Não é preciso entrar em algum museu para ver arte em Veneza: ela está em toda parte, para qualquer lado que se olhe. Muitos artistas vêm à cidade por causa de sua luz natural. Dito isso, a cidade tem um tesouro artístico que atrai multidões de turistas. A Accademia, situada no Dorsoduro, exibe algumas das obras-primas da cidade, que nos revelam como era a vida e a moda durante a república. Espalhadas pela cidade existem as *scuole*, ou irmandades, cada uma com sua capela. As Scuole Grandi eram ligadas a monastérios, como o dos dominicanos, e as Scuole Piccole, associadas às guildas comerciais. As *scuole* competiam entre si por prestígio, patrocinando os melhores artistas

NESTA PÁGINA (A PARTIR DO ALTO): *O carnevale já foi o maior acontecimento do calendário social veneziano. Hoje, a Mascheranda, baile de máscaras realizado no Palazzo Pisani Moretta, é um dos principais eventos e atrai a nata da sociedade veneziana; uma luxuosa gôndola, para uma experiência inesquecível.*

PÁG. AO LADO: *O infinito jogo de luz e água faz com que a paisagem nunca seja a mesma. A Piazza San Marco costuma alagar no inverno, quando a cidade, envolta em bruma, tem um encanto todo particular.*

venezianos. Santa Maria Gloriosa dei Frari tem obras de Ticiano e de Bellini, assim como um túmulo de Canova; a Scuola di San Rocco contém alguns belos trabalhos de Tintoretto. No Teatro La Fenice são apresentadas muitas *premières* de óperas. Por ironia, apesar do nome (fênix), o teatro pegou fogo duas vezes e foi reconstruído em 1836 e 1996.

Embora Veneza não seja uma meca da arte contemporânea, tem atraído artistas inovadores desde o nascimento da república. A Bienal de Veneza é a mais antiga e mais conhecida das mostras internacionais de arte. Inaugurada em 1895, foi se internacionalizando, e, depois das duas guerras mundiais, tornou-se ainda mais inovadora. É antes de tudo uma competição pelo prêmio maior, o Leão de Ouro. Cada país (72 no total) é representado por um seleto grupo de artistas ou um único artista. A seleção de cada país é um assunto controverso, e a escolha do vencedor ainda mais, uma vez que esse artista é catapultado para o estrelato. Embora seja uma mostra não comercial, a atmosfera festiva estimula as negociações: assim que a Bienal termina, as obras são adquiridas por colecionadores particulares, ou os artistas são convidados a expor ao redor do mundo. Expuseram na Bienal Gustav Klimt, Pablo Picasso e Henry Moore, que ganhou o prêmio de escultura em 1948.

Outros centros de arte moderna ficam abertos o ano todo. No Ca' Pesaro está instalada a Galleria d'Arte Moderna. Aqui a família Pesaro reunia sua coleção de arte, que foi vendendo progressivamente à medida que os tempos ficavam difíceis. Em 1898 o *palazzo* foi legado à municipalidade como museu de arte moderna. Belas pinturas de Morandi, De Chirico e Boccioni, assim como de Klimt, Kandinsky e Chagall, hoje decoram as paredes. Peggy Guggenheim, sobrinha de Solomon Guggenheim que foi casada com Max Ernst, fundou um museu em sua antiga residência no Dorsoduro, que abriga sua coleção particular de arte moderna. Aumentada pelas obras da Coleção

NESTA PÁGINA: *Cada vez mais representativa, a Bienal de 2007 apresentou pela primeira vez pavilhões da África, México, Turquia e Índia, assim como de Roma, com obras de 16 artistas de oito países.*

PÁG. AO LADO: *A moderna Verona, onde butiques de estilistas ladeiam a Via Mazzini, que leva da Arena à Pizza delle Erbe.*

Nasher, o impressionante acervo inclui obras do cubismo, do surrealismo e do expressionismo abstrato, assim como do futurismo italiano e do modernismo americano.

Em Veneza também viveu um importante pioneiro da moda: o andaluz Mariano Fortuny. Ele vivia em um palácio gótico no Campo San Beneto, que sua viúva converteu num museu onde estão expostos seus vestidos, croquis e pinturas. Inspirado na Grécia clássica, o casal criou o revolucionário vestido de seda plissado, os modelos de noite Delphos e o xale Knossos. Famoso por ter libertado as mulheres dos espartilhos do fim do século 19 e por suas inovações na criação e tintura de tecidos, Fortuny inspirou muitas gerações. Sua tecelagem, que produz sedas e veludos na Giudecca, ainda funciona. Ligado à Bienal, o mundialmente famoso Festival de Cinema de Veneza está em seu 66º ano. Realizado no Lido, geralmente entre o fim de agosto e início de setembro, atrai uma constelação de astros e estrelas internacionais, todos competindo com novos filmes pelo prestigioso Leão de Ouro.

verona: romance e trapaças

Muito antes de se transformar em lugar de peregrinação para os apaixonados, Verona foi uma cidade romana. Aqui nasceu Catulo, assim como Vitrúvio, que propôs as bases da arquitetura clássica. A Piazza Bra ocupa o centro da cidade, onde um anfiteatro atingido por um terremoto serve de cenário a outros romances malfadados no festival anual de ópera de Verona, que existe desde 1913. Os chamados "pássaros do amor" invadem as evocativas Piazza delle Erbe e Piazza dei Signori, com seus belos afrescos renascentistas, enquanto o Palazzo della Ragione, sede do tribunal de justiça, e a Torre dei Lamberti, campanário do século 12, devem atrair olhares mais judiciosos.

Os céticos devem ficar longe da Casa de Julieta. O lindo *palazzo* data do século 13. Em duas salas estão expostos cenários e figurinos do filme *Romeu e Julieta*, de Zeffirelli. Fora, a cena que se vê no pátio é capaz de acabar com qualquer romantismo – há grafites por todo lado. A estátua de Julieta é acariciada pelos visitantes, que tocam seu seio na esperança de que isso traga sorte à sua vida amorosa. Seu túmulo é outro horror, que faria Romeu escapar de fininho na moderna Verona.

Entre ameaças e batalhas, os Scaligeri de Verona mandaram construir belos edifícios em sua honra, e, em troca do apoio que deram a Dante, mereceram uma dedicatória no *Paraíso*. O túmulo da família fica em Castelvecchio. Sob uma cúpula românica há um belo Ticiano. Mais adiante, a Basilica di San Zeno é outra obra-prima românica, com sua rosácea do século 12 que mostra a roda da fortuna, as famosas portas de bronze e um tríptico de Andrea Mantegna de 1459. A Galleria d'Arte Moderna, no Palazzo Forti, perto da igreja gótica de Sant'Anastasia, abriga exposições regulares, além de um acervo permanente, que contém obras de De Pisis, Boccioni e Birolli.

a intelligentsia de pádua

Pádua sempre foi lugar de aprendizado, e desde 1221, quando foi fundada sua universidade, recebeu o apelido de "La Dotta" (a sábia). Dante, Petrarca e Galileu foram seus alunos. O mais antigo relógio astronômico da Itália – ainda em funcionamento – está no Palazzo dei Signori. No Palazzo della Ragione, sede da justiça, há um saguão medieval com afrescos de Giotto. A um canto, a *pietra del vituperio* (pedra da vergonha) era onde se sentavam os devedores insolventes, só com roupas de baixo, para a corte expiar seu pecado antes de serem exilados. Galileu lecionou no Palazzo del Bo, parte da universidade, onde se pode ver sua cátedra de madeira. Aqui está situado o primeiro teatro anatômico, construído em 1594. Em 1939, Gio Ponti projetou a nova faculdade de artes da universidade no Palazzo Liviano, ao lado do Palazzo del Capitanio.

Os estudantes são uma classe influente em Pádua. A elite estudantil da década de 1830 se reunia no Caffè Pedrocchi. Famoso por nunca fechar suas portas, abrigou noites intermináveis de manifestações políticas, assim como um bordel secreto. Seu anexo, o Pedrocchino, ficou famoso por embates com a polícia em 1848, dos quais ainda se podem ver os furos de balas. Mas ainda funciona como café.

Em Pádua também se encontra a Capella degli Scrovegni, com afrescos de Giotto. Construída por um filho para salvar a alma do pai (um agiota que morreu gritando pelas chaves do cofre), a capela foi terminada em 1305 e dedicada a Santa Maria della Carità, na tentativa de redimir o nome da família. De acordo com a lei veneziana, a usura era um crime, e os agiotas não tinham direito a um enterro cristão. Ainda se veem pela cidade as caixas postais em que as pessoas faziam denúncias anônimas. Um tesouro da cidade é a Basilica di Sant'Antonio, toda ornamentada em ouro. Igreja do padroeiro das crianças e das mulheres solteiras, entre outras coisas, atrai peregrinos do mundo todo. Donatello construiu o altar, assim como uma estátua equestre de bronze na praça.

A sudoeste de Pádua fica a cidade de Arqua Petrarca, onde Petrarca viveu e morreu. O livro de visitas de sua *villa* contém as assinaturas de lorde Byron e de sua amada, a condessa Teresa Giuccioli, que a visitaram em 1818. Ao norte de Pádua fica

NESTA PÁGINA: O Caffè Pedrocchi, primeiro edifício de Pádua a receber iluminação a gás.Um labirinto de salas, aqui também funcionou uma bolsa de valores, um salão de bilhar e um cassino, que atraía a aristocracia de Pádua e escritores como Stendhal e George Sand.

PÁG. AO LADO: Considerada a maior praça da Itália, a Prato della Valle, em Pádua, recebe uma multidão para o ritual noturno da passeggiata e uma imensa feira aos sábados.

Asolo, "a cidade de uma centena de horizontes". Suba ao topo da Rocca para conferir. Cidade murada, foi sede da corte renascentista da rainha Catarina de Chipre, musa de muitos artistas e escritores. Lugar perfeito para uma vida ociosa, foi escolhido por Robert Browning, que viveu aqui. Castelfranco Veneto é a cidade natal de Giorgione, um dos mais enigmáticos artistas do Renascimento. Aqui há um pequeno museu em sua honra, e uma das suas poucas pinturas, a *Madonna di Castelfranco*, está no Duomo da cidade.

NESTA PÁGINA: *Bassano é conhecida por seu rio de águas verdes e velozes, transposto por uma famosa ponte de madeira, a Ponte degli Alpini, projetada por Palladio em 1568.*

PÁG. AO LADO (A PARTIR DO ALTO): *A Piazza Dei Signori, em Treviso, cujas galerias oferecem sombra e calma para um café; o Caffè degli Specchi, em Trieste, uma volta no tempo.*

grappa + ouro

Em Bassano del Grappa há muitos lugares onde experimentar a especialidade local; o melhor é o Nardini's, uma hospedaria que não mudou desde os anos 1600. Aqui também está a destilaria artesanal Poli. E em Bassano há boa comida para acompanhar a *grappa*. A cidade é também um centro da produção de cerâmica, e há uma escola nacional de cerâmica na vizinha Nove. Não muito longe fica Marostica, onde em setembro, nos anos pares, se joga num tabuleiro de xadrez com peças em tamanho natural. Uma tradição desde 1454, dois pretendentes competem por uma dama.

Duas coisas fazem a fama da próspera Vicenza: Andrea Palladio e ouro. Localizada aos pés do monte Berici, a cidade tem muitas *villas* paladianas e cerca de 800 ourives, que se reúnem nas famosas feiras de joias da cidade. A nova face que Andrea Palladio deu à Piazza dei Signori em 1549 foi sua primeira obra importante, e o Teatro Olímpico, o mais antigo em operação no mundo, seu canto do cisne. Infelizmente, Palladio morreu sem assistir ao espetáculo de estreia em 1585, *Édipo Rei*, cujo palco ainda existe. Para atividades menos intelectuais, há butiques, bares e *osterie* (tavernas) por todos o cantos.

Apesar de seus canais e belas construções, de um velho mercado de peixes e de uma praça perfeita no centro histórico (a Piazza dei Trecento), Treviso muitas vezes passa despercebida. Embora a cidade tenha sofrido devastadores ataques aéreos na guerra, grande parte de sua arquitetura medieval e renascentista sobrevive. Duas joias são as igrejas de San Nicolò e de Santa Caterina, que foi bombardeada e contém obras-primas de Tommaso da Modena, aluno de Giotto. Obras de arte moderna estão expostas na Galleria di Arte Moderna, no Museo Bailo. Treviso, capital italiana das pequenas empresas, conta com muitos bons restaurantes, assim como lojas elegantes. A Benetton começou aqui e ainda é uma forte presença na cidade.

trieste: um café na companhia de espiões

Situada no Adriático, Trieste é uma cidade nobre com dupla personalidade. Antiga e importante escala do Orient Express e porto livre, sua maior atração, o célebre Castello di Miramare, fica fora da cidade, no monte Carso. Ocupada pelos aliados depois da Segunda Guerra, e em parte pretendida pela Iugoslávia de Tito, Trieste foi restituída à Itália em 1954. Mas só em 1975 as questões de fronteira foram resolvidas. Cosmopolita e foco de intrigas, Trieste atraiu aristocratas *bons vivants*, espiões e escritores. James Joyce viveu aqui depois de fugir com Nora Barnacle, que seria sua mulher.

A Piazza Unità d'Italia, que fica de frente para o mar, recebe concertos no verão e é impiedosamente varrida pelo vento Bora no inverno. Agarre-se aos corrimãos. Cafés da *Belle Époque* são a maior atração da cidade, entre eles os cafés Stella Polare, San

Marco, Il Tommaseo e, principalmente, o Caffè degli Specchi. O preferido de Joyce era o Caffè Pirona. A indústria Illy é sediada aqui em Trieste, onde, depois do imenso sucesso que alcançou em Viena, o café se tornou uma tradição italiana. A cidade conta ainda com um museu dedicado ao vento Bora e exposições no mercado de peixes, um prédio Art Nouveau, e no Museo Revoltella, um *palazzo* renascentista com uma extensão de Carlo Scarpa. Aqui está uma das melhores coleções de arte moderna da Itália.

Foi o imperador Justiniano que deu nome a Aquileia no ano 6º d.C. Nesta que era a cidade mais ao norte do Império Romano viveram o rei Herodes da Judeia e, mais tarde, Marco Aurélio. Sua bela basílica foi construída em 313 d.C., com mosaicos cobrindo todo o piso, onde predominam formas geométricas e símbolos do reino animal – devido à perseguição dos primeiros cristãos, as imagens muitas vezes tinham significados secretos. O combate entre o galo e a tartaruga, por exemplo, simboliza a luta entre a luz e as trevas. Mais conhecidas são as figuras do Bom Pastor e de Jonas e a baleia. Quando a cidade foi destruída por Átila, rei dos hunos, a maioria da população fugiu para as lagoas, o que provocou o surgimento de Veneza. Aquileia ressurgiu, porém, atingindo seu segundo apogeu no século 11, antes que seu porto fosse obstruído, e a cidade, abandonada. Um excelente museu arqueológico exibe mosaicos romanos, gravuras e esculturas em pedra, além de pedras preciosas e artefatos de vidro.

Palmanova, ao norte de Aquileia, é modelo de perfeição renascentista. Construída em 1593, a fortaleza tem a forma de uma estrela de nove pontas. Há uma praça central, onde está a catedral, de onde se irradiam muralhas e fossos em perfeita simetria.

A capital de Friúli, Udine, foi a última cidade a ser libertada no fim da guerra. A Piazza della Libertà, a praça central em estilo gótico veneziano e renascentista, é uma criação mágica em pedra rosada. O Caffè Contarena, um prédio Art Nouveau, é um bom lugar onde parar e apreciar as cercanias. Perto da antiga praça do mercado erguem-se o Oratorio della Purità e o Duomo, cuja torre do relógio contém obras de Tiepolo. A Galleria d'Arte Moderna abriga obras de Gattuso, Severini e De Chirico, assim como de Dufy, Nicholson, Picasso e Braque.

NESTA PÁGINA (A PARTIR DO ALTO): *O esplendor dos mosaicos da basílica românica de Aquileia. Ravenna, descendo a costa da Emília-Romanha, tem uma insuperável coleção de mosaicos bizantinos do mesmo período; o belo piso de mosaicos da basílica de Aquileia.*

PÁG. AO LADO: *Para os que não têm medo de altura, a Bolonha medieval vista da Torre degli Asinelli.*

do vermelho radical ao rosa

Será difícil encontrar na Itália uma cidade mais bela e menos pretensiosa: Bolonha foi toda construída de tijolo vermelho. Tem 70km de arcadas e praças, das quais as mais belas são a Piazza Maggiore, com sua nobre catedral, e a Piazza del Nettuno. Uma cidade de sucesso desde a época medieval, e uma das primeiras comunas livres da Itália, Bolonha contou no seu apogeu com 180 torres fortificadas. Apenas duas sobrevivem, a Torre Asinelli, na qual se pode subir, e a Torre Garisenda, ambas construídas em 1199.

Vermelha também em outro sentido, Bolonha sempre foi uma cidade socialista. Durante a Segunda Guerra, foi foco de resistência ao fascismo. Aqui está a mais antiga Faculdade de Direito da Itália, onde importantes códigos foram criados para ajudar as negociações entre o papa e o Sacro Império Romano. Suas políticas de esquerda ajudaram a criar uma cidade progressista e sofisticada, que sempre atraiu artistas e pensadores.

Para os amantes da arte, a Pinacoteca Nazionale, na Via Belle Arti, perto da universidade, tem um acervo grandioso, que inclui Giotto e Rafael. Guido Reni e os irmãos Carracci, nascidos em Bolonha, estão bem representados. Em outro ponto da cidade, a Chiesa di Santa Maria della Vita guarda a comovente *Pietà* de Niccolò dell'Arca, um comovente grupo de figuras ao redor do Cristo morto, que lembra *O Grito*, de Edvard Munch.

Giorgio Morandi, que viveu aqui durante a maior parte da vida, tem um museu onde estão expostas suas naturezas-mortas, mas também paisagens de sua casa de campo em Grizzana. Ligados a ele há dois outros museus de arte moderna, a Villa delle Rose, fora da cidade, que realiza exposições temporárias e tem um belo

jardim de esculturas, e o MAMbo, Museo d'Arte Moderna di Bologna, inaugurado em abril de 2006 como parte de um projeto de modernização da antiga área portuária renascentista. A exposição inaugural foi dedicada a Giovanni Anselmo, artista da *arte povera*, que doou uma imensa bússola ao museu.

Ali perto fica a Cineteca del Comune di Bologna, instalada em um antigo matadouro. Contém uma vasta biblioteca, uma seção de artes gráficas e um arquivo de filmes e trilhas sonoras, com milhares de DVDs a que os visitantes podem assistir em equipamentos *hi-tech*. Aqui trabalha uma equipe de restauração de filmes, que atualmente está trabalhando em toda a obra de Charlie Chaplin. De volta ao centro, há o Museo Pelagalli, um premiado museu audiovisual, dedicado ao rádio, à indústria fonográfica e à televisão.

Além de Bolonha, a cidade de Dozza abriga uma enoteca regional, onde se pode degustar 600 vinhos da região. Em setembro, é realizada uma bienal, chamada Muro Dipinto, que vê as paredes das casas como telas em branco.

Parma é rosada e próspera, e a vida é doce na cidade mais rica da Itália. Famosa por sua catedral e seu batistério de mármore rosado, é mais conhecida por duas iguarias italianas: o presunto de Parma e o queijo parmesão. Puro esplendor românico por dentro e por fora, o batistério tem um friso de animais e pássaros, enquanto a catedral é dominada por um teto renascentista onde santos flutuam em nuvens macias. À curta distância ficam a Piazza Garibaldi e o Palazzo del Governatore, com seus relógios de sol. Há muitos bares, restaurantes e lojas elegantes. Parma também é famosa por sua herança musical. O Teatro Regio, um dos mais belos da Itália, atrai um público seleto; Toscanini nasceu aqui, e Paganini está enterrado no cemitério Villetta (muitos acreditam que seu gênio era obra do demônio, razão pela qual outros cemitérios se recusaram a enterrá-lo). E na vizinha Busseto os visitantes podem conhecer a casa do grande Giuseppe Verdi.

Uma joia do Renascimento é a Camera di San Paolo, obra de Coreggio, contratado pela abadessa de um convento próximo à catedral. O tema escolhido por ela foi a conquista da virtude moral: ela está retratada nas vestes de Diana. À sua volta, figuras simbólicas, impossíveis de decifrar, mas muito belas.

modena: sabor agridoce

Cidade natal de Luciano Pavarotti, sede da Maserati, da Ferrari, do vinagre balsâmico e da segunda maior tatuagem militar do mundo, Modena também é sede de vários festivais de arte contemporânea. O centro da cidade é a região ao redor do Duomo di San Geminiano, igreja românica terminada no século 13, com seus belos relevos de criaturas mitológicas e alegorias. Vizinha ergue-se a Torre della Ghirlandina, uma torre inclinada. Propriedade da família D'Este, que se transferiu de Ferrara para cá no século 16, a Galleria Estense contém um acervo impressionante, com obras de Tintoretto, Bernini, Velázquez, Guido Reni e os Carracci. Formas de arte mais modernas podem ser vistas na Galleria Ferrari, na parte sul da cidade, inaugurada em 1945 e cheia de gloriosos carros e objetos *vintage*. Uma das obras importantes do arquiteto Aldo Rossi também está na cidade: o Cimitero di San Cataldo (1971). Concebido como uma cidade dos mortos, o cemitério foi projetado como uma extensão da memória coletiva do seu povo.

NESTA PÁGINA (A PARTIR DO ALTO): *Barris de vinagre balsâmico em decantação; membro adorado da comunidade de Modena, o famoso tenor Luciano Pavarotti, que morreu em setembro de 2007.*

PÁG. AO LADO: *O batistério octogonal de Parma, construído em 1196 segundo projeto de Benedetto Antelam, obra-prima de sóbria beleza. Seu impressionante tamanho era necessário para abrigar o grande número de pessoas que compareciam aos batismos.*

NESTA PÁGINA: *Uma caminhada solitária na República de San Marino.*

PÁG. AO LADO: *Acompanhando as fronteiras de Le Marche e da Emília-Romanha há várias vilas fortificadas.*

arte superior e fortes dramas

Todo mundo pedala em Ferrara, uma cidade ocre com muralhas recortadas por ameias e uma catedral divina. Casanova e Verdi vinham aqui praticar seus ardis contra as damas, e a família D'Este, que governava a cidade, não ficava atrás em maldade. Durante um longo período os D'Este foram conhecidos pelo patronato das artes e sua libertinagem.

Além do castelo, o belo Palazzo Schifanoia, refúgio de verão da família, contém murais cujas cenas representam os meses do ano. O Palazzo dei Diamanti, renascentista, recoberto de motivos de diamante (o emblema D'Este) hoje abriga uma importante galeria de arte moderna (que expôs, entre outros, Rasuchenberg, Derain, Corot e os simbolistas), além de dois outros museus de arte renascentista e obras locais. O Palazzo Massari contém mais três museus. O Museo Michelangelo Antonioni é um templo multimídia dedicado ao importante diretor.

onde a praia encontra o kitsch

Rimini é a cidade natal do grande cineasta Federico Fellini. Inúmeros europeus do norte e italianos passam o verão aqui, mas a cidade também tem restaurantes e casas noturnas exclusivos, aos quais as massas não têm acesso. Aqui foram filmados vários romances de férias dos anos 1960, com cenas de ousadas estrelas suecas apaixonadas por inverossímeis italianos calvos com senso de humor. Afastado da praia, o charmoso centro histórico romano tem belas ruas e uma animada vida noturna.

Em uma cidade famosa por transgressões de verão, a catedral leva o nome de um dos menos devotos aristocratas da história, Sigismondo Malatesta, tirano que recebeu uma excomunhão do papa Pio em 1462. Seu filho corcunda, Giovanni, ganhou um lugar no *Inferno* de Dante por ter matado a mulher e o irmão mais novo depois de pegá-los em traição. O renascentista Leon Battista Alberti transformou a igreja gótica para os Malatesta – uma mistura de paganismo e cristianismo. A curta distância de carro para o interior fica San Marino, cruzamento entre as fictícias Vulgária e Ruritânia. Outras cidades medievais próximas, San Leo e Montegridolfo, são verdadeiras joias.

Outras cidades medievais próximas, San Leo e Montegridolfo, são verdadeiras joias.

Bauer Il Palazzo

... verdadeiramente palaciano em todos os sentidos...

ESTA PÁGINA (A PARTIR DO ALTO): *A elegante Royal Suite, decorada com móveis de época no estilo veneziano; a piscina com vista para o esplendor arquitetônico da cidade.*

PÁG. AO LADO (A PARTIR DO ALTO): *As antiguidades que decoram o foyer colaboram para o charme palaciano do Bauer Il Palazzo; com uma decoração suntuosa que inclui um candelabro de cristal de Murano, a sala de estar exibe sofisticação e luxo.*

Quando a visionária hoteleira Francesca Bortolotto herdou o famoso Bauer Hotel, uma construção do século 18 às margens do Canal Grande – a poucos passos da Piazza San Marco –, decidiu criar uma coleção de hotéis venezianos de luxo e elegância incomparáveis. E foi exatamente o que fez, dividindo o hotel original no histórico Bauer Il Palazzo e no Bauer Hotel, mais contemporâneo, no edifício dos fundos, construído na década de 1940.

Além disso, Bortolotto usou seu olhar infalível para adquirir e reformar vários edifícios novos. Na Bauer Casa Nova, um prédio do século 16, os hóspedes podem alugar apartamentos e desfrutar as facilidades excepcionais oferecidas pelos vizinhos hotéis Bauer. No Palazzo Mocenigo, um palácio gótico próximo ao centro da cidade, Bortolotto criou uma luxuosa *villa* com cinco dormitórios. Por último, mas não menos importante, surgiu o belo Bauer Palladio Hotel & Spa, do outro lado do Canal Grande, na ilha da Giudecca.

A joia da coroa desta ilustre família talvez seja o Bauer Il Palazzo. Considerado pela revista *Travel & Leisure* o melhor hotel da cidade em 2007, o Bauer Il Palazzo é verdadeiramente palaciano em todos os sentidos, como atestam o elaborado piso de mármore do saguão, os candelabros de cristal de Murano, os intricadamente esculpidos painéis de madeira e os adornos de gesso do teto. Mas isso é apenas uma amostra da experiência mágica que virá.

Os quartos e suítes foram decorados individualmente com suntuosos tecidos venezianos, que combinam com o papel de parede e com as obras de arte originais e antiguidades, criando um ambiente requintado ao mesmo tempo íntimo e opulento. Como a maioria dos apartamentos dispõe de terraço ou balcão, os hóspedes nunca serão privados das fascinantes vistas da cidade.

Embora possa parecer que pouca coisa mudou no Bauer Il Palazzo desde os anos 1800, nada está mais longe da verdade. Depois de uma reforma que custou 50 milhões de dólares, o hotel conta hoje com serviços e confortos de primeira classe, entre eles uma moderna academia e spa. Há também uma piscina de hidromassagem na cobertura, local ideal para relaxar e ver o sol cair sobre Veneza e a lagoa. Como se não bastasse, os hóspedes com espírito de aventura podem desfrutar uma partida de golfe, um passeio a cavalo ou esportes aquáticos no resort situado na ilha do Lido.

A cozinha do Bauer Il Palazzo é tão memorável quanto o próprio hotel. No premiado De Pisis, os hóspedes podem fazer a refeição no elegantemente decorado interior ou no irresistível terraço, sob um toldo vermelho. É desnecessário dizer que saborear uma refeição de quatro pratos à beira d'água, admirando alguns dos esplendores de Veneza, é simplesmente inigualável. Diante da excelência da hospitalidade que os hotéis Bauer oferecem, só existe um problema: os potenciais hóspedes não saberão qual escolher.

QUARTOS
82

CULINÁRIA
Settimo Cielo Lounge: café da manhã • De Pisis: mediterrânea e internacional

BEBIDA
B-Bar cocktail lounge • Bar Canale

DESTAQUES
CD player (algumas suítes) • internet sem fio • TV por satélite • fitness center • salão de beleza • piscina de hidromassagem na cobertura • equipe multilíngue • babysitter mediante solicitação

NEGÓCIOS
serviços empresariais e de secretária • banquetes

ARREDORES
Piazza San Marco • museus • compras • ilha do Lido: esportes aquáticos, quadra de tênis, equitação, campo de golfe de 18 buracos

ENDEREÇO
San Marco 1413/d, 30124 Veneza • telefone: +39.041.520 7022 • fax: +39.041.520 7557 • e-mail: marketing@bauervenezia.com • site: www.bauerhotels.com

Bauer Palladio Hotel + Spa

... elegante e caracterizado por um vasto teto abobadado...

NESTA PÁGINA: *As requintadas tapeçarias da Suíte Junior harmonizam-se perfeitamente com a decoração.*

PÁG. AO LADO (A PARTIR DO ALTO): *Parte do encanto do Bauer Palladio é sua localização tranquila; a pitoresca localização do hotel na ilha da Giudecca; tonalidades suaves e um ambiente acolhedor fazem do espaçoso saguão um lugar ideal para relaxar.*

O recém-inaugurado Bauer Palladio Hotel & Spa faz parte do famoso grupo de hotéis venezianos de Francesca Bortolotto. Como os outros hotéis do grupo – Bauer Il Palazzo, Bauer Hotel, Palazzo Mocenigo e Bauer Casa Nova –, o Bauer Palladio revela mais uma vez o talento da proprietária para reformar edifícios de modo a reviver o clima da cidade antiga.

Projetado originalmente como mosteiro pelo lendário arquiteto renascentista Andrea Palladio no século 16, o Bauer Palladio ergue-se à beira da água, na calma ilha da Giudecca. Ligeiramente fora da rota turística, este hotel irresistível oferece uma alternativa de isolamento; no entanto, na lancha particular do hotel, os hóspedes podem chegar à Piazza San Marco em minutos. E a possibilidade de desfrutar as comodidades dos outros hotéis Bauer aumenta sua atração.

Muito do sucesso dos hotéis Bauer pode ser atribuído à habilidade de Francesca para criar interiores ao mesmo tempo sublimes e fiéis ao propósito original dos edifícios, e as áreas comuns do Palladio são um exemplo disso. Sóbrio e elegante, caracterizado por vasto teto abobadado,

que cobre móveis pesados de madeira e ricos tapetes orientais, ele capta a essência do edifício histórico. Igualmente impressionantes são os espaçosos e iluminados dormitórios, de onde se tem uma vista espetacular da lagoa, do jardim e da cidade ao longe. Belamente decorados com tapeçarias, paredes pintadas à mão e antiguidades, constituem um santuário depois de um dia agitado nas ruas movimentadas da cidade. E que maneira melhor de se revigorar do que mergulhar numa banheira de mármore italiano, antecipando uma noite de diversão.

Raro num hotel veneziano, é o amplo jardim impecavelmente cuidado. Quando o clima ajuda, os hóspedes podem se sentar sob um guarda-sol e desfrutar um delicioso café da manhã, antes de sair para descobrir os tesouros da cidade mais romântica do mundo.

Por último, mas não menos importante, vem o recém-inaugurado spa do Palladio. Em uma cidade tão agitada quanto Veneza, os hóspedes vão adorar a oportunidade de relaxar num spa que oferece todos os modernos confortos. Em uma área do antigo edifício magistralmente adaptada, você vai encontrar um número impressionante de tratamentos corporais, massagens relaxantes e terapias de beleza, que utilizam os produtos exclusivos à base de ervas de Daniela Steiner.

O Bauer Palladio Hotel & Spa e os demais hotéis Bauer estão se tornando lendários, e por boas razões. Instalados em edifícios magníficos, em localizações ideais, e oferecendo serviços extraordinários, os hóspedes vão querer experimentar todos.

QUARTOS
50

CULINÁRIA
Garden Restaurant: mediterrânea

BEBIDA
Garden Bar

DESTAQUES
Daniela Steiner Spa • internet sem fio • barcos para passeios e para outros hotéis Bauer • equipe multilíngue • TV por satélite • babysitter mediante solicitação

ARREDORES
centro de Veneza • compras • Piazza San Marco • ilha do Lido: esportes aquáticos, quadras de tênis, equitação, campo de golfe de 18 buracos

ENDEREÇO
Giudecca 33, 30133 Veneza • telefone: +39.041.520 7022 • fax: +39.041.520 7557 • e-mail:marketing@bauervenezia.com • site: www.bauerhotels.com

Ca Maria Adele

Chique, sensual, sofisticado e incrivelmente romântico...

NESTA PÁGINA: *A sala de estar cativa com uma decoração exótica, que inclui elementos mouriscos e uma bem-vinda lareira.*

PÁG. AO LADO (SENTIDO ANTI-HORÁRIO, A PARTIR DO ALTO): *O encanto do Ca Maria Adele está em seu suntuoso estilo veneziano; com um magnífico candelabro e ricas tapeçarias, o Quarto do Doge é símbolo de luxo; relaxe e saboreie um drinque no ambiente acolhedor da Terrazza de inspiração marroquina.*

Se existe um fator prioritário que atrai viajantes à Veneza é a incrível sensação de romance que a cidade desperta. Seja para quem quer acender as chamas de um novo relacionamento ou reacender uma relação já estável, poucos lugares são mais adequados que Veneza, a cidade mais romântica da Terra. Por isso é fundamental escolher um hotel compatível com o clima da cidade – um hotel que não se choque com o ambiente romântico, mas, ao contrário, favoreça a experiência de estar aqui. Atributos como intimidade, que normalmente não se requer de hotéis em outros destinos, ganham vital importância, assim como conforto e os mais altos padrões de serviço personalizado. Sem levá-los em conta, há uma boa chance de que as férias deixem de corresponder às expectativas.

Apenas uns poucos hotéis de Veneza satisfazem esses critérios, e o Ca Maria Adele é um deles. O *palazzo* do século 16 foi recentemente reformado, aliando os mais atraentes elementos da tradicional hospitalidade veneziana com os confortos e facilidades de um

excelente hotel moderno. Enquanto muitos outros fracassaram nesse propósito, o Ca Maria Adele teve êxito, criando uma terra da fantasia de romance. Isso não podia ser mais evidente do que em sua inspiradora fachada e seu igualmente deslumbrante interior.

Situado em um dos bairros mais prestigiosos da cidade, de frente para o principal canal e a gloriosa Basilica di Santa Maria della Salute, o Ca Maria Adele ocupa uma posição incomparável. Quase todas as principais atrações turísticas estão a curta distância, e um ancoradouro particular garante que os que quiserem se aventurar mais longe cheguem facilmente de gôndola ou lancha. E se a localização é excepcional, o que dizer da decoração, na qual móveis tipicamente venezianos, candelabros de cristal de Murano e tapeçarias adamascadas se combinam com elementos exóticos como móveis de madeira da África, sedas do Oriente e luminárias mouriscas.

A opulência e a paixão pelo detalhe se estendem aos doze quartos e duas suítes, uma das quais conta com uma banheira de hidromassagem. Cinco desses quartos foram decorados segundo temas da história veneziana: o Quarto do Doge tem cortinas de brocado vermelho, enquanto o Quarto Oriental se inspira nas viagens de Marco Polo. Muitos quartos oferecem vistas sublimes da cidade, e todos são dotados de banheiro, TV de plasma, CD e DVD, e internet sem fio.

Chique, sensual, sofisticado e incrivelmente romântico, o Ca Maria Adele é tudo o que um cinco estrelas veneziano deve ser, e o fato de não ter um restaurante talvez seja uma bênção disfarçada, porque significa que os hóspedes terão a desculpa perfeita para abandonar o luxo do ambiente e explorar a intrigante cidade.

QUARTOS
12

CULINÁRIA
café da manhã: americano, à la carte

BEBIDA
Terrace

DESTAQUES
TV de plasma • CD e DVD • internet sem fio • quartos à prova de som • terraço • cofre • sala de estar

ARREDORES
Basilica di Santa Maria della Salute • Coleção Guggenheim • Accademia di Belle Arti • Piazza San Marco • Palácio dos doges

ENDEREÇO
Rio Terrà dei Catecumeni 111, 30123 Dorsoduro, Veneza • telefone: +39.041.520 3078 • fax: +39.041.528 9013 • e-mail: info@camariaadele.it • site: www.camariaadele.it

Ca'Pisani

... vivenciar Veneza com um toque de modernidade...

NESTA PÁGINA: *Decorados com móveis Art Déco, os amplos quartos oferecem conforto e elegância criativa.*

PÁG. AO LADO (SENTIDO ANTI-HORÁRIO, A PARTIR DO ALTO): *A decoração eclética do Ca'Pisani é evidente já em sua recepção, que combina móveis requintados e design contemporâneo; os quartos são equipados com a mais moderna tecnologia para uma estadia confortável; o interior vanguardista do hotel.*

Não há como negar que grande parte dos hotéis de Veneza optam por reviver o ambiente histórico dos palácios góticos onde estão instalados. Interiores barrocos, carregados de candelabros, paredes cobertas de tapeçarias e ricas cortinas de brocado predominam, sem alternativa para aqueles que buscam um lugar mais alto-astral, elegante mas menos tradicional. Essa alternativa surgiu quando foi inaugurado o Ca'Pisani, o primeiro design hotel de Veneza.

Um pouco afastado do rebuliço da região central, mas bem localizado perto de duas paradas de *vaporetto* e a 15 minutos a pé da Piazza San Marco, este extraordinário hotel ocupa um *palazzo* do século 16. A fachada, praticamente intocada, esconde um interior sedutoramente eclético, onde as influências minimalistas dos artistas gráficos futuristas dos anos 1920 se misturam a uma sóbria sofisticação e móveis Art Déco originais. Fiel à sua denominação de design hotel, não há um único detalhe ou acessório no Ca'Pisani que não tenha sido cuidadosamente concebido por seu impacto estético.

Os quartos são elegantes e luxuosos, mas ao mesmo tempo guardam um tom pouco convencional e criativo. Camas originais dos anos 1930 e 40, cobertas com lençóis de verdadeiro linho, são as peças centrais de cada um dos amplos quartos, cujo piso de madeira encerada é coberto por tapetes retrô de pele de zebra. Confortáveis poltronas de couro contrastam com mesas metálicas, enquanto a iluminação sutil e o teto de vigas expostas tornam os quartos acolhedores.

Para garantir o descanso dos hóspedes depois de um dia de passeios pela cidade, os quartos são dotados da mais moderna tecnologia, que permite controlar o sistema de som estéreo e ajustar as cortinas da janela do conforto da cama. Quanto aos banheiros, só as duchas de múltiplos jatos e as imensas banheiras de hidromassagem fazem a estadia no Ca'Pisani valer a pena. No verão, os amantes do sol podem aproveitar o solário na cobertura, de onde se descortinam deslumbrantes vistas de Veneza, enquanto os hóspedes do inverno vão adorar a ideia de um banho turco de vapor no fim da tarde.

Assim como o Ca'Pisani é uma reconfortante alternativa aos demais hotéis de Veneza, o mesmo ocorre com seu pequeno e elegante restaurante. La Rivista é muito procurado pelos venezianos que o frequentam tanto por sua extraordinária cozinha quanto por seu excepcional design. Depois de descer uma escada de inspiração futurista, você se verá cercado por um conjunto eclético de valiosas obras de arte dos anos 30, chapeleira de metal e sofás de couro vermelho. Entretanto, o bar original dos anos 40, salvo da demolição, é provavelmente o que mais atrai o olhar. O restaurante oferece um criativo cardápio sazonal e uma boa seleção de vinhos – também servidos em taça – e queijos italianos.

Para vivenciar Veneza com um toque de modernidade, em um hotel onde a satisfação do cliente é o principal objetivo, numa localização tranquila, longe do ritmo frenético do centro da cidade, o Ca'Pisani é imperdível.

QUARTOS
29

CULINÁRIA
La Rivista: veneziana com um toque moderno

BEBIDA
La Rivista • carta de vinhos

DESTAQUES
Internet sem fio • TV por satélite • hidromassagem • banho turco • solário na cobertura

ARREDORES
centro da cidade • ponto de parada do vaporetto • Ponte dell'Accademia • Coleção Peggy Guggenheim

ENDEREÇO
Dorsoduro 979/a, 30123 Veneza • telefone: +39.041.240 1411 • fax: +39.041.277 1061 • e-mail: info@capisanihotel.it • site: www.capisanihotel.it

Charming House DD.724

... avant-garde, moderno e contemporâneo...

NESTA PÁGINA (SENTIDO HORÁRIO, A PARTIR DO ALTO): *Saboreie um drinque no ambiente acolhedor do Lounge Bar; desperte para um substancial café da manhã antes de sair para a cidade; o hotel combina vanguardismo e conforto moderno.*

PÁG. AO LADO (SENTIDO HORÁRIO, A PARTIR DO ALTO): *Os mais intricados detalhes foram levados em conta na decoração do hotel; o requintado e luxuoso estilo da Charming House atrai o olhar; cada quarto apresenta uma singular decoração contemporânea.*

Termos como "*avant-garde*", "moderno" e "contemporâneo" não vêm imediatamente à mente quando se pensa em Veneza e em tudo que é veneziano. A cidade é mais famosa por seu passado do que pelo seu presente ou futuro – particularmente porque o tempo parece ter parado aqui, deixando-a imune e intocada pelas mudanças ocorridas no resto do mundo. Tudo isso está prestes a mudar, porém, com a recente inauguração de um pequeno *bed & breakfast avant-garde*, moderno e contemporâneo chamado Charming House DD.724.

Localizado numa rua sem saída em Dorsoduro, a região mais prestigiosa e tranquila da cidade, a Charming House DD.724 foi ideia da proprietária, Chiara Bocchini, e do designer Mauro Mazzolini. Com seu talento, eles foram capazes de repensar todos os estereótipos associados à Veneza para criar dentro dela um enclave emocionante e modernista. Aqui, linhas simples, tons neutros e uma iluminação embutida substituíram os candelabros de cristal de Murano, os brocados vermelhos e cortinas drapeadas. Obras modernas do famoso artista italiano Raimondo Galeano – todas originais – decoram as paredes em lugar das tapeçarias barrocas. Poltronas de tecidos Frigerio substituem os pesados móveis de madeira encontrados em outros hotéis.

Se todo esse minimalismo faz a Charming House DD.724 parecer um tanto austera e pouco acolhedora, nada pode estar mais longe da verdade. O hotel faz jus ao nome – é realmente charmoso – e é o antídoto perfeito para a sobrecarga dos sentidos que pode surgir depois de um dia na agitação desta vibrante cidade. Além disso, o tamanho do hotel cria uma sensação de intimidade que permite à equipe conhecer cada hóspede pessoalmente e

oferecer-lhe ajuda e conselhos. Embora de estilos semelhantes, os quatro quartos e três suítes têm um encanto todo especial. Um dispõe de uma pequena lareira; outro, de uma cama de dossel; outro, de vigas expostas no teto; e cada um oferece uma vista diferente da cidade. Mas todos têm uma coisa em comum: uma sensação de cordialidade e luxo, aumentada por confortos high-tech, como o acesso de alta velocidade à internet e os atuais modelos de TV LCD.

Os banheiros dos apartamentos e suítes, suntuosamente equipados com todos os acessórios possíveis, são outro ponto alto, assim como a íntima sala de café da manhã, onde pratos deliciosas são preparados especialmente para cada hóspede. Some-se a isso a excelente localização, a poucos metros da Accademia e da Coleção Peggy Guggenheim, e não é difícil entender por que os venezianos estão excitados com a Charming House DD.724.

QUARTOS
7

CULINÁRIA
café da manhã: italiano

BEBIDA
Lounge Bar

DESTAQUES
TV de plasma • internet sem fio • ar-condicionado

ARREDORES
Accademia di Belle Arti • Punta della Dogana • Ponte dei Pugni • Palazzo Ducale • Basilica di Santa Maria della Salute • Coleção Peggy Guggenheim • Piazza San Marco

ENDEREÇO
Dorsoduro 724, 30123 Veneza • telefone: +39.041.277 0262 • fax: +39.041.296 0633 • e-mail: info@dd724.it • site: www.dd724.it

Grand Hotel Baglioni

... colunas elegantes e uma escadaria de mármore aumentam a impressão de esplendor palaciano.

NESTA PÁGINA (A PARTIR DO ALTO): *Decorado com requintadas antiguidades francesas e delicadas cortinas, a suíte presidencial emana elegância, charme e suntuosidade; ornamentos intricados são abundantes nos quartos.*

PÁG. AO LADO (SENTIDO HORÁRIO, A PARTIR DO ALTO): *A cozinha italiana no I Carracci; as paredes imaculadamente brancas do saguão fazem uma grande entrada; o teto deslumbrante lança uma aura brilhante sobre I Carracci.*

São muitas as razões que justificam uma visita à cidade histórica de Bolonha, no norte da Itália, além de sua localização conveniente entre Milão, Florença e Veneza. Em Bolonha está uma das mais antigas universidades da Europa, fundada no século 12, e muitos palácios medievais e magníficas igrejas, em meio a ruas ladeadas por galerias e praças pitorescas. Além disso, a região que cerca esta encantadora cidade produz um dos melhores vinhos da Itália, vinagre balsâmico e trufas brancas.

O local ideal de onde apreciar os tesouros antigos de Bolonha é o Grand Hotel Baglioni. Situado no coração da cidade, este glorioso hotel foi construído no século 18 como seminário e começou a receber hóspedes em 1911. Depois de várias remodelações, a última na primavera de 2007, tornou-se o refúgio de luxo que é hoje. Por quase um século, o hotel manteve sua tradição de oferecer a seus hóspedes o que há de melhor: um serviço impecável, conforto e calorosa hospitalidade.

Um magnífico saguão é o preâmbulo para os sublimes interiores que virão em seguida: um teto alto, de onde pendem candelabros de cristal de Murano, e um piso de mármore em preto e branco. Autênticos móveis adornados de ouro, colunas elegantes e uma escadaria de mármore aumentam a impressão de esplendor palaciano. Cada parte do hotel tem um encanto todo particular. Os largos corredores que levam aos quartos são ladeados de janelas encortinadas e obras de arte. De pé-direito alto e dotados de lareiras barrocas, decorados com ricos brocados e tapeçarias nas paredes, camas de meio dossel e móveis antigos, os quartos são uma sinfonia de conforto e esplendor. Tudo isso faz do hotel um verdadeiro cenário de conto de fadas.

Aqueles que gostam de carros vão adorar a oportunidade de visitar as galerias da Ferrari, da Maserati e da Lamborghini, localizadas nas proximidades. Os que apreciam arquitetura vão poder desfrutar uma visita à pitoresca Piazza Maggiore e à Basilica di San Petronio, assim como às duas colossais torres do século 12, Asinelli e Garisenda. De volta ao Grand Hotel, os hóspedes podem relaxar na banheira de hidromassagem e jantar no restaurante I Carracci, que é uma lenda em Bolonha e que você tem que ver para crer. Exibindo no teto abobadado afrescos originais pintados pelos aprendizes da escola Carracci no século 15 e um serviço de mesa clássico e elegante, não há melhor lugar onde jantar na cidade. Fiel à tradição da cozinha bolonhesa, o chef Pasquale Falanga prepara pratos tradicionais da região. Uma sortida adega, que contém os melhores vinhos italianos, oferece o acompanhamento perfeito para uma refeição de dar água na boca.

Membro da ilustre cadeia de hotéis Baglioni espalhados ao redor da Europa, o Grand Hotel Baglioni é frequentado por dignitários e celebridades pela simples razão de que conforto melhor é impossível. Portanto, não surpreende que o hotel tenha sido agraciado com vários prêmios da famosa revista *Condé Nast Traveller*, entre eles um cobiçado lugar entre sua prestigiosa lista de Top 100.

QUARTOS
109

CULINÁRIA
I Carracci: italiana

BEBIDA
Caffè Baglioni • adega

DESTAQUES
Internet sem fio • hidromassagem • TV por satélite • spa e fitness center • mordomo mediante solicitação • babysitter mediante solicitação • personal shopper mediante solicitação

NEGÓCIOS
business center • salas de reuniões

ARREDORES
As duas torres Asinelli e Garisenda • Piazza Maggiore • Ferrari • Maserati • Lamborghini • Ducati

ENDEREÇO
Via Indipendenza 8, 40121 Bolonha • telefone: +39.051.225 445 • fax: +39.051.234 840 • e-mail: reservations.ghbbologna@baglionihotels.com • site: www.baglionihotels.com

Hotel Gritti Palace

... o exemplo perfeito do luxo clássico veneziano...

Suntuoso e ao mesmo tempo íntimo, o Hotel Gritti Palace não tem competidor quando se trata de oferecer excelência no estilo veneziano. Residência do doge Andrea Gritti, duque de Veneza, no século 16, esta suntuosa propriedade do grupo Starwood há décadas representa um exemplo perfeito do luxo clássico veneziano neste que é o mais mágico dos destinos.

Segundo o guia de viagens *Frommer*, "todo mundo que conta já se hospedou aqui ao longo dos séculos", uma lista que inclui nomes ilustres como Greta Garbo, Winston Churchill e Ernest Hemingway. Conhecido por um serviço atencioso e localização excelente, o Gritti foi recentemente ranqueado entre os Top 50 hotéis da Europa da revista *Travel and Leisure* e entre os Top 75 resorts da Europa da *Condé Nast Travellers*.

Veneza é um vibrante museu a céu aberto, e este lendário *palazzo* é um microcosmo disso. Tem saguões e suítes lotados de antiguidades, impressionantes obras de arte, tapetes intricadamente tecidos e um piano pintado à mão. Seus 91 quartos contam com espelhos de molduras douradas, móveis antigos machetados e penteadeiras pintadas no estilo veneziano do século 18. Lembrando o grandioso passado de Veneza, as altas janelas são adornadas com pesadas cortinas drapeadas e camas no estilo *box* instaladas em recantos emoldurados por cortinas. Os confortos modernos não foram esquecidos: todos os quartos têm internet rápida, uma grande seleção de filmes e ar-condicionado.

Numa localização privilegiada à margem do Canal Grande, as suítes têm balcões de pedra e teto alto, de onde pendem esplêndidos candelabros. Moderníssimos sistemas Bang & Olufsen de som se justapõem a um cenário de elaborados espelhos e preciosos móveis dos séculos 17 e 18. Outra novidade são os artigos de cama Luxury Bed, criados para garantir um sono perfeito.

A Hemingway Suite é a *pièce de résistance* do hotel. Com janelas do teto ao chão voltadas para o Canal Grande, combina todos os confortos materiais com uma decoração suntuosa nas cores marfim e verde, em 80m² de exclusivo luxo veneziano.

NESTA PÁGINA (A PARTIR DO ALTO):
Saboreie uma refeição no terraço voltado para o magnífico Canal Grande; a Hemingway Suite é o máximo do luxuoso estilo do Hotel Gritti Palace.

PÁG. AO LADO (A PARTIR DO ALTO):
Além de elegância e luxo, os quartos oferecem o que há de melhor em conforto moderno; o charme suntuoso do hotel tem atraído celebridades ao longo dos anos.

O Club del Doge é o elegante restaurante do hotel, decorado em mármore e madeira, que acolhe até 60 comensais para saborear sua deliciosa cozinha mediterrânea e veneziana. No verão, você pode escolher o terraço Bellavista e apreciar a vida cotidiana desta cidade fascinante. Com pinturas no teto, uma iluminação envolvente e um piano suave, é fácil entender por que o Club del Doge é o escolhido da alta sociedade internacional. A vista parece uma paisagem de Canaletto que se tornou realidade.

O bar do hotel tem o nome do pintor do século 18 cuja obra adorna as paredes: Longhi. Ornamentos de cristal de Murano e um balcão de mármore estão em perfeita harmonia com o ambiente refinado. Íntimo, acolhedor e elegante, o Bar Longhi é o lugar ideal para se recuperar de um excitante passeio de barco pelos intricados canais da cidade. Há também um serviço de barco exclusivo entre os hotéis associados The Westin Excelsior, Venice Lido Resort, Hotel Des Bains e Venice Lido Resort, que dá acesso a uma praia particular, piscinas e quadras de tênis. Em Veneza, quem procura estímulos físicos ou culturais, encontra tudo isso no Hotel Gritti Palace.

QUARTOS
91

CULINÁRIA
Club del Doge: veneziana e mediterrânea

BEBIDA
Bar Longhi

DESTAQUES
Filmoteca no quarto • internet rápida • produtos Luxury Bed • cofre eletrônico • lavanderia • massagem no quarto • reserva de ingressos de teatro

NEGÓCIOS
salas de reuniões

ARREDORES
Aeroporto Internacional Marco Polo

ENDEREÇO
Campo Santa Maria del Giglio 2467 Veneza • telefone: +39.041.794 611 • fax: +39.041.520 0942 • e-mail: grittipalace@luxurycollection.com • site: www.luxurycollection.com/grittipalace

Hotel Monaco + Grand Canal

... uma estimulante mistura entre o charme do mundo antigo e um ambiente ultramoderno.

Considerada a cidade mais romântica do mundo, Veneza tem ainda a virtude de ser singular em qualquer aspecto que se possa imaginar. Com canais em lugar de ruas, e *vaporetti* – ônibus e táxis aquáticos – em lugar dos usuais meios de transporte rodoviário, talvez seu maior encanto resida no fato de sua aparência exterior ter permanecido imutável ao longo de séculos. Cada um de seus magníficos edifícios está cercado de história, e o Hotel Monaco & Grand Canal, cujas origens remontam a mais de 300 anos, não é exceção.

Antes de assumir sua atual identidade como hotel butique de luxo, o original palácio gótico foi, durante 130 anos, o mais famoso cassino da cidade, frequentado por ninguém menos que Casanova em pessoa. Transformado mais tarde em um teatro rococó, o Hotel Monaco ainda preserva em seu interior vestígios de seu grandioso passado.

O saguão é um espetacular salão do século 17, com frisos intricados, elaboradas colunas jônicas e uma balaustrada no segundo andar, tudo isso sob um teto requintadamente pintado à mão. Em franco contraste, depois de uma reforma substancial em 2003, alguns elementos do hotel são contemporâneos, o que cria uma estimulante mistura entre o charme do mundo antigo e um ambiente ultramoderno.

Os quartos são ligeiramente mais sóbrios que o saguão, mas não menos impressionantes. Os hóspedes ficam maravilhados com a vista panorâmica sobre o Grand Canal até a ilha de San Giorgio e o marco de Veneza, a Basilica di Santa Maria della Salute. Móveis clássicos e elegantes, em calorosos tons de bege e creme, harmonizam-se com antiguidades e detalhes em cristal de Murano, criando um refúgio encantador.

Os que procuram algo mais íntimo podem optar pelo Palazzo del Selvadego. A curta distância do hotel, este elegante anexo de 34 quartos tem um design moderno e um acolhedor ambiente campestre, que se reflete nas vigas do teto, nas camas de

NESTA PÁGINA (A PARTIR DO ALTO): *Diante da visão das gôndolas e da magnífica cúpula da Basilica di Santa Maria della Salute, um jantar especial à luz de candelabros aguarda os hóspedes no terraço do Grand Canal Restaurant; o elegante interior do hotel.*

PÁG. AO LADO (A PARTIR DO ALTO): *O salão de baile Ridotto é ideal para um jantar de gala ou outro evento especial; o Ridotto emana requinte; a encantadora fachada do hotel.*

QUARTOS
134

CULINÁRIA
Grand Canal Restaurant: veneziana

BEBIDA
Bar Hotel Monaco & Grand Canal

DESTAQUES
restaurante no terraço com vista para o canal

NEGÓCIOS
salas de reuniões

ARREDORES
centro de Veneza • Piazza San Marco

ENDEREÇO
San Marco 1332, 30124 Veneza • telefone: +39.041.520 0211 • fax: +39.041.520 0501 • e-mail: mailbox@hotelmonaco.it • site: www.hotelmonaco.it

dossel e no piso de madeira encerada. Como o Hotel Monaco, o Palazzo del Selvadego fica a poucos passos da gloriosa Piazza San Marco e de algumas das imperdíveis butiques do centro.

Provavelmente um dos mais memoráveis restaurantes do mundo situa-se em um terraço com vista para o Canal Grande. O Grand Canal Restaurant do Hotel Monaco com certeza vai corresponder às melhores expectativas de um jantar espetacular em Veneza.

Situado à beira d'água, diante de um ancoradouro de gôndolas, este elegante restaurante ao ar livre oferece algumas das melhores vistas da cidade. Tão especial localização só se compara ao serviço impecável e à cozinha soberba. Seu cardápio veneziano impressiona os mais exigentes *gourmets* com suas especialidades locais, feitas apenas de frutos do mar e vegetais frescos. Experimente o tartar de salmão e espadarte com limão e manjericão, seguido de nhoque de abóbora feito em casa com sálvia e queijo defumado. Termine essa noite memorável saboreando o coquetel Bellini no Bar Hotel Monaco & Grand Canal, e brinde a uma longa estadia.

Hotel Villa del Quar

Totalmente decorado com antiguidades, móveis neoclássicos e obras de arte originais...

Quando a associação Relais & Chateaux lançou o conceito de um hotel de luxo de propriedade particular há cerca de 40 anos, dificilmente poderia imaginar o sucesso estrondoso em que ele se transformaria. Atualmente, a associação conta com quase 500 hotéis dessa espécie em cinco continentes. Apesar dessa extraordinária expansão, porém, certos estabelecimentos se destacam da média, e um deles é o Hotel Villa del Quar, bela criação da família Montresor-Acampora.

Instalado em uma *villa* veneziana do século 16 magistralmente reconstruída, declarada monumento nacional pelo governo italiano, o hotel se situa na magnífica região rural de Valpolicella, famosa pelo vinho de mesmo nome, algumas milhas ao norte da romântica cidade de Verona e perto do famoso lago da Garda, assim como das lindas cidades de Vicenza e Mantova. Mas como qualquer fã da Relais & Chateaux sabe, um belo edifício e um magnífico ambiente não são suficientes para justificar a inclusão em seu portfólio. Só hotéis que oferecem os mais altos padrões de hospitalidade, culinária e serviço são aceitos, e nesse aspecto o Villa del Quar não deixa nada a desejar.

Duas palavras vêm à mente quando se chega a esta *villa* tipicamente italiana: elegância e excelência, atributos que permeiam todos os aspectos do Villa del Quar, inclusive o ar que aqui se respira. Descansando na biblioteca ou curtindo um banho relaxante na piscina externa, os hóspedes não podem deixar de sentir a satisfação de ter escolhido um local perfeito, seja para suas férias, seja para suas viagens de negócios.

Totalmente decorado com antiguidades, mobília neoclássica e obras de arte originais que refletem os dourados, os azuis, os vermelhos e os verdes típicos da tradição veneziana, o interior é simultaneamente imponente e confortável. Os 18 amplos quartos e as dez suítes irradiam um charme sedutor que combina os confortos mais modernos com o aconchego, o luxo e a elegância que fizeram a fama da Itália em todo o planeta.

NESTA PÁGINA (A PARTIR DO TOPO): *Os hóspedes podem jantar com estilo no Eurosia, decorado com um candelabro de cristal de Murano e delicadas pinturas; a decoração rústica é o complemento perfeito para o ambiente campestre da* villa.

PÁG. AO LADO (A PARTIR DO ALTO): *Móveis antigos dão aos quartos um encanto do mundo antigo; beleza natural, paz e tranquilidade cercam a* villa*; desfrute o ar puro e um banho relaxante na piscina do hotel.*

E tão especial quanto a hospedagem é a culinária. Apenas alguns hotéis Relais & Chateaux são admitidos no seletíssimo grupo dos Relais Gourmands a cada ano, mas o Arquade, restaurante do Villa del Quar, faz parte desse clube exclusivo desde 2005. Com duas belas salas – Tresor e Eurosia –, ainda conta com uma das mais bem-abastecidas adegas. O Arquade mereceu duas estrelas Michelin e três garfos do guia Gambero Rosso. Por todas essas razões, não admira que o Villa del Quar continue se destacando entre muitos.

QUARTOS
28

CULINÁRIA
Ristorante Arquade • Gazebo Restaurant

BEBIDA
Cantina Bar • salão de chá • adega

DESTAQUES
Piscina descoberta • sala de massagem • academia de ginástica • sauna • trilha de caminhada • vinhedos • heliporto

NEGÓCIOS
sala de reuniões

ARREDORES
Verona • lago da Garda • Mantova • Vicenza

ENDEREÇO
Via Quar 12, 37020 Pedemonte, Verona • telefone: +39.045.680 0681 • fax: +39.045.680 604 • e-mail: info@hotelvilladelquar.it • site: www.hotelvilladelquar.it

Palazzo Viviani

... por uma estrada sinuosa, às vezes acima das nuvens...

NESTA PÁGINA (A PARTIR DO ALTO): *Os quartos são adornados com delicados afrescos, que criam um estilo todo próprio; tons quentes e uma lareira contribuem para o ambiente acolhedor da sala de estar.*

PÁG. AO LADO (A PARTIR DO ALTO): *O hóspede pode esperar umas férias diferentes nos arredores medievais do Palazzo; faça um passeio acima das nuvens para chegar ao Castello di Montegridolfo; camas de dossel dão um toque de rústico charme e luxo.*

Para ter a sensação de como era a Itália medieval sem ter que voltar no tempo, explore o Palazzo Viviani, no Castello di Montegridolfo. Esta incrível cidadela de pedra data de 1337 e é tão intrigante que devia ser incluída em qualquer sério itinerário turístico pela Itália.

Esta encantadora cidade murada ocupa o topo de uma colina no luxuriante vale de Valeconca, um vale verdejante acima do Adriático. Rimini, cidade natal de Fellini, e o pitoresco balneário de Cattolica ficam próximos e podem ser visitados em um dia. Situado no antigo burgo medieval de Montegridolfo, o deslumbrante Palazzo Viviani é propriedade da festejada estilista Alberta Ferretti e estrela recente entre os hotéis italianos da moda da revista *Condé Nast Traveller*. A cuidadosa restauração do *palazzo* de pedra em um hotel butique de luxo demonstra o senso estético de Ferretti, que tornou suas criações absolutamente fundamentais no mundo fashionista.

Chega-se a este enclave pela estrada sinuosa, às vezes acima das nuvens, que conduz a Montegridolfo, passando pelo alto e estreito arco da torre do relógio. Assim que a muralha é ultrapassada, descortina-se uma vista panorâmica que revela jardins bem cuidados, que se abrem para uma paisagem pontilhada por velhas torres, igrejas antigas e sítios históricos.

O Palazzo Viviani fica no centro do burgo medieval. O edifício principal contém oito suítes em estilo renascentista, todas com lareira e afrescos originais. As espaçosas suítes são mobiliadas com antiguidades, cortinas ricamente coloridas e espessos tapetes. Enfatizando sua individualidade, cada suíte recebeu um nome evocativo, como Stanza dei Cristalli ou Stanza dei Affreschi. Há ainda sete quartos de casal na romântica Casa del Pittore, perto da convidativa piscina situada no terreno do palácio. Estes quartos têm nomes vibrantes que traduzem sua personalidade, como Quarto Violeta, Quarto Rosa e Quarto Flor de Lis. No bairro do Borgo Nuovo ficam os apartamentos maiores, concebidos para oferecer total conforto com o máximo de privacidade.

O prazer de saborear deliciosos pratos e ótimos vinhos aguarda em cada canto de Montegridolfo, onde os hóspedes podem experimentar a cozinha tradicional em ambientes rústicos. O Ristoro di Palazzo Viviani oferece *haute cuisine* numa antiga adega, enquanto a Osteria dell'Accademia serve pratos regionais em um terraço com vista para o mar. Para quem deseja autênticas pizzas e massas, a Grotta dei Gridolfi é, a julgar pelos aromas que emanam de seu forno a lenha, o lugar ideal; no verão, pode-se comer ao ar livre na Piazzetta.

Criando a impressão de ser por si só um vilarejo, o Palazzo Viviani é um hotel para férias românticas ou lua de mel, com simpáticos bares e cafés na movimentada *piazza* suficientes para manter os hóspedes entretidos durante muitos dias. Embora a princípio pareça difícil de encontrar, o Palazzo Viviani não é um lugar que se queira abandonar.

QUARTOS
46

CULINÁRIA
Ristoro di Palazzo: haute cuisine sazonal • Osteria dell'Accademia: tradicional • Grotta dei Gridolfi: italiana

BEBIDA
bar

DESTAQUES
piscina • cofre • aluguel de bicicletas para mountain bike • locação de carros • serviços de casamento • médico mediante solicitação • passeios e excursões

NEGÓCIOS
equipamento audiovisual • fax e computadores • Borgo Nuovo Meeting Center

ARREDORES
Rimini • Pesaro • Forlì • Ancona

ENDEREÇO
Via Roma 38, 47837 Montegridolfo, Emília-Romanha • telefone: +39.0541.855 350 • fax: +39.0541.855 340 • email:montegridolfo@mobygest.it • site: www.mobygest.it • www.hotelphilosophy.net

San Clemente Palace Hotel + Resort

... refletindo uma diversidade de estilos, todos tipicamente venezianos...

NESTA PÁGINA (A PARTIR DO ALTO): O charme opulento do hotel é evidente na requintada decoração do saguão; móveis antigos da suíte executiva lembram uma era passada; Gli Specchi oferece o dinamismo americano em um ambiente veneziano.

PÁG. AO LADO (A PARTIR DO ALTO): A imponente fachada do século 17; a grandiosa escadaria preserva a sensação de luxo; o restaurante Ca' dei Frati tem um soberbo cardápio que combina com a esplêndida vista de San Marco.

Goethe tinha razão quando disse que "Veneza só pode ser comparada a si mesma". Há coisas na vida tão singulares e especiais que não têm com que se comparar. A maravilhosa cidade de Veneza é uma delas, assim como o San Clemente Palace Hotel & Resort, situado na histórica ilha do mesmo nome.

A ilha de San Clemente data do início do século 12, época em que tinha a fama de ser um lugar de "recuperação da alma e do espírito" para quem se preparava para chegar à Terra Santa. Hoje, quase mil anos depois, conserva essa reputação, permitindo aos visitantes relaxar e restabelecer-se com o máximo de elegância e conforto e em um ambiente mágico.

Essa duradoura atração se deve em parte à soberba localização da ilha. Com magníficas vistas do Lido, da Giudecca e da própria Veneza, fica suficientemente perto da cidade e ao mesmo tempo suficientemente distante para garantir a reclusão de um refúgio particular. Originalmente um mosteiro do século 17, o San Clemente Palace Hotel & Resort passou recentemente por uma reforma que resultou numa hábil mistura do clima do mundo antigo com todos os confortos de um hotel de luxo do século 21.

E há ainda o espaço que este destacado membro dos The Leading Hotels of the World desfruta. A ilha preserva um parque secular de 2ha, mas ainda há espaço para duas quadras de tênis, uma piscina, um campo de golfe de três buracos e um centro de beleza e bem-estar que oferece uma grande variedade de tratamentos e terapias, uma sauna a vapor e academia de ginástica.

Se essas qualidades distinguem o San Clemente dos demais hotéis venezianos, o simples tamanho do local constitui outra vantagem. Com 200 amplos quartos elegantemente mobiliados, que refletem uma diversidade de estilos, todos tipicamente venezianos, o hotel pode acomodar 400 hóspedes em qualquer época do ano. Contando com quase 557m² de área destinada a reuniões, é talvez a melhor opção na cidade para um congresso ou banquete.

Embora perto de Veneza e de todas as suas atrações culinárias, o hotel conta com restaurantes próprios, do mais formal Ca' dei Frati ao mais informal e muito veneziano Le Maschere, e, finalmente, mas não menos importante, o La Laguna. Some-se a isso o bar em estilo americano Gli Specchi e o alto padrão do serviço, e até as muitas atrações de Veneza empalidecem em comparação.

QUARTOS
200

CULINÁRIA
Ca' dei Frati: mediterrânea gourmet •
Le Maschere: veneziano •
La Laguna: bufê mediterrâneo

BEBIDA
Gli Specchi • Le Conchiglie •
La Laguna and Bar

DESTAQUES
parque • piscina • quadras de tênis • campo de golfe executivo de três buracos • centro de beleza e bem-estar

NEGÓCIOS
salas de reuniões • business center • serviços de tradução e secretariado

ARREDORES
Palazzo Ducale • Piazza San Marco • Piazzetta dei Leone • Ponte Rialto

ENDEREÇO
Isola di San Clemente 1,
San Marco, 30214 Veneza •
telefone: +39.041.244 5001 •
fax: +39.0.41.244 5800 •
e-mail: sanclemente@thi.it •
site: www.sanclemente.thi.it

florença+centro-nortedaitália

florença, toscana + marche

Cidade onde nasceu o Renascimento, Florença tem tudo o que faz a fama da Itália. Além de alguns dos melhores exemplos da arquitetura e da arte, Florença oferece ótimas opções de compras e restaurantes. Nos arredores da cidade há excelentes refúgios, e a vista que se tem a partir do Giardino di Bobolo é inesquecível. Mais além, há os tesouros de Siena, Lucca e Pisa, assim como os ótimos vinhos e cidades montanhosas de Montepulciano, Montalcino e San Gimignano. No litoral fica Carrara, centro produtor de mármore, a bela cidade Art Nouveau de Viareggio e os resorts exclusivos de Elba e Argentario. Do outro lado da Toscana, na costa do Adriático, fica a região da Marche, onde se pode visitar o Parque Nacional do Monte Sibillini, com papoulas por toda parte, e percorrer as trilhas do monte Conero. A bela Urbino, cidade de Rafael, foi um centro de atividade durante o Renascimento, o que gerou um tesouro artístico que se pode apreciar no interior de suas muralhas cor de ocre.

PÁGINA 124: *A Loggia dei Lanzi, galeria de esculturas a céu aberto no coração de Florença.*

NESTA PÁGINA (A PARTIR DO ALTO): *Bandeiras dos distritos concorrentes tremulam em Siena antes do Palio; vista aérea de Florença.*

PÁG. AO LADO: *O Palazzo Vecchio, fortaleza dos Medici.*

florença: brilho renascentista + fabulosos sapatos

Florença é uma cidade fora do tempo, onde, como no resto da Toscana, a arquitetura moderna é ainda mais rara que um florentino mal-vestido. Berço do Renascimento, há quem ache que a cidade descansou sobre os louros desde então. Mas o que talvez lhe falte em energia e progressismo, Florença mais do que compensa com beleza, elegância e puro carisma. Mas isso não é segredo. E, infelizmente, dado seu pequeno tamanho, apesar de suas perfeitas proporções, parece que o mundo todo resolve visitar a cidade ao mesmo tempo. Felizmente, ainda existem enclaves de tranquilidade.

Florença tornou-se uma comuna autônoma em 1115. Cidade dos guelfos (pró--papa), não lhe faltavam inimigos. A ascendência da Florença medieval foi conquistada através de lutas pelo poder, principalmente com Pisa, Siena e Pistoia. Os próprios guelfos florentinos se dividiam em duas facções: os brancos e os negros, e, com o surgimento da luta de classes, a cidade se tornou um constante campo de batalha.

Apesar de todo esse tumulto, a cidade enriqueceu com o comércio de lã e com a atividade bancária: o florim de ouro, primeira moeda comum da Europa, surgiu em Florença. Com a derrota de Pisa, Florença finalmente tinha um porto marítimo, o que a fez ainda mais próspera. Os Medici deixaram de ser apenas comerciantes e banqueiros bem-sucedidos e se tornaram chefes políticos. Tanto Cosimo de Medici quanto seu neto Lorenzo foram fundamentais para o Renascimento florentino, uma época marcada pelo poderio militar, pela propaganda, pelo nepotismo, por inovações na arte, na ciência e no humanismo. Alguns dos melhores artistas de todos os tempos instalaram-se em Florença, assim como Galileu, Dante e Maquiavel. A idade de ouro de Florença durou 200 anos e foi uma feliz combinação de confiança, riqueza e gênios nativos.

Florença nasceu em torno da Piazza del Duomo e da Piazza della Signoria, que eram ligadas por um caminho de pedestres, a Via dei Calzaiuoli. A Loggia dei Lanzi, na Piazza della Signoria, é uma galeria de esculturas que abriga o *Perseu* de Cellini,

NESTA PÁGINA: *Vista de Florença onde se destaca o Duomo de Brunelleschi e as montanhas toscanas ao fundo – praticamente a mesma vista que se tem do alto do campanário.*

PÁG. AO LADO (A PARTIR DO ALTO): *Um dos fabulosos modelos de sapato de Salvatore Ferragamo exibido em seu próprio museu; o Palazzo di Banca Capello, uma joia de Oltramo.*

O rapto das Sabinas, de Giambologna, um bronze de Cosimo de Medici, e uma cópia do *Davi* de Michelangelo (o original está na Accademia). Aqui perto fica a Piazza della Repubblica. Estas praças são o centro da atividade da cidade, de onde se pode observar a vida. Aqui está um dos mais históricos cafés da cidade: o Giubbe Rosse.

A tentativa de ver tudo o que há de arte na cidade pode levar o visitante à síndrome de Stendhal, doença causada pelo excesso de beleza na arte. O melhor é ir devagar e incluir uma dose de compras. A lista das atrações obrigatórias inclui a catedral de Florença, que contém a impressionante cúpula em cantiléver de Brunelleschi. Ao lado há o campanário de Giotto e o Batistério, obra-prima da última fase da Idade Média. O Palazzo Vecchio, na Piazza Signoria, primeira residência e sede do governo dos Medici, fica vizinho à Galleria degli Uffizi, antiga secretaria e hoje a famosa galeria que abriga a coleção particular de arte da família. Aqui o bar tem um terraço voltado para a Piazza della Signoria, uma vista que justifica a fila que se enfrenta para chegar. A Ponte Vecchio é a única ponte renascentista que sobreviveu em Florença – as outras foram destruídas pelos alemães em retirada no fim da guerra. Sob ela estende-se o Corridoio Vassariano, que liga a Galleria degli Uffizi e o Palazzo Vecchio ao Palazzo Pitti, residência dos Medici do outro lado do Arno e recentemente reaberto a privilegiados visitantes.

Dentro do Palazzo Pitti há oito museus, entre eles uma galeria de arte moderna. No fundo do palácio, o Giardino di Boboli oferece uma pausa para descanso. O bairro Oltrarno é bem mais calmo. Vale a pena vir até aqui para ver Santa Maria del Carmine, que contém a Cappella Brancacci, cujos afrescos inspiraram Leonardo.

As incontáveis igrejas de Florença abrigam obras-primas: afrescos de Fra Angelico em San Marco; afrescos de Gaddi, rosetas de terracota de Della Robbia e um crucifixo de Cimabue em Santa Croce, e um crucifixo de Giotto e afrescos de Ghirlandaio em Santa Maria Novella. Para ver esculturas de Donatello e obras-primas de Michelangelo, visite o Museo Nazionale del Bargello, a Accademia e as Cappelle Medicee. Quem gosta de design, do mais belo santuário do mundo a sapatos, deve conhecer o Museo Salvatore Ferragamo, nos porões do histórico Palazzo Spini Feroni. E há ainda lindos

edifícios modernos como a estação racionalista Santa Maria Novella, projetada em 1933 pelo arquiteto local Michelucci. Construída com a mesma pedra com que foi erguida a vizinha Chiesa di Santa Maria Novella, está cheia de obras pioneiras do design. Ali perto fica a Palazzina Reale, construída para a família real em visita à cidade nos anos 1930 – o Palazzo Pitti já era um museu à época. O Stadio Artemio Franchi, sede do lendário time de futebol ACF Fiorentina, também é um edifício de grande interesse. Construído em 1931 por Pier Luigi Nervi, estava muito à frente do seu tempo quando foi inaugurado. O estádio tem a forma de um gigantesco D, inicial de Duce, título de Mussolini, que influenciou enormemente a arquitetura dos anos 1930.

siena: do sublime aos cavalos

Siena deu nome a uma cor, um tom ferruginoso presente na arquitetura medieval desta cidade mágica, que conta com uma das belas catedrais da Itália, o que, num país de catedrais, é de fato um elogio. Situada na parte mais alta da cidade, tem uma bela fachada de mármore branco e preto adornada de estátuas. Os mosaicos venezianos dourados foram acrescentados no século 19. No interior, a abóbada foi pintada de azul-celeste pontilhado de estrelas douradas. Mas é o piso, uma imensidão de figuras incrustadas no mármore, que mais atrai o olhar. Os vitrais são igualmente fascinantes. Afrescos de Pinturicchio revestem as paredes da Biblioteca Piccolomini, que fica ao lado, enquanto o batistério contém obra de Donatello. Em frente, o elegantemente reformado Complesso Museale Santa Maria della Scala apresenta frequentes exposições, a maioria de arte moderna. Em 2007 o museu apresentou obras de Chagall, Mirò e Emilio Pucci.

Na Piazza del Campo, onde todos os anos é realizado o Palio di Siena, os visitantes podem desfrutar de uma perspectiva única da cidade do alto da Torre del Mangia, uma torre gótica de 102m, a segunda mais alta da Itália. No Palio competem dez dos 17 *contrade*, ou distritos. Muita coisa acontece nesta corrida de cavalos montados a pelo: jogo sujo, violentas rivalidades, humilhação do perdedor (do segundo colocado em diante, todos são chamados de perdedores) e a euforia do

NESTA PÁGINA: *Bela paisagem campestre nos arredores de Siena. Dos campos cobertos de papoulas, trigais, vinhedos e desertos de calcário, cenário da Toscana é inesquecível.*

PÁG. AO LADO: *A pura excitação do Palio di Siena, realizado no verão no percurso elipsoidal da bela Piazza del Campo.*

... um tom ferruginoso presente na arquitetura medieval desta cidade mágica.

vencedor. Tudo termina em um minuto, e o lado vencedor recebe como prêmio um estandarte de seda, o *palio*, e o domínio sobre os outros *contrade* pelo resto do ano. Apesar da alta dramaticidade do Palio, Siena é em geral uma calma cidadezinha com ótimas butiques, restaurantes e enotecas, além das deslumbrantes paisagens.

a lucca de puccini

As origens romanas de Lucca se revelam em seu traçado em forma de rede, embora suas famosas muralhas e fortificações tenham surgido depois de um período violento por que passou a comuna, quando era um entreposto comercial e grande rival de Florença. Famosa pela produção de seda e, mais recentemente, de charutos, Lucca continua uma das mais sofisticadas cidades da região. Além disso, aqui nasceu Giacomo Puccini.

NESTA PÁGINA: *A Via Fillungo, centro de compras de Lucca.*

PÁG. AO LADO: *O glorioso passado de Pisa refletido no Campo dei Miracoli.*

A catedral, San Martino, foi construída em estilo pisano, com fachada ornamentada com uma colunata românica e estátuas. A Chiesa di San Michele, no Fórum, também é rica em ornamentos românicos, como colunas espiraladas e afrescos que representam animais selvagens (reais e fantásticos). A Via Fillungo tem edifícios Art Nouveau em ferro batido e muitos bares. Caminhando pelas muralhas cobertas de hera pode-se vislumbrar do Palazzo Pfanner, famoso por seu jardim formal cheio de estátuas de deuses e deusas. Também é possível seguir pelo caminho normal, a Via degli Asili, e admirar o palácio em toda a sua grandiosidade.

a torre inclinada à espera de uma irmã

Pisa já foi uma poderosa república marítima. Derrotada por Gênova em 1286 na monumental Batalha de Meloria, perdeu seu porto no século 15, quando literalmente afundou. Cidade natal de Galileu, Fibonacci e do físico Enrico Fermi, Pisa sempre foi uma importante cidade universitária, uma das melhores da Itália até hoje. A caminho do Campo dei Miracoli, onde se

ergue a torre inclinada de Pisa, vê-se o belo Palazzo della Carovana de Giorgio Vasari, na Piazza dei Cavalieri. O Duomo é magnífico, com uma fachada em quatro níveis que data de 1064; o Batistério foi projetado um século depois por Nicola e Giovanni Pisano. A famosa torre inclinada quase ganhou uma irmã gêmea. Uma nova torre de vidro e aço com os mesmos 57m de altura deveria ser construída em 2008. Projetada pelo arquiteto Dante Oscar Benini, devia abrigar escritórios e apartamentos, mas o projeto levantou críticas e ainda não se concretizou.

Perto de Pisa, em Gombo, os românticos podem fazer uma peregrinação ao lugar onde o corpo do poeta Shelley veio dar na praia em 1882 depois de se afogar no mar. Cumprindo seu desejo, seu corpo foi cremado na praia, numa cerimônia assistida por Byron, Leigh Hunt e Trelawney.

NESTA PÁGINA: *Um típico cenário toscano em Montechiello.*

PÁG. AO LADO: *O crepúsculo de San Gimignano cria a impressão de uma Manhattan medieval.*

idílio toscano

Uma joia de cidade, Cortona foi a locação do filme *Sob o sol da Toscana*. Típico cenário romântico, tem uma fortaleza no alto da vila, com vista do lago Trasimeno, na Úmbria, e um labirinto de velhas ruas medievais que levam a olivais e vinhedos. Os amantes da arte vão adorar o Museo Diocesano, com obras de Fra Angelico e Luca Signorelli, e a Chiesa di San Francesco, onde estão a *Anunciação* de Pietro da Cortona e o túmulo de Signorelli.

Os fãs do filme *A vida é bela*, de Roberto Benigni, vão reconhecer as ruelas de Arezzo. A cidadezinha medieval é famosa em toda a Itália por sua feira mensal de antiguidades, realizada na Piazza Grande. Fora da cidade fica o local de nascimento de Michelangelo, que hoje se chama Caprese Michelangelo – só Caprese não agradaria aos turistas. De volta a Arezzo, há excelentes *trattorie* e boas opções de

compras. A catedral tem terracotas e vitrais de Guillaume de Marcillat, artista francês do século 16. Mas é a Chiesa di San Francesco que guarda o mais belo tesouro: um ciclo completo de afrescos de Piero della Francesca que narram a Lenda da Verdadeira Cruz.

O *vino nobile* é a maior atração da cidade de Montepulciano, mas é na vizinha cidade de Montalcino que se encontra a excelência em vinho. A cidade é de uma beleza primorosa, e a Enoteca La Fortezza, dentro de uma fortaleza dos Medici do século 14, é um dos melhores lugares onde saborear um bom vinho. San Gimignano é praticamente a única cidade da Itália que preservou seu aspecto de Manhattan medieval. Construída por famílias nobres rivais, só uma das doze torres remanescentes pode ser visitada. No Museo Civico, os afrescos de Memmo di Filippucci que representam cenas de casamento são o destaque. Nesta visão da vida privada no século 14, parece que a noiva tem uma enorme dor de cabeça.

encontre o seu mármore

Carrara é famosa por seu mármore, muito procurado ao longo da história para a realização de obras-primas como as de Michelangelo ou Henry Moore, para citar apenas dois. O Marble Arch de Londres é de mármore de Carrara, assim como o saguão da prefeitura de Chicago. Ainda hoje são exploradas quase cem jazidas, e uma exposição anual atrai arquitetos e artistas do mundo todo. A cidade conta também com uma academia de escultura e dezenas de ateliês onde se pode ver os artistas em ação. Michelangelo abriu sua própria jazida na cidade rival de Pietrasanta, que hoje abriga uma próspera comunidade de artistas. Fernando Botero tem uma oficina na cidade, assim como os artistas residentes Kan Yasuda e Igor Mitoraj. Lunigiana, situada nas montanhas, foi terra de um povo pré-histórico destruído pelos romanos. Dezenas de estelas de mármore (2000-1000 a.C.), muitas delas de aparência extraordinariamente contemporânea, foram encontradas na região, das quais algumas estão expostas no Castell del Piagnaro, em Pontremoli.

puccini à margem do lago

A cidade litorânea de Viareggio é conhecida por seu carnaval e seus hotéis e pavilhões Art Nouveau. O Gran Caffè Margherita, projeto do Galileo Chini em estilo Liberty, é um dos melhores da cidade. Puccini passou 30 anos em Torre del Lago, onde todos os verões um festival era realizado em sua antiga casa à margem do lago Massaciuccoli. Em 2008 foi inaugurado um novo teatro. Desde 2000 os organizadores do Festival Puccini colaboram com artistas internacionais de Pietrasanta em um empolgante projeto chamado "Esculpindo a Ópera". Desde seu início, Ken Yasuda e Arnaldo Pomodoro criaram cenários para *Madame Butterfly;* Igor Mitoraj para *Manon Lescaut* e *Tosca;* Jean Michel Folon para *La Bohème;* Pietro Cascalla para *Turandot* e Nall para *La Fanciulla del West* e *La Rondine*. O teatro também apresenta obras modernas. Em 2006 o compositor japonês Shigeaki Saegusa e o libretista Masahiko Shimada realizaram aqui a estreia europeia de sua obra *Junior Butterfly*.

NESTA PÁGINA: *O Carnaval em Viareggio, festa que remonta ao ano de 1873.*

PÁG. AO LADO: *O Palazzo Ducale, antiga residência dos governantes de Urbino.*

ilhas de exclusividade

Na alta estação, Elba e Giglio, duas das mais belas ilhas da Itália, são tomadas por florentinos. A mineração já foi a principal atividade econômica de Elba, da qual ainda há vestígios. Aqui há praias intocadas de águas cristalinas, excelentes para mergulho. Napoleão ficou preso na ilha menos de um ano antes de fugir para a derrota em Waterloo. Giglio fica em frente à península do Monte Argentario, uma ilha até os anos 1700. Hoje uma lagoa, é uma reserva natural e um resort refinado. As Terme di Saturnia atraem pessoas do mundo todo. Porto Ercole e Porto Santo Stefano são duas cidades importantes, com um porto e uma *passeggiata* muito movimentados. Caravaggio morreu em 1610 em Porto Ercole, mas acredita-se que seu túmulo está em Sant'Erasmo. Entre as belas praias da região destacam-se as dunas de La Feniglia, onde flamingos se reproduzem no inverno.

natureza + renascimento: tudo perfeito

Uma pequena região, famosa por seus verdes campos pontilhados de flores, praias isoladas, montanhas de picos nevados e cidades cheias de arte renascentista, a Marche foi colonizada por exilados da Magna Grécia. Sob Federico da Montefeltro, duque de Urbino, a região atingiu seu apogeu.

Pesaro, antigo porto bizantino, é hoje uma encantadora cidade balneária com 3km de praias. Famosa no Renascimento por sua cerâmica, hoje é mais conhecida como a cidade onde nasceu Gioacchino Rossini em 1792. Há um museu e um teatro com seu nome, assim como um festival, realizado em agosto. A beira-mar exibe alguns edifícios em estilo Liberty, como o Villino Ruggeri projetado por Giovanni Brega em 1907.

Urbino, cidade do poderoso duque de Urbino, não é o lugar de mais fácil acesso. Uma vez aqui, porém, os visitantes sucumbem aos muitos encantos desta cidade murada de tijolos vermelhos. O Palazzo Ducale

NESTA PÁGINA: *Rochedos e brancas areias em Conero.*

PÁG. AO LADO: *Diante do cenário perfeito da Piazza del Popolo, desfilam participantes da Giostra della Quintana de Ascoli Piceno, festival realizado todos os verões.*

mostra a perfeição do Renascimento; aliás, aqui também nasceu Rafael. O duque Federico da Montefeltro, morador do palácio, foi grande patrono das artes e ficou famoso por sua biblioteca, a segunda em estatura depois da do Vaticano. A corte esclarecida de Federico e seu filho Guidobaldo serviu de inspiração para *Il Cortegiano*, obra em quatro volumes de Baldassare Castiglione, que estabeleceu o padrão ideal de um cavalheiro. No terceiro volume ele descreve a dama perfeita. No interior do palácio fica a Galleria Nazionale delle Marche: contém apenas uma pintura de Rafael, mas muitas outras obras-primas em exposição, entre elas *A Flagelação* de Piero della Francesca. A nova universidade, obra do arquiteto Giancarlo De Carlo terminada em 1980, merece uma visita. Outras obras dele estão espalhadas pelo *campus*.

Ancona, capital da Marche, conheceu seu apogeu sob os gregos, quando foi fundada por exilados de Siracusa em 5º a.C. Como principal porto da região, a cidade ficou rica e poderosa. A Pinacoteca Comunale Podesti e Galleria d'Arte Moderna abriga obras de Ticiano,Guercino, Gentileschi, pintor local do século 18 e uma boa coleção de arte contemporânea local. A maior atração de Ancona, a costa rochoso de Conero, fica ao sul. Portonovo é um ótimo lugar para um mergulho e uma refeição rápida, e Sirolo e Numana são balneários bastante movimentados. As melhores praias, como Sassi Bianchi e Due Sorelle, só são acessíveis de barco. Entre os outros encantos da Marche, San Leo, uma fortaleza do século 13, merece uma visita. Pendurada acima de um precipício, foi celebrada por Maquiavel e usada por Dante como modelo do *Purgatório*.

Os montes Sibillini ocupam a Úmbria e a Marche: hospede-se em Arquato del Tronto para explorar a região. Ao sul, destaca-se Ascoli Piceno, com sua Piazza del Popolo e a Civica Galeria d'Arte Contemporanea, instalada no Palazzo Malaspina, do século 16.

Finalmente, ninguém que visite a Marche deve perder a cidade de Loreto, local de peregrinação onde está a casa que seria de Maria de Nazaré e foi trazida da Palestina em 1291 depois das Cruzadas – não transportada por uma multidão de anjos, como muitos acreditam. É uma atração kitsch, mas Loreto é uma bela cidade, particularmente tocante durante a época das peregrinações.

... celebrada por Maquiavel e usada por Dante como modelo do Purgatório.

Adler Thermae Spa + Wellness Resort

... um paraíso de relaxamento e bem-estar holístico.

NESTA PÁGINA (A PARTIR DO ALTO): *Feericamente iluminado e com uma piscina à entrada, o prédio brilha como uma joia na noite; uma piscina termal ao ar livre.*

PÁG. AO LADO (A PARTIR DO ALTO): *Desfrute as massagens relaxantes do Adler Spa; as famosas águas curativas de Bagno Vignoni; o spa oferece uma ampla variedade de tratamentos de saúde e beleza.*

Um dos fatos menos conhecidos sobre a Toscana é que, sob suas colinas verdejantes e campos de papoulas, fluem águas termais em ebulição, cujos poderes curativos já eram apreciados por etruscos e romanos em tempos imemoriais. A pouca distância dessas termas, aninhada numa das mais belas paisagens rurais da Toscana, fica a pitoresca cidade de Bagno Vignoni, que tem uma praça surreal de águas borbulhantes.

Com a recente inauguração do Adler Thermae Spa & Wellness Resort – que combina a tradição dos banhos termais com um impressionante luxo moderno –, assiste-se ao surgimento de uma nova era para Bagno Vignoni. Neste hotel, a família Sanoner, proprietária do Adler Spa Resort nas Dolomitas desde 1810, criou um paraíso de relaxamento e bem-estar holístico.

Embora construído há pouco tempo, o Adler Thermae Spa foi cuidadosamente projetado de modo a se integrar ao sublime cenário rural. O elegante interior contemporâneo emana calor em seus tons terrosos e no uso de materiais naturais como lajotas de terracota, travertino e acabamentos de madeira. Quartos iluminados e espaçosos, com terraço ou balcão com vista para a gloriosa paisagem da região de Val d'Orcia, são decorados com bom gosto e absoluto conforto.

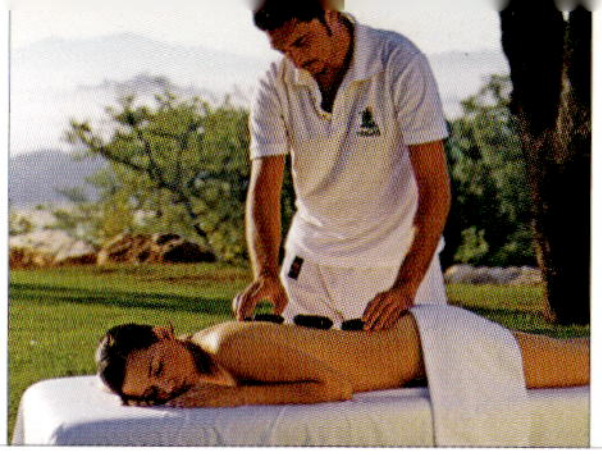

A água está em toda parte, e suas qualidades recreativas e terapêuticas são exploradas de todas as maneiras imagináveis. Imensas piscinas termais e de água fresca, um canal artificial e uma piscina infantil são alguns dos locais onde é possível praticar atividades ao ar livre. Em locais fechados, os hóspedes têm uma infinidade de opções de relaxamento, entre elas sauna fitoterápica, banho a vapor salgado, sauna de oliveira e um banho subterrâneo de águas salgadas.

Além disso tudo, o Adler Spa oferece uma grande variedade de tratamentos, e não admira que os hóspedes voltem em busca de mais. Há um pouco de tudo: banhos, massagens e fisioterapia, e todos os tipos de tratamentos de beleza, terapias ayurvédicas e orientais. De fato, não há como alguém deixar o hotel com algum sinal de estresse.

Para atender a todos os aspectos da saúde dos hóspedes, um médico está disponível para determinar as necessidades físicas e nutricionais de cada cliente. Os que gostam de praticar exercícios também contam com atividades como ioga, alongamento, caminhada, corrida e ciclismo.

A alimentação é levada muito a sério neste estabelecimento, onde os saudáveis cardápios têm um sabor incomparável. No delicioso bufê de almoço, produtos da estação são utilizados no preparo de antepastos e especialidades toscanas, enquanto um jantar romântico sob as estrelas é imperdível. Os que gostam de doce vão apreciar os saborosos bolos e sobremesas servidos todas as tardes.

Depois de um dia de cuidados no Adler Thermae Spa, o hóspede pode se sentar no terraço panorâmico do hotel e saborear uma taça de Barrolo, vinho especial local, antecipando os prazeres do dia seguinte.

QUARTOS
90

CULINÁRIA
Adler: italiana, com especialidades toscanas

BEBIDA
Adler Cocktail Bar

DESTAQUES
TV por satélite • internet • academia • circuito de treinamento • programa de preparação física • piscina de água fresca • piscina termal coberta • piscina termal descoberta • piscina infantil • canal artificial • atividades para crianças • babysitter mediante solicitação • consulta médica mediante solicitação

ARREDORES
Bagno Vignoni • Pienza • Siena • Montepulciano • Montalcino

ENDEREÇO
I-53027 Bagno Vignoni, Toscana • telefone: +39.0577.889 000 • fax: +39.0577.889 999 • e-mail: toscana@adler-resorts.com • site: www.adler-resorts.com

Gallia Palace Hotel

... obra-prima da arquitetura modernista, com amplos espaços e janelas panorâmicas.

NESTA PÁGINA (SENTIDO HORÁRIO, A PARTIR DO ALTO): O Gallia Palace Hotel é famoso por sua calorosa hospitalidade; as suítes são espaçosas e ventiladas pela refrescante brisa marítima; saboreie a cozinha mediterrânea na praia fazendo uma refeição no La Pagoda.

PÁG. AO LADO (SENTIDO HORÁRIO, A PARTIR DO ALTO): Modernidade e charme rústico; aulas de equitação ministradas por treinadores qualificados; o hóspede pode usar um pedalinho, veleiro ou caiaque para se aventurar em algum esporte aquático no Gallia Beach Club.

Ao planejar uma viagem à Toscana, a maioria das pessoas concentra-se no óbvio: alguns dias em Florença e uma visita a Siena e a algumas das pitorescas montanhas que a circundam. Poucos levam em consideração a gloriosa costa de Alta Maremma, onde ondulantes colinas verdejantes com campos floridos e imponentes pinheiros descem em direção a praias de areias brancas e às águas azuis cristalinas do Mediterrâneo. Como fica a apenas uma hora de carro de Siena, é muito fácil incluir um pouco de mar e sol em qualquer temporada toscana. Paraíso para atividades ao ar livre, região de numerosas cidades medievais, ruínas etruscas e vilas de pescadores, o litoral de Maremma oferece algo para todos os gostos. Nesse *playground* de aventuras à beira-mar, o foco de atenção tem sido, desde o início dos anos 1960, o Gallia Palace Hotel.

Este belo hotel está situado em uma magnífica propriedade que se estende a perder de vista, onde gramados bem-cuidados e coloridos jardins mediterrâneos, entremeados com árvores majestosas, cativam os hóspedes desde o momento da chegada. Sua praia particular fica a poucos minutos a pé, em uma calma baía, onde vez ou outra um veleiro solitário interrompe a sublime visão do mar – lugar ideal para curtir uma tarde saboreando uma bebida refrescante sob o sol da Toscana.

Para os que tiverem um pouco mais de energia, as condições ao longo dos 7km de praia não poderiam ser melhores para esquiar, velejar ou praticar a canoagem. Com quadras de tênis e piscina na propriedade, sem falar da escola de equitação e três campos de golfe na vizinhança, o Gallia Palace oferece infinitas possibilidades. E, o que é melhor, os hóspedes

exaustos de um dia de atividade podem relaxar no spa e centro de beleza do hotel.

O edifício original é uma obra-prima da arquitetura modernista, com amplos espaços e janelas panorâmicas. Os quartos recentemente reformados são decorados com luxo e num clima rural. Piso de madeira encerada e móveis leves de madeira constituem um refúgio refrescante contra o sol abrasador. Banheiros de mármore refletem as cores frescas da região em seus delicados revestimentos, enquanto os produtos de toalete captam seus fragrantes aromas.

As opções de alimentação são muitas no Gallia Palace. Os que aproveitam um dia de lazer na praia podem saborear saladas frescas, frutos do mar grelhados e outras delícias no restaurante Pagoda, e o elegante La Terrazza oferece café da manhã e jantar ao ar livre, com vista para o espetacular jardim. Há muitas outras razões para escolher o Gallia Palace Hotel. Desvie-se um pouco da rota turística, que vai valer a pena.

QUARTOS
83

CULINÁRIA
La Pagoda: mediterrânea • La Terrazza: italiana

BEBIDA
Bar & Piano bar

DESTAQUES
TV por satélite • quadras de tênis • piscina • bicicleta ergométrica • vistas da baía

ARREDORES
Ruínas etruscas • fontes quentes nas Terme di Saturnia • Parque Nacional de Maremma •Massa Marittima • Punta Ala • Punta Ala Yacht Club • escola de equitação

ENDEREÇO
58040 Punta Ala, Toscana • telefone: +39.056.492 2022 • fax: +39.056.492 0229 • e-mail: info@galliapalace.it • site: www.galliapalace.it

Grand Hotel Firenze

... é o mesmo que voltar à época gloriosa do Renascimento italiano.

NESTA PÁGINA (A PARTIR DO ALTO):
A decoração espetacular da suíte Grand Deluxe Florentine é valorizada por fascinantes afrescos e luxuosos tapetes; o Royal Terrace oferece uma vista aérea do rio Arno.

PÁG. AO LADO (A PARTIR DO ALTO):
Saboreie um drinque depois de uma suntuosa refeição italiana no InCanto; o salão de baile é um cenário maravilhoso para qualquer ocasião; o luxuoso Winter Garden é o lugar perfeito para a realização de prestigiosos eventos em Florença.

Para algumas pessoas, perambular pelas ruas de Florença durante dias, admirando suas infindáveis reservas de tesouros arquitetônicos e artísticos e respirando o ar carregado de seculares e incomparáveis conquistas culturais não basta. São pessoas para as quais ter uma experiência da cidade como ela era em sua idade de ouro seria a realização de um sonho. Para elas – e outros visitantes que procuram uma acomodação de luxo de um nível que raramente se encontra –, o Grand Hotel é o lugar certo.

Localizado no centro da cidade, às margens do rio Arno, este suntuoso *palazzo* do século 19, membro da Starwood Luxury Collection, recebe hóspedes exigentes há mais de cem anos. Indelevelmente ligado ao Renascimento, o edifício que ocupava a propriedade há 400 anos foi projetado por ninguém menos que o grande Brunelleschi, cujo talento até hoje se revela em sua encantadora fachada neoclássica.

Irradiando opulência, com colunatas em arcos e luxuosos móveis clássicos, o magnífico saguão é por si só um espetáculo. O elaborado padrão do piso de mármore se repete nos vitrais do teto, que dão ao imenso espaço a grandiosidade de uma catedral.

Ingressar num dos quartos palacianos do Grand Hotel é o mesmo que voltar à época gloriosa do Renascimento italiano. Uma verdadeira e surpreendente atenção aos detalhes faz do interior um ambiente autêntico. Do teto intricadamente pintado às cadeiras e candelabros de ferro batido e às paredes revestidas de requintados afrescos do período, a decoração do hotel é uma festa para o olhar. Os ricos veludos e brocados em tons de ouro, verde-azulado e bordô que revestem as poltronas, sofás e as majestosas camas em dossel propiciam aos hóspedes uma experiência inesquecível.

É desnecessário dizer que o encanto atemporal desses quartos extraordinários é complementado por todas as tecnologias do século 21. E, com os banheiros tão luxuosamente decorados quanto os quartos, nem todos os esplendores de Florença vão afastar o hóspede do Grand Hotel facilmente.

O Ristorante InCanto, além do primoroso serviço, acrescenta um toque contemporâneo ao clássico interior – uma elegante cozinha aberta, modernas cadeiras de couro, tudo se combina para criar um ambiente agradável, onde os clientes podem se deliciar com a excepcional cozinha italiana. Mais de 200 vinhos são oferecidos ao hóspede, que também tem a oportunidade de degustá-los em uma acolhedora adega, a InCantinetta.

QUARTOS
107

CULINÁRIA
Ristorante InCanto: italiana

BEBIDA
InCanto Bar • InCantinetta: adega • Winter Garden

DESTAQUES
Aparelhos de DVD e CD • sistema de som Bang & Olufsen (apenas nas suítes • internet sem fio (áreas comuns) • acesso de alta velocidade à internet

NEGÓCIOS
business center • salas de banquete • salas de reuniões

ARREDORES
Ponte Vecchio • Galleria degli Uffizi • centro da cidade

ENDEREÇO
Piazza Ognissanti 1, 50123 Florença • telefone: +39.055.27 161 • fax: +39.055.217 400 • e-mail: grandflorence@luxurycollection.com • site: www.luxurycollection.com/grandflorence

Grand Hotel Villa Medici Florence

... móveis revestidos de seda nos tons vermelho-régio e ouro.

NESTA PÁGINA: *A decoração clássica e elegante do Medici é uma homenagem a seu glorioso passado.*

PÁG. AO LADO (A PARTIR DO ALTO): *A luxuosa piscina de hidromassagem da Penthouse Suite; móveis antigos dão aos quartos um toque de requinte; tome um banho de piscina em meio ao luxuriante jardim.*

O nome Medici é sinônimo de poder e influência em Florença. Durante os séculos 13 a 17, floresceram sob seu governo a arte, a cultura e o humanismo, e à família se atribui o nascimento do Renascimento italiano. O Grand Hotel Villa Medici, um estabelecimento cinco estrelas, carrega seu nome histórico com orgulho. A localização central deste antigo mosteiro e suntuosamente restaurado palácio do século 18 significa que a famosa Ponte Vecchio, o Duomo e as mais conceituadas butiques de Florença ficam muito próximos.

Esta elegante propriedade preserva muitos de seus aspectos originais, como o teto abobadado, a passagem em arcos e as colunas de mármore do saguão. Os móveis são revestidos de seda nos tons vermelho-régio e ouro. Por baixo desse verniz de tradição, o Medici é um ultramoderno modelo de eficiência. Em toda parte, o estilo clássico convive com a moderna tecnologia, como nas suítes dotadas de TV multimídia, acesso de alta velocidade à internet e serviço telefônico de mensagens.

Os cem quartos e suítes são de dois tipos. Alguns obedecem a um design contemporâneo, mas a maioria conta com móveis de época ornamentados, paredes revestidas de seda, cortinas de veludos e um romântico terraço de cobertura. Os banheiros palacianos foram revestidos de genuíno mármore de Carrara e oferecem todos os confortos, como roupões felpudos, chinelos e ótimos produtos de toaletes. Muitos ainda dispõem de banheira.

Nos andares superiores do hotel ficam as Penthouse Suites, que oferecem vista espetacular ou uma refrescante hidromassagem. Com uma área de mais de 100m², a Royal Suite é a *pièce de résistance* do hotel, cujo Royal Hall é considerado um tesouro cultural. Dispondo de piscina particular e com espaço suficiente para um banquete, este é o endereço mais desejado do centro de Florença.

Quando o crepúsculo cai sobre a cidade, os dois restaurantes do hotel, Lorenzo de' Medici e Conservatory, passam a ser o centro das atenções, com um ambiente informal, mas refinado, excelente cozinha e primoroso serviço. Os vários cardápios do chef Giuseppe del Vecchio fundem sabores tradicionais e inspiração internacional. Entre suas criações destacam-se a sopa toscana de tomate com manjericão fresco, as lulas Mille Foil e o filé Lucchese. Adição recente, o esplêndido Conservatory é um recanto acolhedor de frente para o jardim e a piscina.

Quando o cansaço das atrações culturais se instalar, simplesmente desfrute o generoso sol da Toscana na convidativa piscina descoberta, em meio ao jardim murado do hotel, o único deste tipo no centro da cidade. Os viciados em adrenalina serão bem-vindos no bem-equipado SINA Fitness Center, que conta com uma moderna academia e um revigorante banho turco, que os hóspedes podem desfrutar antes de desaparecer nas névoas da sauna.

Para um drinque no início da noite, visite o contemporâneo Jockey Bar, famoso por seu coquetel Negroni – uma intrigante mistura de Campari, vermute tinto e gim criada nos anos 1920 pelo próprio visconde florentino. Este exclusivo local de encontro no coração da cidade é um elegante ponto de partida para a primeira de muitas memoráveis noites toscanas.

QUARTOS
100

CULINÁRIA
Lorenzo de' Medici: toscana

BEBIDA
Jockey Bar

DESTAQUES
TV por satélite • internet sem fio • frigobar • cofre • massagem no quarto • fitness club • salas de banquete

ARREDORES
equitação • tênis • golfe • aluguel de bicicletas • Ponte Vecchio • Duomo • Chiesa di Santa Maria Novella

ENDEREÇO
Via Il Prato 42, 50123 Florença • telefone: +39.055.277 171 • fax: +39.055.238 1336 • e-mail: villa.medici@sinahotels.it • site: www.villamedicihotel.com

Hotel Bernini Palace

Tão precioso quanto a cidade em que está instalado, o hotel é uma obra-prima de elegância e sofisticação.

NESTA PÁGINA: *Estilo e elegância são visíveis no saguão do hotel.*

PÁG. AO LADO (SENTIDO ANTI-HORÁRIO, A PARTIR DO ALTO): *Os quartos oferecem conforto e beleza rústica; o Brunello Lounge Bar serve coquetéis em um ambiente toscano; vivencie a Florença renascentista no Deluxe Room; a antiga Sala Parlamento, onde é servido o café da manhã*

Embora Florença conte com a mais bela coleção de arte e arquitetura do Renascimento espalhada por dezenas de igrejas, palácios e museus, a maioria dos marcos da cidade está contida em uma área surpreendentemente compacta. Abrangendo as duas margens do rio Arno, ligadas pela lendária Ponte Vecchio, o centro histórico é facilmente visitado a pé, o que faz de um hotel localizado no centro fundamental para uma estada bem-sucedida. E se esse hotel ainda estiver instalado em um *palazzo* do século 15 luxuosamente decorado, merecedor de numerosos prêmios de conceituadas revistas de viagens, tanto melhor. Membro da famosa rede dos hotéis Baglioni, o Hotel Bernini Palace está localizado no coração do centro histórico de Florença, perto da Piazza della Signoria e a apenas duas quadras dos sublimes tesouros da Galleria degli Uffizi. Os interessados em moda vão gostar de saber que a mais exclusiva rua comercial da cidade, a Via Tornabuoni, fica a curta distância a pé.

Construído no estilo clássico florentino, acredita-se que o *palazzo* pertenceu aos descendentes da família Peruzzi, os maiores financistas florentinos da época. No fim dos anos 1800, foi sede do Parlamento do nascente reino da Itália, do qual Florença era a capital. Hoje, os hóspedes podem tomar o café da manhã no antigo salão do Parlamento, sob um autêntico teto coberto de afrescos.

O hotel é uma obra-prima de elegância e sofisticação. O saguão e o bar, recentemente reformados, refletem o clássico estilo italiano com um toque exótico norte-africano, uma homenagem aos mercadores de especiarias que frequentavam a cidade durante sua era de ouro. Acolhedoras paredes cinza-claras contrastam com os brocados na cor amarelo-imperial e com os veludos bordô dos estofamentos, enquanto cintilantes urnas douradas refletem a suave iluminação, criando uma atmosfera verdadei-

ramente sedutora. É nesta área que comporta saguão e bar que os hóspedes podem saborear um delicioso coquetel ou, dada a versatilidade da decoração, pedir alguma coisa do atraente cardápio de especialidades nacionais e internacionais.

Decorados em tons pastel, com paredes cobertas de lambris, pesadas cortinas e antiguidades autênticas, os amplos quartos exibem um estilo clássico. Para os que desejam uma experiência genuinamente renascentista, os quartos recém-reformados do Andar Toscano são ideais. Aqui, o piso de terracota em tom alaranjado se combina com camas de dossel, criando um refúgio acolhedor com um clima histórico. Revestidos de tecidos em tons terrosos, complementados por móveis de madeira e uma bem-projetada iluminação, esses refúgios transmitem calor e tranquilidade. Apesar do clima de velho mundo, os hóspedes podem repousar seguros de que todos os quartos do hotel são equipados com os mais modernos confortos.

Com interiores tão cativantes quanto a própria cidade, além do serviço impecável típico dos hotéis Baglioni, o Bernini Palace deve ser uma das primeiras paradas dos que visitam Florença.

QUARTOS
74

CULINÁRIA
Brunello Lounge Bar & Restaurant: italiana e internacional

BEBIDA
Brunello Lounge Bar

DESTAQUES
Acesso de alta velocidade à internet • TV por satélite • babysitter mediante solicitação • serviço de traslado mediante solicitação • personal shopper mediante solicitação

NEGÓCIOS
business center • sala de reuniões

ARREDORES
Duomo • Piazza della Repubblica • Piazza della Signoria • Galleria degli Uffizi • Via Tornabuoni

ENDEREÇO
Piazza San Firenze 29, 50122 Florença • telefone: +39.055.288 621 • fax: +39.055.268 272 • e-mail: reservations.berninifirenze@baglionihotels.com • site: www.baglionihotels.com

Hotel Regency Firenze

... refinada elegância e os mais altos padrões de hospitalidade...

NESTA PÁGINA: *O bar tem um jardim particular onde os hóspedes podem relaxar e saborear um drinque.*

PÁG. AO LADO (SENTIDO HORÁRIO, A PARTIR DO ALTO): *Acorde para um revigorante café da manhã no balcão florentino; com as cores quentes da Toscana e um elegante interior rústico, a principal sala de estar transmite classe e sofisticação; um refúgio tranquilo e luxuoso no Hotel Regency; os hóspedes são recepcionados com um espumante italiano e chocolates.*

Quando se trata de arquitetura, história, culinária e cultura, poucas cidades no mundo são tão abençoadas quanto Florença. Mas talvez uma coisa em particular justifique a fama da cidade: sua ligação com a arte e os artistas, dos quais Leonardo da Vinci e Michelangelo são dois dos mais notáveis exemplos. Com isso em mente durante a visita à cidade, não admira que os hóspedes tenham a expectativa de se hospedar em um hotel que seja uma obra de arte viva. Esse é o caso do Hotel Regency, um hotel muito charmoso que há muito tempo faz parte dos The Leading Hotels of the World. Localizada no centro, na Piazza D'Azeglio, a magnífica *villa* do século 19 em que o hotel está instalado serviu em outros tempos como refúgio dos altos oficiais e ministros do governo italiano. Embora mais de um século tenha se passado, pouco parece ter mudado.

Hoje, o velho edifício ainda preserva, sem muito esforço, o comportamento gentil e o espírito cavalheiresco de uma época em que a refinada elegância e altos padrões de hospitalidade eram a norma. Entretanto, o Hotel Regency pode ser tudo, menos museu. Embora tenha se tomado todo o cuidado para manter o clima do passado, igual atenção foi dedicada à criação de um ambiente tão caloroso e acolhedor quanto moderno e luxuoso.

Os 30 quartos e cinco suítes, por exemplo, embora sejam suntuosamente decoradas em tons toscanos, tapeçarias e obras de arte renascentistas, contam com todos os confortos modernos que se espera do melhor hotel boutique. Facilidades como amplos *closets*, banheiros anexos e TV por satélite são padrão em todos os quartos.

O refinamento se repete no serviço, resultando num ambiente que mescla luxo, intimidade e conforto. Isso se estende às áreas comuns, inclusive ao

jardim particular, um oásis de tranquilidade raro na cidade.

Naturalmente, nenhum hotel desta estatura estaria completo sem um restaurante de classe internacional. O premiado Relais Le Jardin oferece aos hóspedes a opção de fazer a refeição na sala Zodíaco, que exibe uma bela *boiserie*. Atraindo *connoisseurs* que se reúnem diariamente para experimentar os deliciosos pratos do chef Rino Pennuci, Relais Le Jardin faz jus à sua fama. Como o Bar Lounge, o restaurante também se abre para o belo jardim.

Sob a orientação de Pennuci, uma equipe de profissionais domina as paixões e os sabores pelos quais a Toscana é famosa, criando obras-primas de culinária, excepcionais mesmo pelos padrões florentinos. Encantando o olhar tanto quanto o paladar, os pratos incluem massas italianas feitas na casa e delícias regionais, acompanhadas de excelentes vinhos. A qualidade da cozinha é uma das muitas razões pelas quais o Hotel Regency é a escolha óbvia para o turista exigente que visita a cidade.

QUARTOS
35

CULINÁRIA
Relais Le Jardin: italiana

BEBIDA
Bar Lounge • adega

DESTAQUES
Jardim particular • equipe multilíngue • TV por satélite • amplos closets

NEGÓCIOS
internet sem fio

ARREDORES
Piazza del Duomo • Ponte Vecchio • Galleria degli Uffizi • Teatro Verdi • Museo San Marco

ENDEREÇO
Piazza M. D'Azeglio 3,
50121 Florença •
telefone: +39.055.245 247 •
fax: +39.055.234 6735 •
e-mail: info@regency-hotel.com •
site: www.regency-hotel.com

Hotel Santa Maria Novella

... um ambiente cativante e cheio de agradáveis surpresas.

Costuma-se dizer que dinheiro não traz felicidade, mas os que tiverem a sorte de se hospedar no Hotel Santa Maria Novella em Florença talvez discordem. Existe algo de muito especial neste maravilhoso pequeno hotel, algo mágico a que muitos hotéis aspiram, mas não alcançam.

Nenhum fator pode explicar isoladamente essa mágica, que se justifica em parte pela localização do hotel. Situado na *piazza* de mesmo nome, está cercado por muitos dos marcos culturais e históricos da cidade, entre eles a Basilica di Santa Maria Novella. Outras atrações, como o Duomo, a Ponte Vecchio, a Galleria dell'Accademia e a Galleria degli Uffizi, podem ser alcançadas a pé, enquanto algumas das melhores lojas da Itália ficam perto, na Via Tornabuoni, o que faz do hotel uma base perfeita a partir da qual explorar a cidade.

Outro fator é com certeza o edifício onde o hotel está instalado – na verdade, são cinco prédios organicamente interligados de modo a criar um surpreendente todo. Antigo ponto de encontro de artistas e escritores de todo o mundo, o Santa Maria Novella foi inteira e cuidadosamente restaurado, numa reforma em que nada foi poupado e nenhum detalhe esquecido. Através da utilização inspirada das cores, de obras de arte originais e de uma decoração relacionada à igreja vizinha, a restauração conseguiu criar um ambiente cativante e cheio de agradáveis surpresas, de modo que, não importa quantas vezes você se hospede aqui, cada visita parecerá sempre a primeira e se tornará inesquecível.

NESTA PÁGINA (A PARTIR DO ALTO): *O estilo neoclássico da entrada, surpreendente em sua simplicidade, é evidente na decoração interior.*

PÁG. AO LADO (A PARTIR DO ALTO): *O terraço particular da Suite Bellavista oferece uma esplêndida vista; uma suíte decorada com bom gosto, que se pode facilmente encontrar na casa de um amigo; saboreie um expresso no acolhedor ambiente do hotel.*

São 48 quartos e suítes, todos individualmente planejados e decorados com o objetivo de criar um ambiente que combine conforto, muito estilo e luxo. Vários deles oferecem vistas espetaculares da cidade, e todos são equipados com TV por satélite e banheiros anexos, além de toda a comodidade que se pode esperar de um dos mais elegantes hotéis-butique de Florença. Digna de nota é a Suite Bellavista, localizada na cobertura, com terraço particular de 70m², do qual o hóspede tem uma vista deslumbrante do Duomo e do Campanile di Giotto.

O hotel também conta com um elegante bar, sauna e academia de ginástica, além de oferecer aos seus hóspedes um dos melhores cafés da manhã da cidade. Tudo isso contribuiu para a mágica do Hotel Santa Maria Novella, mas o que o coloca num lugar de destaque entre a concorrência talvez seja a calma e cortês eficiência do serviço e a sensação de que não estamos nos hospedando em um hotel, mas compartilhando uma casa com velhos amigos. Aqui, definitivamente, a felicidade é garantida.

QUARTOS
48

CULINÁRIA
pratos italianos leves

BEBIDA
bar

DESTAQUES
TV por satélite • academia • sauna

ARREDORES
Basilica di Santa Maria Novella • Duomo • Ponte Vecchio • Galleria degli Uffizi • Galleria dell'Accademia • Via Tornabuoni

ENDEREÇO
Piazza Santa Maria Novella 1, 50123 Florença • telefone: +39.055.271 840 • fax: +39.055.2718 4199 • e-mail: info@hotelsantamarianovella.it • site: www.hotelsantamarianovella.it

Hotel Savoy

... o interior combina extrema elegância com um clima contemporâneo.

NESTA PÁGINA: *O Deluxe Room oferece um ambiente acolhedor com uma decoração simples, mas elegante.*

PÁG. AO LADO (SENTIDO HORÁRIO, A PARTIR DO ALTO): *Avant-garde no Hotel Savoy; os hóspedes podem relaxar ou ler no saguão; experimente a cozinha toscana no bar e restaurante L'Incontro; as suítes são um exemplo do modo de vida moderno: dinâmico e sofisticado.*

Em termos culturais e artísticos, Florença é imbatível. Cada palmo da cidade é ocupado por magníficos tesouros arquitetônicos e museus dotados de acervos incomparáveis de arte renascentista – tantos que uma vida seria necessária para vê-los todos. Para os que têm bem menos tempo à disposição e desejam imergir no clima artístico de Florença, o deslumbrante Hotel Savoy é o lugar perfeito.

Situado na calma Piazza della Repubblica, no coração da cidade velha, o Savoy fica tão perto do Duomo de Brunelleschi e do Campanário de Giotto que os hóspedes quase podem tocá-los. Apesar de sua longa história, o Savoy, que pertence à Rocco Forte Hotel Collection, passou em 2000 por uma reforma completa, que o transformou num dos melhores hotéis de luxo da cidade. Cercado pelos edifícios antigos do centro da cidade, o interior do Savoy combina extrema elegância com um clima contemporâneo. Móveis modernos se combinam com o parquê, assim como uma ou outra escultura antiga dividem o espaço com extravagantes obras de arte moderna, lançando cor sobre as paredes. O efeito geral é uma decoração eclética de bom gosto e verdadeiramente deslumbrante.

Apesar do clima moderno, os amplos quartos, decorados em tons leitosos e banhados pela luz do sol, oferecem um recanto acolhedor. Janelas de vidros duplos garantem uma tranquila noite de sono, enquanto, duas linhas telefônicas e acesso à internet sem fio constituem o equipamento ideal

para os que estão em viagem de negócios. Depois de um dia exaustivo lutando por um lugar em alguns dos mais espetaculares museus do mundo, deixe-se relaxar mergulhando na profunda banheira de mármore em um suntuoso banheiro de refinados mosaicos venezianos.

Os que não vivem sem atividade física vão ter a oportunidade de continuar apreciando a cidade enquanto se exercitam na moderna academia do Hotel Savoy. Além dos equipamentos de última geração, a academia oferece uma vista panorâmica da catedral e da Galleria degli Uffizi. Com esse pano de fundo, não admira que os hóspedes se sintam felizes de correr por uns quilômetros extras.

Desde sua inauguração, no fim dos anos 1800, o Savoy contratou os mais renomados chefes de cozinha, uma tradição que se mantém até hoje. O bar e restaurante L'Incontro oferece um cardápio irresistível com pratos da excelente cozinha toscana, preparados com ingredientes frescos da estação encontrados nos mercados da cidade. Com um serviço impecável, excelente comida e um ambiente encantador, com vista para a *piazza*, não admira que L'Incontro continue sendo uma dos mais famosos restaurantes da cidade. E com os ótimos vinhos locais, nem o mais exigente *connoisseur* da culinária italiana ficaria desapontado.

Quando o Hotel Savoy foi inaugurado, no século 19, foi merecidamente saudado como o mais moderno e luxuoso hotel de sua época. Hoje, a história se repete.

QUARTOS
102

CULINÁRIA
L'Incontro: italiana

BEBIDA
carta de vinhos

DESTAQUES
internet sem fio • TV por satélite • duas linhas telefônicas • salão de banquete • academia • massagens mediante solicitação

NEGÓCIOS
business center • salas de reuniões

ARREDORES
Duomo • Piazza de la Repubblica • palazzos históricos

ENDEREÇO
Piazza della Repubblica 7, 50123 Florença • telefone: +39.055.273 5831 • fax: +39.055.273 5888 • e-mail: reservations.savoy@roccofortecollection.com • site: www.roccofortecollection.com

Il Monastero

... estilo, elegância, hospitalidade e história, tudo sob um único teto.

A região de Le Marche é uma joia escondida no noroeste da Itália, entre os montes Apeninos e a costa do Adriático. Il Monastero, perto da cidadezinha de Apecchio e erguido em uma propriedade de 5ha, já foi um mosteiro beneditino. Recentemente restaurado em sua luxuosa forma atual, esta casa para até 12 hóspedes contém o melhor do velho e do novo, das paredes de pedra, pisos de mármore e antiguidades aos confortos modernos, como acesso à internet.

Cuidadosamente restaurada por artesãos locais, a estrutura de 450m² de espaço útil foi transformada em um elegante ambiente medieval. Os visitantes podem relaxar em uma das três salas de estar, todas com lareira; o grande salão também é ideal para a recepção de até 25 convidados. Os cinco quartos são igualmente impressionantes, todos mobiliados com antiguidades e servidos por um banheiro de mármore anexo. O aquecimento central garante uma temperatura agradável durante o inverno, ao passo que as velhas paredes de pedra preservam o frescor durante o verão. A grande cozinha conta com equipamento de última geração, assim como com todos os acessórios para quem gosta de cozinhar, embora um chef esteja sempre disponível se os hóspedes quiserem apenas relaxar e saborear uma deliciosa comida italiana.

Na área externa há uma churrasqueira e um forno a lenha, além da piscina (aquecida se os hóspedes preferirem), onde se pode desfrutar de ar fresco e vistas fascinantes. As crianças não foram esquecidas e podem se divertir na pequena piscina ou com a grande variedade de livros, brinquedos e DVDs. Os que apreciam a vida ao ar livre vão descobrir que o terreno que cerca a casa é um verdadeiro oásis, com videiras, árvores frutíferas e ervas plantadas no período que o prédio ainda era um mosteiro.

Perto há trilhas para a prática da caminhada e de mountain bike, e, se for inverno, é possível esquiar no monte Nerone. Il Monastero é ainda uma excelente base de onde explorar as cidades medievais de Assis, Urbino, Gubbio e San Marino. O Rossini Opera Festival de Pesaro, o festival ao ar livre de Macerata e a estação das trufas são eventos anuais que o hóspede pode desfrutar.

Situada numa região que está se tornando rapidamente uma opção para o turista exigente, a casa de férias Il Monastero oferece estilo, elegância, hospitalidade e história, tudo sob um único teto.

NESTA PÁGINA (A PARTIR DO ALTO): *Admire a vista das montanhas de uma espreguiçadeira à beira da piscina; um refúgio que garante privacidade.*

PÁG. AO LADO (SENTIDO HORÁRIO, A PARTIR DO ALTO): *Um quarto simples e formal; a sala de estar de Il Monastero, decorada no estilo italiano; as paredes expostas revelam o passado medieval da villa.*

QUARTOS
5

CULINÁRIA
chef de cozinha mediante solicitação

BEBIDA
carta de vinhos

DESTAQUES
grande salão • piscina • piscina infantil • horta e pomar • TV por satélite • sistema de entretenimento doméstico

ARREDORES
trilhas de mountain bike e caminhadas • esqui • Apecchio • Palazzo Ubaldini • Galleria Nazionale delle Marche • Assis • Perúgia • San Marino • Urbino • Gubbio • Pesaro • Macerata

RESERVAS*
12 Venetian House, 47 Warrington Crescent, Londres W9 1EJ • telefone: +44.845.500 2000 • fax: +44.845.500 2001 • e-mail: info@thevillabook.com • site: www.thevillabook.com
(*ver pág. 252)

Il Pellicano

... oferece privacidade e tranquilidade absolutas.

NESTA PÁGINA (A PARTIR DA ESQUERDA): *A piscina aquecida de água salgada com o mar ao fundo; saboreie a cozinha toscana e uma espetacular vista do mar no All'Aperto.*

PÁG. AO LADO (A PARTIR DO ALTO): *Os quartos oferecem o melhor do conforto moderno; o iluminado e espaçoso saguão; Il Pellicano e a vegetação intocada que o rodeia.*

Em um gesto romântico para celebrar seu primeiro encontro em Pelican Point, Califórnia, em 1965, o piloto inglês Michael Graham e a *socialite* americana Patsy Daszel resolveram procurar um lugar isolado na Toscana onde construir um refúgio. Encontraram-no num promontório rochoso com vista para as cristalinas águas cor de esmeralda na costa do monte Argentario, e aqui construíram seu idílico esconderijo, Il Pellicano. Quarenta anos depois, Il Pellicano se transformou num dos mais exclusivos hotéis da Itália e, segundo a *Condé Nast Traveller*, "um dos melhores hotéis do mundo". É fácil entender por quê.

Erguido em meio a fragrantes oliveiras, palmeiras exóticas e ciprestes retorcidos, com vistas panorâmicas da pequena baía rochosa abaixo e, mais além, do mar da Toscana, este hotel butique é um perfeito refúgio romântico. Constituído por uma série de suntuosas *villas* cercadas por exuberantes jardins mediterrâneos, Il Pellicano oferece privacidade e tranquilidade absolutas. E, com uma equipe de 105 funcionários para atender a 49 quartos, os hóspedes podem contar com um serviço impecável.

Os interiores são elegantes, embora despretensiosos, preservando o ambiente íntimo da residência original. Pisos de lajotas, teto sustentado por vigas, confortáveis sofás e paredes cobertas de fotos em preto e branco do casal Graham-Daszel criam um ambiente refinado no saguão e no bar.

Depois de uma tarde de sol na praia, de um mergulho na piscina aquecida de água salgada ou de uma partida de golfe no campo próximo, os charmosos e arejados quartos e suítes são perfeitos para o descanso.Sutilmente luxuosos, todos com uma decoração exclusiva e dotados de terraço mobiliado, os quartos refletem os tons quentes do Mediterrâneo e oferecem uma vista gloriosa desde o amanhecer ao crepúsculo.

Os hóspedes que quiserem se exercitar não ficarão desapontados com a moderna academia, enquanto os que preferirem relaxar ficarão encantados com os tratamentos personalizados do spa e centro de beleza.

Embora suficientemente afastado da habitual rota turística para garantir uma estada tranquila, Il Pellicano está cercado por muitos locais interessantes na bela zona rural de Maremma. Há pitorescas vilas medievais, uma fortaleza espanhola do século 17 e duas encantadoras cidades à beira-mar: Porto Ercole e Porto Santo Stefano.

Os restaurantes não ficam atrás. O Ristorante Il Pellicano, detentor de uma estrela Michelin, talvez seja a joia deste requintado hotel, encantando os hóspedes com a qualidade de sua cozinha nacional e internacional. Mais informal, mas igualmente convidativo, All'Aperto serve frutos do mar frescos grelhados e carnes especiais, acompanhados de suculentas massas e saladas. Os que apreciam um bom vinho ficarão sem fala diante dos mais de mil rótulos disponíveis na adega Il Puttino Baccante e vão adorar as apresentações diárias do *sommelier* do hotel sobre os melhores vinhos nacionais e suas técnicas de produção.

Para Michael Graham e Patsy Daszel, nunca houve dúvida de que o refúgio romântico Il Pellicano simbolizava o seu amor. Para o resto de nós ele é, simplesmente, o Paraíso.

QUARTOS
49

CULINÁRIA
Il Pellicano: internacional • All'Aperto: toscana

BEBIDA
Il Puttino Baccante: adega • Trophy Lounge Bar • bar da piscina

DESTAQUES
TV por satélite • quadra de tênis • spa •academia • piscina aquecida de água salgada •lancha particular • esqui aquático • cursos de culinária (de abril a outubro) • internet (sede) • butique

NEGÓCIOS
sala de reuniões

ARREDORES
butique • golfe • equitação • alpinismo • caminhada • mountain biking • pesca • lagoa Orbetello • reserva natural • ilha Giannutri • ilha Giglio • Porto Ercole • Porto Santo Stefano • Orbetello

ENDEREÇO
Sbarcatello 1, 58018 Porto Ercole, Toscana •
telefone: +39.056.485 8111 •
fax: +39.056.483 3418 •
e-mail: info@pellicanohotel.com •
site: www.pellicanohotel.com

L'Andana

... uma combinação de refinado luxo, glamour e elegância que alegra os sentidos e a alma...

ESTA PÁGINA: *Aproveite os requintados tratamentos dos spa, que utilizam ótimos ingredientes da região de Maremma.*

PÁG. AO LADO (A PARTIR DO ALTO): *Desfrute a gloriosa vizinhança do L'Andana; no quarto, no spa ou em qualquer outro lugar, o hotel emana a mesma sofisticação e o mesmo charme rústico.*

Entre *gourmets*, *connoisseurs* ou *cognoscenti*, ninguém discute qual é o melhor chef do mundo. Trata-se do francês Alain Ducasse, versão moderna do rei Midas, que transforma tudo o que toca em ouro culinário. Em uma carreira de 25 anos, Ducasse tornou-se o primeiro chef de hotel na história agraciado com três estrelas Michelin; o primeiro chef "seis estrelas" e o único a receber três estrelas por três diferentes restaurantes em três países. Apesar desse sucesso sem paralelo, havia uma lacuna em sua extraordinária carreira de conquistas: ele ainda não tinha tido a oportunidade de emprestar seu incrível talento à grande tradição culinária italiana. Isso mudou em 2004, quando Ducasse inaugurou o L'Andana spa e hotel em sociedade com Vittorio Moretti, de uma lendária família hoteleira e produtora de deliciosos vinhos, proprietária do L'Albereta, na Lombardia.

Antigo pavilhão de caça de Leopoldo II, duque da Toscana, L'Andana spa e hotel é uma propriedade de 500ha localizada em Tenuta La Badiola, a apenas 8km de uma região cada dia mais na moda, a costa de Maremma – uma paisagem espetacular de florestas, olivais e vinhedos, uma das mais charmosas e pouco exploradas regiões da Itália.

Tão perfeito quanto a localização é o hotel. Na verdade, é espetacular, como seria de esperar de um projeto em que estão envolvidos Alain Ducasse e a família Moretti. Juntos, eles criaram uma obra de arte viva que rejeita muitas das velhas convenções sobre como deve ser uma *villa* toscana e as substituíram por

uma combinação de refinado luxo, conforto, encantamento e elegância que alegram os sentidos e a alma.

São 33 quartos e suítes individual e cuidadosamente decorados por um dos melhores arquitetos da Itália em uma mistura entre o velho e o novo que é ao mesmo tempo clássica e atemporal, sofisticada e ultramoderna. A maioria deles conta com uma lareira e magníficas vistas do campo, e todos têm ainda um banheiro anexo. A mais moderna tecnologia que se espera dos melhores hotéis – TV de tela plana e aparelhos de CD-DVD, por exemplo, são padrão no hotel.

Por mais impressionantes que sejam as acomodações, entretanto, os criadores do L'Andana spa e hotel jamais estariam totalmente satisfeitos sem um pacote completo de comodidades a oferecer a seus hóspedes, e nisso foram extremamente bem-sucedidos. Além de um centro de saúde e bem-estar de primeira classe, com uma grande variedade de tratamentos, terapias e massagens, o hotel também abriga a única incursão de Alain Ducasse no mundo da tradicional culinária italiana: a Trattoria Toscana, onde os sabores e técnicas da cozinha toscana atingem tal perfeição que será apenas uma questão de tempo para que ele acrescente mais algumas estrelas Michelin à sua substancial constelação.

QUARTOS
33

CULINÁRIA
Trattoria Toscana: italiana

BEBIDA
bar • adega

DESTAQUES
spa • piscinas aquecidas • heliporto • quadra de tênis • campo de golfe de nove buracos • cursos de degustação • cursos de culinária • igreja consagrada

NEGÓCIOS
salas de banquete • salas de reuniões

ARREDORES
Grosseto • Marina de Grosseto • Castiglione della Pescaia • Reserva Natural de Maremma • Reserva Natural Diaccia Botrona • Reserva Natural de Orbetello

ENDEREÇO
58043 Castiglione della Pescaia, Grosseto • telefone: +39.0564.944 800 • fax: +39.0564.944 577 • e-mail: info@andana.it • site: www.andana.it

Principe di Piemonte

... qualidade sem rival de suas acomodações e sua hospitalidade...

O nome da pequena cidade de Viareggio, localizada na província de Lucca, deriva da expressão latina "*via regia*", ou seja, "caminho do rei", rua que a atravessa. Construída durante a Idade Média, essa via era o principal meio de ligação entre Roma e a região Norte da Itália.

Reis, aristocratas e outros dignitários acorriam à cidade, fato que, aliado a quilômetros de praias de areias brancas, fez com que Viareggio se tornasse pouco a pouco um dos principais balneários do país, muito famoso pela cordialidade de sua população e pela qualidade sem rival de suas acomodações e de sua hospitalidade.

Essas antigas tradições ainda são preservadas na idade moderna, e qualquer rei ou rainha que passe pela cidade muito provavelmente escolherá o Grand Hotel Principe di Piemonte para se hospedar. Construído no início do século 20 em terreno à beira-mar, o Principe di Piemonte é grande no nome e na natureza: um hotel no velho estilo, recentemente reformado de maneira a aliar esplendor e um clima do passado a todos os confortos e facilidades do presente.

Esta é uma combinação que funciona, tanto no sentido literal quanto no sentido figurado. Um de seus muitos atrativos é que cada um dos cinco andares foi decorado no estilo de uma época diferente, tornando a estadia aqui uma deliciosa viagem no tempo. A decoração do térreo, por exemplo, inspirou-se no estilo francês do século 18 e usa os mesmos tons sutis e delicados da Paris de 300 anos atrás, criando um ambiente suave e encantador de opulência e elegância.

Para aqueles que gostam de um ambiente um pouco mais exuberante, o segundo andar foi decorado no estilo Art Déco. Reflexo dos vibrantes anos 1920, aqui a ênfase recai nas madeiras escuras, nos tecidos de seda, nos espelhos ornamentados e nos móveis da época. O terceiro andar exibe o estilo e a decoração do período colonial. Neste

NESTA PÁGINA (A PARTIR DO ALTO): Os quartos do andar colonial dispõem de luxuosas banheiras tradicionais; penetre num reino de pura elegância; uma decoração clássica e requintada dá ao Principe di Piemonte um clima luxuoso.

PÁG. AO LADO: Ricos tecidos dão aos quartos Art Déco o clima de opulência da Belle Époque.

andar, elementos díspares do Extremo Oriente, da África e da Índia foram habilmente combinados, trazendo à memória uma época de exploração e descoberta.

O estilo Império inspira a decoração do quarto andar, onde o clima é de puro luxo e prazer. Compatível com os sonhos de grandeza de Napoleão Bonaparte, a decoração pretende criar um clima majestoso e imperial, com móveis laqueados, tecidos listrados e madeiras claras completando o cenário.

Finalmente, o quinto andar traz os ciclos históricos em uma versão do arrojado design do século 21. Linhas retas e simples são privilegiadas, e, quando combinadas com uma iluminação ultramoderna, tons neutros e formas essenciais, criam um verdadeiro paraíso minimalista de excepcional luxo e conforto. No quinto andar também há um amplo terraço de cobertura, que, além de oferecer vistas deslumbrantes do mar e dos Alpes Apuanos, contém a maior parte dos equipamentos de lazer do hotel, entre eles um jardim suspenso, piscina de hidromassagem e solário. De particular interesse é a piscina, cujo originalíssimo formato a torna uma das mais sublimes de toda a Itália.

Mas este é apenas um pequeno exemplo do que o Principe di Piemonte tem a oferecer a seus hóspedes. Vizinho à piscina há um bar e restaurante panorâmico, que serve pratos

NESTA PÁGINA: *Dê um mergulho na piscina com vista do horizonte, onde o céu se junta ao mar.*

PÁG. AO LADO (A PARTIR DO ALTO): *Desfrute um delicioso chá da tarde; ou rejuvenesça corpo e mente no spa; uma decoração extravagante, onde uma cama em dossel dá ao quarto um clima palaciano.*

variados no almoço e petiscos, além de cervejas, vinhos e diversos coquetéis – um lugar perfeito para quem deseja relaxar e degustar um bom drinque no início ou fim de noite. E o hotel ainda conta com um dos melhores restaurantes de Viareggio, Il Piccolo Principe, que oferece uma riquíssima seleção de pratos italianos e internacionais, preparados por uma equipe competente e dedicada de chefes experientes. O prazer de jantar aqui é aumentado pela presença de uma impressionante adega com cerca de 400 vinhos toscanos e italianos, sem falar que o serviço em ambos os restaurantes – como em todo o hotel – é da mais alta qualidade.

Por último, mas não menos importante, o hotel inaugurou recentemente um complexo de spa e academia de ginástica, onde a saúde, o preparo físico e o bem-estar dos hóspedes são prioridade para uma equipe de profissionais qualificados. Entre a grande variedade de serviços disponíveis há tratamentos estéticos para o rosto e o corpo, sauna e todos os tipos de massagens e terapias, tudo segundo uma abordagem holística destinada ao rejuvenescimento do corpo e da alma.

QUARTOS
106

CULINÁRIA
Il Piccolo Principe: gourmet •
bar e restaurante panorâmico: grill

BEBIDA
bar da cobertura • adega

DESTAQUES
terraço na cobertura • piscina de hidromassagem • solário • spa e academia • sala de TV • estacionamento com manobrista

ARREDORES
La Spezia • Lucca • Massa • Pisa

ENDEREÇO
Piazza G. Puccini 1, 55049
Viareggio, Lucca •
telefone: +39.0584.40 11 •
fax: +39.0584.401 803 •
e-mail: info@principedipiemonte.com •
site: www.principedipiemonte.com

Relais La Suvera

... resume e personifica a essência da hotelaria italiana.

O renomado compositor Giuseppe Verdi disse certa vez através de um de seus personagens: "Fica com o universo, desde que me deixes a Itália". Ele tinha razão. A Itália, afinal, é quase tudo que alguém possa desejar. Seus vinhos e sua cozinha estão entre os mais admirados e respeitados do mundo; sua história e sua cultura não têm igual; suas paisagens estão entre as mais belas que o planeta tem a oferecer. E há ainda suas fascinantes cidades, um excelente clima mediterrâneo, algumas das melhores lojas do mundo e um povo com tradição de hospitalidade. Fica evidente, portanto, que poucos países podem competir com a Itália como destino turístico.

Mas existe um fator que se costuma negligenciar entre os muitos atrativos da Itália: a excelência de muitos de seus hotéis. Embora seja difícil destacar um único hotel italiano, existe um que não apenas se compara aos demais em termos de qualidade, mas também resume e personifica a essência da hotelaria italiana. O hotel em questão é o Relais La Suvera, na região de Chianti, na Toscana.

Membro dos Small Luxury Hotels of the World, o La Suvera é propriedade familiar e se distingue em todos os aspectos da hospitalidade. A localização geográfica, a qualidade da comida e da bebida, a perfeição do serviço, a excelência das acomodações e a beleza do edifício: tudo no hotel é extraordinário. Além disso, tudo parece ser feito sem esforço, com boa vontade e com uma atenção ao detalhe que só os melhores hoteleiros do mundo

NESTA PÁGINA (A PARTIR DO ALTO): *A vasta propriedade do Relais La Suvera; o terraço é perfeito para apreciar a vista do campo.*

PÁG. AO LADO: *Saboreie um drinque sob o sol da Itália.*

são capazes de alcançar. O resultado é que os hóspedes com certeza definirão sua estada aqui como uma das melhores de sua vida.

Muitos fatores fazem do Relais La Suvera o estabelecimento que ele é. Parte do sucesso deve ser creditada à localização do hotel, situado 29km a oeste da cidade de Siena, sem dúvida uma das mais encantadoras cidades do país, com sua majestosa arquitetura e o mundialmente famoso Palio; enquanto 56km a nordeste encontra-se Florença, uma das mais importantes cidades do mundo em termos de bens culturais. Ainda mais perto situam-se as famosas cidades montanhosas de Monteriggioni, San Gimignano e Volterra, com suas charmosas torres medievais, igrejas e praças, assim como alguns dos melhores vinhedos e adegas do país.

O impressionante complexo de mil anos de idade do Relais La Suvera também desempenha o seu papel de destaque na região. Situado em uma colina com vista para a clássica paisagem toscana de tranquilos vinhedos e a pitoresca vila de Pievescola, o hotel foi construído na Alta Idade Média para a lendária rainha de Montemaggio. Depois, serviu como residência do papa Júlio II, assim como de numerosos condes, príncipes e duques. De fato, os atuais proprietários, o marquês Giuseppe Ricci Paracciana e sua mulher, a princesa Eleonora Massimo, que adquiriram a propriedade como casa de campo nos anos 1960, pertencem a antigas famílias da nobreza italiana.

A história ilustre do hotel revela-se em toda parte,

dos móveis antigos que decoram seu interior aos corredores em forma de claustro e às telhas de terracota originais. Na verdade, o Relais La Suvera está tão saturado de história que é um dos poucos do mundo a ter um museu próprio reconhecido pela Unesco. Com um acervo fascinante, constituído por documentos, móveis e obras de arte das famílias Ricci e Massimo, o museu revela as ligações artísticas e culturais da propriedade e de seus proprietários com a região e com o próprio papado.

A magnífica localização geográfica, a maravilhosa arquitetura e uma história extraordinária são apenas alguns dos muitos fatores que contribuíram para tornar o Relais La Suvera o que ele é hoje. É a qualidade de suas acomodações e de seu serviço que lhe dão uma qualidade especial, sem a qual nenhum hotel seria verdadeiramente grande.

As acomodações, por exemplo, não deixam nada a desejar a seus hóspedes. O Relais La Suvera conta com 19 quartos e 13 suítes, todos refinadamente decorados com objetos de antiguidades, móveis, quadros e peças históricas de valor incalculável, a ponto de cada quarto ou suíte merecer ser considerado uma obra de arte em si. Cada um leva o nome de um ancestral aristocrático dos proprietários e foi decorado de acordo com um tema diferente. Há um quarto árabe, um napoleônico, e outro que reflete a arte e as influências do período renascentista, só para citar alguns. Contando com os mais modernos confortos possíveis, entre eles ar-condicionado, TV por satélite e espaçosos banheiros equipados com produtos de toalete à base de óleo de oliva, são ambientes românticos, suntuosos e únicos.

Outros aspectos do Relais La Suvera são igualmente impressionantes, em particular seu principal restaurante, o Oliviera, instalado numa destilaria de azeite do século 18. Aqui, pratos toscanos e italianos cuidadosamente escolhidos são preparados por uma equipe de

NESTA PÁGINA (SENTIDO HORÁRIO, A PARTIR DO ALTO): *Um dos quartos decorados com peças exóticas; as antiguidades fazem parte da decoração em todo o hotel; o mural aumenta o clima de velho mundo do quarto.*

PÁG. AO LADO (A PARTIR DO ALTO): *A biblioteca é ideal para algumas horas tranquilas de leitura; cortinas leves e uma iluminação suave contribuem para uma estada confortável.*

NESTA PÁGINA (A PARTIR DO ALTO): *Espelhos de moldura dourada e torneiras de ouro nos banheiros são perfeitas para um rei; o teto exposto lembra a história do edifício.*

PÁG. AO LADO (SENTIDO ANTI-HORÁRIO, A PARTIR DO ALTO): *Pinturas dos antigos proprietários; o azul-real predomina na Suite Duca di Genova; o branco e o dourado dominam na decoração deste quarto.*

dedicados chefs sob a supervisão do chef Gigliola Papa, que só utiliza em suas receitas ingredientes frescos colhidos no local. O cardápio muda diariamente, e, para complementar cada prato, o restaurante dispõe de uma extensa variedade de vinhos e champanhes nacionais e internacionais, inclusive alguns produzidos no vinhedo orgânico da propriedade.

Igualmente encantador é o Bar dei Limoni, onde, à sombra de tílias e perto da piscina, pode-se saborear uma refeição leve em um ambiente menos formal e mais de acordo com o cenário natural. Aqui prevalecem pratos da cozinha italiana e internacional, e não há melhor lugar para curtir um bem-preparado coquetel antes do jantar ou no fim da noite, talvez acompanhado de um charuto da grande seleção em oferta.

Como se tudo isso não bastasse para satisfazer até o mais exigente dos hóspedes, a mais recente aquisição do Relais La Suvera é um novo spa. Habilmente integrado a um dos edifícios mais antigos da propriedade, o spa conta com sauna, um pequeno *fitness center* e uma área de relaxamento onde são servidos diversos chás de ervas. Várias massagens estão disponíveis, entre elas as baseadas em técnicas suecas, de aromaterapia e de reflexologia, além de diversos tratamentos de beleza. Atividades ao ar livre como tênis, mountain biking, equitação e golfe podem ser providenciadas. Esses esportes, aliados a uma piscina descoberta aquecida a uma temperatura constante de 28-30 °C, garantem ao hóspede bem-estar mental e físico durante sua estadia.

Finalmente, o Relais La Suvera ainda tem uma bela capela, construída no século 16, e amplos jardins, que fazem do hotel o lugar perfeito para cerimônias de casamento e outros eventos sociais exclusivos, principalmente para uma lua de mel. Com tudo isso, e parafraseando Verdi: "Fica com todos os hotéis da Itália, desde que me deixes o Relais La Suvera".

QUARTOS
32

CULINÁRIA
Ristorante Oliviera: italiana

BEBIDA
Bar dei Limoni

DESTAQUES
piscina • spa • museu • biblioteca • capela • jardins • parque

ARREDORES
Siena • San Gimignano • Volterra • Monteriggioni • San Galgano

ENDEREÇO
53030 Pievescola, Siena • telefone: +39.577.960 300 • fax: +39.577.960 220 • e-mail: reservations@lasuvera.it • site: www.lasuvera.it

Relais Santa Croce

... exemplo de qualidade e conforto...

NESTA PÁGINA (A PARTIR DO ALTO): O saguão do hotel exibe todas as características do esplendor arquitetônico; os quartos oferecem os mais modernos confortos; os banheiros são igualmente luxuosos.

PÁG. AO LADO (SENTIDO ANTI-HORÁRIO, A PARTIR DO ALTO): As origens do Relais remontam ao século 13; o Duomo fica a pouca distância do hotel; relaxe num ambiente acolhedor, ao pé da lareira.

Considerada uma das mais belas cidades do mundo, Florença é famosa por seus monumentos e suas conceituadas ruas comerciais. Diante dessa intrigante mistura de história, estilo e elegância, uma inesquecível estadia aguarda os visitantes.

Um modelo dessa sofisticação é o Relais Santa Croce, um luxuoso palácio com uma atmosfera acolhedora, mas que ao mesmo tempo emana charme e elegância. Uma iluminação suave e agradável e uma recepção calorosa da simpática equipe fazem com que o hóspede se sinta imediatamente à vontade, numa atmosfera não muito diferente da que teria em seu ambiente familiar.

Neste hotel, cada quarto tem um ambiente diferente, da mesma forma que cada hóspede é especial. Na verdade, cada quarto é um pequeno oásis, com móveis toscanos artesanais dividindo o espaço com a mais moderna tecnologia. Uma pequena escrivaninha em estilo

clássico, poltrona de couro macio, TV de plasma e acesso à internet são padrão em todo o hotel. Além disso, todos os quartos são iluminados com tons predominantemente suaves. Nenhum detalhe foi esquecido para criar um ambiente luxuoso e elegante, onde a estética se mescla perfeitamente aos confortos modernos. Os quartos são espaçosos e oferecem privacidade, o que faz deles um refúgio ideal ao fim de cada dia.

Propícios aos mais exagerados mimos, os banheiros foram construídos de mármore em tons de chocolate e creme. Banheiras de hidromassagem, assentadas sobre a pedra do piso original do hotel, permitem aos hóspedes tomar um banho relaxante ouvindo música ao mesmo tempo.

As duas Royal Suites do Relais Santa Croce – a Da Verrazzano Suite, de 140m², e a Dei Pepi Suite, de 915m² – são o máximo em matéria de classe. Têm um teto abobadado, decorado com afrescos originais do século 19, e são mobiliados com antiguidades autênticas. A presença de outros móveis modernos torna a hospedagem nessas suítes uma experiência fascinante. Outros confortos oferecidos nas suítes são TV de plasma, acesso de alta velocidade à internet, ducha com banho turco e sauna, ar-condicionado e um cofre particular, sem falar na luxuosa cama *king size*. Em uma cidade onde a elegância é um modo de vida, os hóspedes vão apreciar o sofisticado porém sereno ambiente que cerca o hotel. E, em sua constante busca de perfeição, o Relais Santa Croce criou um lar longe de casa, oferecendo calorosa hospitalidade e serviço impecável. Aqui os hóspedes vão encontrar o melhor de Florença, onde a arte e o estilo de vida italiano residem.

Situado em uma região esplêndida da cidade, este cinco estrelas sofisticado se insere em meio a fachadas artesanais e famosas butiques de Florença, o que torna fácil encontrá-lo, mas difícil abandoná-lo. Com fascinantes vistas da cidade e do Duomo, o Relais Santa Croce é um modelo de qualidade e conforto no coração desta romântica e culturalmente rica cidade da Itália.

QUARTOS
24

CULINÁRIA
Ristorante Guelfi e Ghibellini: toscana

BEBIDA
bar

DESTAQUES
TV por satélite • cofre • hidromassagem • serviço de mordomo (Royal Suites) • limusine

NEGÓCIOS
sala de reuniões

ARREDORES
Duomo • Piazza Santa Croce

ENDEREÇO
Via Ghibellina 87, 50122 Florença • telefone: +39.055.234 2230 • fax: +39.055.234 1195 • e-mail: info@relaisantacroce.com • site: www.relaisantacroce.com

Terme di Saturnia Spa + Golf Resort

Membro dos Leading Hotels of the World e dos Leading Spas...

NESTA PÁGINA: *Do golfe a terapias relaxantes, o principal objetivo do Saturnia é promover o bem-estar.*

PÁG. AO LADO (SENTIDO HORÁRIO, A PARTIR DO ALTO): *Todos os tratamentos do Saturnia são conhecidos por seus efeitos calmantes; o resort combina um elegante design com excelentes programas de spa; dê um mergulho relaxante na piscina.*

Quase no meio do caminho entre Roma e Florença, fica a mítica região toscana de Maremma. O premiado Terme di Saturnia Spa & Golf Resort situa-se no centro desta região mágica onde, conta a lenda, o raio do deus Saturno atingiu a terra para punir os homens pelas guerras. Isso fez com que águas pacificadoras brotassem da cratera de um vulcão, onde desde então passaram a aplacar o sofrimento daqueles que vinham em busca de suas propriedades curativas.

Este spa mundialmente famoso está situado no local deste fenômeno termal, tirando total vantagem de suas ricas águas minerais, que atingem 37°C e fluem a 800 litros por segundo. Membro de The Leading Hotels of the World e de The Leading Spas, mereceu vários prêmios, tendo sido frequentemente escolhido o melhor spa da Itália e um dos melhores spas médicos e termais do mundo pela revista *Condé Nast Traveller* e o melhor spa europeu pela *Travel and Leisure*.

Apoiado no conceito de bem-estar alcançado através do equilíbrio psicológico, o spa oferece um grande número de terapias, como hidroterapia, tratamentos de beleza, administração do estresse, dieta e preparo físico. Fuja do redemoinho da vida cotidiana e viaje por camadas sensuais para atingir um estado de serenidade, embalado nas águas suaves do spa.

Dotada das mais modernas técnicas e conhecimentos, a equipe do Saturnia está disponível para criar um programa personalizado de tratamento. Essa experiência é aumentada com os tratamentos de pele exclusivos do Terme di Saturnia, desenvolvidos para aproveitar as propriedades mineiras das fontes de águas quentes.

Além das quatro piscinas de águas naturais, piscinas de hidromassagem e cascatas, o complexo abriga uma galeria de arte contemporânea, o acolhedor Spa Café e o Juice Bar ao ar livre, que serve apetitosos *milk shakes*, coquetéis à base de vegetais e lanches leves durante o dia. Com um impressionante *bagno romano*, sauna seca e de vapor, uma única visita às Terme di Saturnia não será suficiente.

As acomodações do luxuoso *resort* incluem 135 quartos harmoniosamente decorados, três suítes e duas Grand Suites. Obedecendo a uma abordagem holística, todos os elementos, da iluminação aos materiais que revestem o piso e os tecidos escolhidos, aumentam a sensação de bem-estar e rejuvenescimento.

Este complexo várias vezes premiado abriga o Ristorante Aqualuce e a Trattoria All'Acquacotta, que oferecem especialidades locais e nacionais, assim como uma culinária de inspiração internacional. O complexo ainda conta com a Spa Boutique Terme di Saturnia, que vende produtos de saúde e beleza, a elegante loja Cruciani, com seus preciosos *cashmeres*, e o recém-inaugurado Atelier Aldo Coppola by Terme di Saturnia.

Para aumentar seu poder de atração, o Terme di Saturnia inaugurou um campo de golfe de 18 buracos. Com o clima ameno e uma paisagem deslumbrante, este pode ser o destino ideal para as "viúvas do golfe" e "viúvos do spa" que ainda gostam de viajar juntos.

QUARTOS
140

CULINÁRIA
Trattoria All'Acquacotta: tradicional toscana • Ristorante Aqualuce: italiana e internacional • Spa Café

BEBIDA
American Bar • Juice Bar

DESTAQUES
fitness center • águas quentes naturais • massagens • sauna seca • sauna a vapor • bagno romano • programas personalizados • campo de golfe de 18 buracos • quadra de tênis • Spa Boutique Terme di Saturnia • Atelier Aldo Coppola by Terme di Saturnia • Cruciani Cachemire Knitwear

ARREDORES
equitação • caminhada • mountain biking

ENDEREÇO
58014 Saturnia, Grosseto • telefone: +39.0564.600 111 • fax: +39.0564.601 266 • e-mail: info@termedisaturnia.it • site: www.termedisaturnia.it

Villa La Vedetta

... as vistas panorâmicas que proporciona são as melhores que a cidade tem a oferecer...

Os encantos e atrativos de Florença são tantos e variados quanto famosos. No que diz respeito a culinária, arquitetura, história, cultura e romance, esta cidade toscana tem um pouco de tudo, o que a coloca em primeiro lugar entre os melhores destinos turísticos do mundo. Portanto, é claro que não poderia faltar um hotel cinco estrelas de primeira classe, e este é o luxuosíssimo Villa La Vedetta.

Originalmente uma magnífica *villa* neorrenascentista, esta requintada propriedade foi reaberta recentemente como hotel, numa combinação perfeita dos elementos palacianos típicos da sofisticação e grandiosidade do velho mundo com a qualidade, o serviço e os modernos confortos de um cinco estrelas.

Desfrutando de uma excelente localização, o Villa La Vedetta está instalado em uma colina perto do centro de Florença e a curta distância a pé da Ponte Vecchio. Assim sendo, as vistas panorâmicas que proporciona são as melhores que a cidade tem a oferecer, abrangendo todos os principais monumentos arquitetônicos de um lado e as suaves colinas de Fiesole do outro.

Mas os superlativos não param por aqui. Villa La Vedetta se destaca em todos os aspectos. Os 18 espaçosos quartos, por exemplo, foram individualmente decorados de modo a criar um ambiente acolhedor e sedutor, capaz de tornar sua estadia inesquecível. Móveis antigos autênticos e acessórios modernos e luxuosos, com o piso de imbuia em padrão espinha de peixe, amplo *closet*, cama em dossel e banheiros de mármore com banheiras de hidromassagem.

As áreas de uso coletivo também não deixam nada a desejar. Do momento em que percorre a alameda arborizada e é recebido por uma equipe simpática e receptiva, o hóspede

NESTA PÁGINA (A PARTIR DO ALTO): *Por trás da encantadora fachada do hotel encontra-se todo o conforto moderno; no terraço, os hóspedes podem relaxar e admirar a esplêndida vista do Duomo.*

PÁG. AO LADO (A PARTIR DO ALTO): *Além da rica mobília, as suítes oferecem uma deslumbrante vista da cidade; saboreie a cozinha gourmet no moderno interior do Onice.*

percebe que está entrando num ambiente refinado, onde nenhum gasto foi poupado. Aqui a perfeição é a norma, e tudo foi pensado antes que o hóspede tivesse a chance de admirar o imponente saguão desta *villa* romântica, seus suntuosos salões e sua convidativa piscina.

Mas talvez o aspecto mais impressionante do hotel seja seu restaurante, o Onice, um salão de jantar de teto abobadado e elegantemente decorado. Sob a experiente orientação do chef Massimiliano Blasone, em pouco tempo alcançou uma reputação de excelência. Um verdadeiro mestre no seu ofício, Blasone funde a cozinha toscana e internacional, utilizando técnicas e ingredientes refinados e incomuns, o que faz de suas criações verdadeiras obras de arte. O Onice tem um supermoderno *bar lounge* anexo, e o Aurora Garden Restaurant and Pool Bar é outra opção para uma refeição ou um drinque da mais alta qualidade.

Sempre foram muitas as razões para visitar esta cidade, e hoje, graças a um design brilhante, consideráveis investimentos e uma imensa dedicação, mais uma veio se somar à lista: o Villa La Vedetta.

QUARTOS
18

CULINÁRIA
Onice: cozinha gourmet • Aurora Garden Restaurant

BEBIDA
American Bar • bar da piscina

DESTAQUES
Piscina de hidromassagem • sauna • academia • jardim e parque particular• traslado grátis para o centro da cidade • estacionamento

NEGÓCIOS
Salas de reuniões e de banquete • internet sem fio

ARREDORES
Piazzale Michelangelo • Palazzo Pitti • Ponte Vecchio • Piazza del Duomo • Il Battistero • Galleria degli Uffizi

ENDEREÇO
Viale Michelangiolo 78, 50125 Florença •
telefone: +39.055.681 631 •
fax: +39.055.658 2544 •
e-mail: info@villalavedettahotel.com •
site: www.concertohotels.com

Villa Mangiacane

... saturada de história e arte tradicional da Toscana.

NESTA PÁGINA: *Estar cercado por fascinantes obras de arte, admirando da varanda os telhados de Florença, nada pode ser mais inspirador.*

PÁG. AO LADO (SENTIDO HORÁRIO, A PARTIR DO ALTO): *Acredita-se que a arquitetura da Villa foi concebida por ninguém menos do que o próprio Michelangelo; desfrute um romântico jantar à luz de velas em meio a um belo cenário; relaxe na piscina coberta e aquecida do luxuoso Nadushka Spa; os quartos oferecem luxo e conforto.*

A Villa Mangiacane preserva o ambiente de uma luxuosa residência particular, instalada em meio a 300ha de bosques e olivais, a apenas 12km de Florença, nos campos simétricos da região de Chianti. Para quem deseja um refúgio tranquilo a pouca distância de uma das capitais culturais da Itália, a Villa Mangiacane é a opção.

Esta elegante *villa*, com um interior suntuoso, tem uma localização incomparável, suficientemente próxima da cidade a ponto de permitir avistar no horizonte as silhuetas do Duomo e do Campanário de Giotto, mas afastada o suficiente para dar a sensação de total isolamento da agitação do centro histórico. Uma nobre mansão reformada, a Villa Mangiacane está saturada de história e de arte tradicional da Toscana. Acredita-se que Michelangelo inspirou o design original da mansão, encomendada pelo cardeal Francesco Machiavelli.

Com heliporto particular, o hotel organiza excursões para outros destinos turísticos, como Cannes e Mônaco. Contando com o deslumbrante Nadushka Spa e duas piscinas descobertas, e situado em uma vinha e um olival, fica claro por que este hotel faz parte dos conceituados Luxury Lifestyle Hotels and Resorts, dos Small Luxury Hotels of the World e dos Stein Hotels and Resort.

O hotel tem à disposição dos hóspedes 26 quartos personalizados, dos Classic e Superior às Terrace Suites. A imensa Royal Suite dispõe de 180m² de pura opulência. Todos os quartos têm um luxuoso banheiro de mármore e, da varanda, é possível memorizar as imagens essencialmente toscanas dos vinhedos e dos telhados de Florença,

A Villa Mangiacane é administrada por um amante das artes e toscanófilo confesso, Glynn Cohen, que adotou a tradição italiana de patrocinar obras de arte. Seu singular Giardino della Scultura contém atraentes criações locais, traba-

lhos do cubismo lituano e obras impressionantes de artistas do Zimbábue.

O relaxante e rejuvenescedor Nadushka Spa funciona na antiga adega do século 16. Dispõe de uma piscina coberta de mármore, sauna seca e a vapor, piscina de hidromassagem e academia. Neste santuário, que usa os aromáticos produtos de beleza Officina de'Tornabuoni, o estresse simplesmente se dissolve.

A Toscana é famosa por sua contribuição à culinária europeia, e o chef do hotel está preparado para atiçar o paladar dos hóspedes com as especialidades locais de seu cardápio sempre renovado. Você vai poder saborear seus pratos, feitos com ingredientes frescos da estação, cercado pela vista que se descortina dos românticos terraços do hotel. Se quiser um vinho autêntico da região, experimente o Chianti Classico produzido nos vinhedos da propriedade, sob o calor do mundialmente famoso sol da Toscana.

QUARTOS
26

CULINÁRIA
italiana

BEBIDA
lounge bar • vinhedo particular

DESTAQUES
Nadushka Spa • piscinas descobertas • piscina coberta • TV por satélite • frigobar • internet • cofre • Giardino della Scultura • sauna seca • sauna a vapor • academia • hidromassagem • instalações para casamentos e banquetes

NEGÓCIOS
sala de reuniões

ARREDORES
Centro de Florença • Siena

ENDEREÇO
Via Faltigniano 4, 50026 San Casciano, Florença •
telefone: +39.055.829 0123 •
fax: +39.055.829 0358 •
e-mail: mangiacane@steinhotels.com •
site: www.villamangiacane.com

Villa Olmi Resort

... seu sofisticado interior é ornamentado com afrescos originais, móveis antigos...

NESTA PÁGINA (A PARTIR DO ALTO): *Os quartos da Villa Olmi são espaçosos e mobiliados com todo o cuidado ao detalhe; a requintada decoração, inspirada no século 18, lembra o passado da propriedade.*

PÁG. AO LADO (SENTIDO ANTI-HORÁRIO, A PARTIR DO ALTO): *Os hóspedes vão adorar o sossego da área verde ao redor; a oportunidade de uma estada relaxante em uma residência cinco estrelas é muito atraente; banheiros de mármore dão um toque de luxo à villa.*

De longe já é visível o esplendor da fachada branca da Villa Olmi, um hotel cinco estrelas. Esta propriedade de 6ha no campo passou por uma restauração que lhe devolveu a sofisticação que possuía no século 18. Para quem procura privacidade a apenas 15 minutos do centro cultural de Florença, esta *villa* não tem rival. Um dos Small Luxury Hotels of the World, o Villa Olmi, localizado em Bagno a Ripoli, na região de Chianti, no sul da Toscana, é ao mesmo tempo exclusivo e de fácil acesso.

Hoje, a luxuosa sede da fazenda consiste de três residências cuidadosamente restauradas, ocupadas por espaçosos apartamentos e suítes. A casa mais antiga é La Villa, cujas 12 encantadoras suítes são um belo exemplo da arquitetura da aristocracia rural. Seu sofisticado interior é ornamentado com afrescos originais, móveis antigos e elegantes candelabros de cristal de Murano, mas conta com toda a moderna tecnologia, como internet sem fio e TV de plasma. Macios roupões de algodão egípcio aguardam os hóspedes nos belos banheiros de mármore, equipados com os mais luxuosos produtos de toalete e aromas sedutores para a hidromassagem.

No centro da Villa Olmi ergue-se La Fattoria, que contém 38 quartos e pequenas suítes meticulosamente reformados. Vários desses quartos têm acesso particular ao jardim, uma decoração interior que é um verdadeiro manual do estilo toscano, com piso de terracota de Impruneta, paredes de pedra calcária e vigas de madeira aparente no teto. Com móveis simples e elegantes, o ambiente acolhedor é intensificado com roupas de cama de puro linho e antiguidades autênticas. Nesta casa também fica a piscina, com suas espreguiçadeiras voltadas para o jardim cercado.

Em La Fattoria também estão instalados uma adega, salas de reuniões e um restaurante. Para quem quer conhecer melhor a cozinha toscana, os cursos de culinária da Villa Olmi são uma diversão. Mas para quem preferir apenas degustar pratos e vinhos especiais, há a inimitável atmosfera de Il Cavaliere, que também conta com um *sommelier* para garantir uma refeição harmoniosa.

A terceira residência da Villa Olmi é La Colonica. Com robustas portas de castanheira e arcadas que se abrem para um bem-cuidado jardim, contém dois grandes apartamentos de vários quartos, totalmente equipados para grupos ou famílias. O forno a lenha e a cozinha aberta são perfeitos para uma noitada de pizzas. Para sentir a genuína hospitalidade toscana, estando relativamente perto do centro de Florença, descubra o ambiente acolhedor e criativo da Villa Olmi.

QUARTOS
50

CULINÁRIA
Il Cavaliere: italiana

BEBIDA
adega

DESTAQUES
internet • TV por satélite • piscina de hidromassagem • academia • personal shoppers • guias de arte • tratamentos de beleza • massagem nos quartos

NEGÓCIOS
sala de reuniões

ARREDORES
Chianti • Palazzo Pitti • Ponte Vecchio • Galleria degli Uffizi • Via Tornabuoni

ENDEREÇO
Via degli Olmi 4/8, 50012
Bagno a Ripoli, Florença •
telefone: +39.055.637 710 •
fax: +39.055.6377 1600 •
e-mail: reservations@villaolmiresort.com •
site: www.villaolmiresort.com

Villa Tiziano + La Terrazza

... elegantemente decorada pelos mais altos padrões...

NESTA PÁGINA (SENTIDO HORÁRIO, A PARTIR DO ALTO): *Quartos lindamente decorados evocam uma era passada; as tonalidades quentes aumentam o encanto do salão de jantar; o banheiro é igualmente luxuoso.*

PÁG. AO LADO (A PARTIR DO ALTO): *Desfrute a vista dos jardins; o pé-direito alto da Villa Tiziano aumenta a sensação de luz e espaço.*

Com tantos lugares no mundo à disposição, não é fácil escolher onde passar as férias. Um erro sempre custa caro, e, embora o custo financeiro possa ser absorvido, é muito difícil superar a decepção. Por essa razão, é importante contar com uma agência bem-estabelecida e confiável, que apresente as opções mais adequadas às necessidades do cliente e, por conseguinte, tenha melhores condições de satisfazer suas expectativas.

Uma dessas agências é Villa Book, uma empresa de aluguel de propriedades administrada por alguns dos profissionais mais experimentados do setor. Em quase 30 anos, a empresa construiu um relacionamento próximo com proprietários e agentes locais, o que lhe permite atender às exigências de cada cliente. Representando centenas de propriedades em três continentes, a equipe da Villa Book tem sempre muitas opções a oferecer, principalmente na Toscana, onde duas das mais belas propriedades de seu portfólio são a Villa Tiziano e La Terrazza.

Situada no alto de uma das belas colinas ondulantes da região de Chianti, perto de Florença, a Villa Tiziano é uma dessas residências de sonho que só a Toscana pode oferecer. Está magnificamente instalada em meio a jardins formais projetados pelo conhecido arquiteto inglês Cecil Ross Pinsent, com uma espetacular piscina de borda infinita de 10m. Tão grandioso quanto o exterior é o interior. Os quartos enormes foram decorados com antiguidades e em cores quentes, refletindo o estilo de vida da aristocracia de uma época passada e

criando um ambiente ao mesmo tempo confortável e luxuoso. Além dos quartos suntuosos, todos absolutamente diferentes, o destaque é o salão de jantar, bastante grande para acomodar 24 convidados. A casa oferece um café da manhã continental todos os dias, menos no domingo, além de outros confortos como DVD e acesso à internet.

Para os que procuram uma experiências mais cosmopolita e mais urbana, La Terrazza é a solução perfeita. Este magnífico apartamento está convenientemente situado perto de muitas das principais atrações de Florença, entre elas a Piazza della Signoria, o Palazzo Pitti, o Duomo e a Galleria degli Uffizi, aos quais se pode chegar a pé.

Inteiramente reformada em 2005, La Terrazza também se beneficia do fato de ocupar a cobertura – com um terraço de 70m^2 –, dando aos hóspedes a oportunidade de admirar a magnífica paisagem da cidade. Como a Villa Tiziano, também foi elegantemente decorada pelos mais altos padrões, com todos os confortos que se espera de um refúgio exclusivo e o bônus extra de ter uma das capitais culturais do mundo a seus pés.

Villa Tiziano

QUARTOS
10

CULINÁRIA
chef da casa mediante solicitação

BEBIDA
Carta de vinhos

DESTAQUES
piscina • internet

ARREDORES
San Polo • Florença • Siena

La Terrazza

QUARTOS
3

CULINÁRIA
chef mediante solicitação

BEBIDA
carta de vinhos

DESTAQUES
TV por satélite • internet

ARREDORES
Piazza del Duomo • Galleria degli Uffizi • Museo San Marco • Ponte Vecchio • Galleria dell'Accademia • Palazzo Pitti • Piazza della Signoria

RESERVAS*
12 Venetian House, 47 Warrington Crescent, Londres W9 1EJ • telefone: +44.845.500 2000 • fax: +44.845.500 2001 • e-mail: info@thevillabook.com • site: www.thevillabook.com
(*ver pág. 252)

PERFECI
BENEDICTVS XIV·
PON·MAX
POSITIS SIGNIS ET ANA
SOLVTVM A·DOM·MDCCLXII

roma+centro-suldaitália

roma + centro-sul da itália

Uma lenda desde a fundação, Roma possui tantas atrações quanto os turistas que a visitam a cada ano. Com alguns dos maiores tesouros da Antiguidade, como o Fórum Romano, o Coliseu e o Pantheon, a cidade sempre atraiu artistas e, ao longo das eras, acumulou um legado incomparável de monumentos, museus, palácios e igrejas. Da Piazza Navona à Fontana di Trevi, da Cidade do Vaticano – menor Estado soberano do mundo – aos Museus Capitolinos, onde quer que você vá há uma joia histórica por perto. Mas Roma não é um museu gigante, e sim uma capital viva e vibrante. Além do confronto cultural entre o velho e o novo, a cidade é admirada por suas lojas e por seus românticos hotéis e restaurantes. Nos arredores de Roma, Lazio vale uma visita pela beleza de Frascati, Castel Gandolfo e o lago Bracciano, e pelo bronzeado que se pode adquirir nas praias Sperlonga ou Latina. Úmbria distingue-se por seus tesouros artísticos, escondidos em cidades medievais, enquanto Assis atrai sobretudo por sua grande basílica e pela paisagem idílica. A Galleria Nazionale dell'Umbria, em Perúgia, abriga as melhores obras de arte da região, e em Città di Castello e Terni pode-se apreciar a arte moderna. Para os amantes da natureza, a região conta com os montes Sibillini, o monte Subasio e as águas azuis do lago Trasimeno. Além da Úmbria estão as montanhas de Abruzos e, a uma hora de distância de L'Aquila, pode-se chegar à costa.

PÁG. 184: Na refinada Roma, a Fontana di Trevi, que ficou famosa nos anos 1960 devido ao clássico La Dolce Vita*.*

NESTA PÁGINA (A PARTIR DO ALTO): O antigo e o novo se encontram no Museo del Corso, que sedia grandes exposições de artes; uma pausa no atemporal Trastevere, ao sul do rio.

PÁG. AO LADO: O Coliseu se ilumina ao cair da tarde.

oriente-se

Boa parte da arte e da arquitetura de Roma pode lhe ser familiar mesmo antes da chegada, mas, seja a sua primeira ou sua décima quarta viagem à cidade, contemplar o Coliseu ou a Piazza Navona será sempre emocionante. Dos tesouros do Império Romano ao esplendor barroco, há muito o que ver nesta cidade que agrada a todos os gostos. Visite as ruínas de mármore do Fórum Romano durante a primavera, quando as flores crescem por toda parte, e contemple-o à noite a partir da Piazza del Campidoglio;

passeie pelas antigas estradas romanas que levam ao Coliseu, ou sente-se na romântica Piazza Navona, no coração da Roma barroca. Além de ter uma enorme quantidade de coisas a fazer, você também ficará tentado a se sentar numa praça e não fazer nada senão contemplar a beleza da cidade. Felizmente, a estrutura compacta da cidade permite um pouco de prazer sem culpa em meio a tantos pontos turísticos a visitar.

ACIMA: *Outrora o coração do império, o Fórum Romano se estende do Capitólio ao Coliseu. Os três pilares do Templo de Vespasiano e Tito fazem companhia ao Arco de Sétimo Severo e aos tesouros imperiais do Templo de Saturno.*

PÁG. AO LADO: *Saindo dos Museus do Vaticano com estilo: a antiga entrada tornou-se saída em 2000, quando foi aberto um moderno foyer para atender ao grande número de visitantes.*

Da Piazza della Repubblica, próxima à estação Termini, passando pela Via Nazionale para umas compras, chega-se à Piazza Venezia, no coração da Roma antiga. À esquerda encontram-se o Fórum Romano e o Coliseu; à direita, o Capitólio e o Palatino, e, perto dali, o Ghetto, antigo bairro judeu. O Campo dei Fiori, o Pantheon e a Piazza Navona estão a curta distância a pé. E da Piazza Navona você estará perto do Castel Sant'Angelo e da Cidade do Vaticano. Na direção oposta chega-se à Escadaria Espanhola, à Fontana di Trevi e à Via Veneto. E no trajeto há inúmeras lojas, cafés e restaurantes. Para uma bela vista panorâmica da cidade, abrangendo as sete colinas de Roma e o Castelo Romano, dirija-se ao sul até Trastevere e suba a Via Garibaldi.

defina a sua meta

O Coliseu, maior anfiteatro do Império Romano, construído em 72 d.C., foi cenário de combates mortais entre gladiadores e animais ferozes. Uma multidão sedenta de sangue ocupava suas arquibancadas. A curta distância encontra-se o Palatino, antiga residência luxuosa dos imperadores. Os Museus Capitolinos, os mais antigos museus nacionais do mundo, guardam alguns dos achados arqueológicos mais importantes do Império Romano e uma vasta coleção de pinturas. De todas essas maravilhas da Antiguidade, o Pantheon é a mais bem preservada. Antigo templo de todos os deuses romanos, posteriormente convertido em igreja católica, possui uma cúpula monumental com aberturas que permitem ver o céu.

Os Museus do Vaticano apresentam uma arte e uma arquitetura impressionantes. A rampa em espiral na entrada do museu, projetada em 1932, inspirou Frank Lloyd Wright na criação do Guggenheim de Nova York. A menos de 1km de distância, a Cidade do Vaticano abriga uma coleção de tirar o fôlego. A Capela Sistina de Michelangelo e as

salas de Rafael são os destaques, embora em todo o percurso haja alguma coisa inspiradora. Restaurada recentemente, chama a atenção a obra-prima *Laocoonte*, escultura em mármore do século 1º que mostra um sacerdote troiano e seus filhos lutando contra duas serpentes. Na Basílica de São Pedro, o topo da cúpula recompensa o visitante com uma vista excepcional. Você pode admirar a colunata de Bernini enquanto saboreia um *espresso*. Dentro da Basílica, o Baldaquino de Bernini abriga o túmulo de São Pedro, enquanto a *Pietà* de Michelangelo está protegida por uma vitrine.

tesouros esquecidos

Pequenas joias artísticas e arquitetônicas se escondem por todos os cantos de Roma: a Basilica de Santa Maria del Popolo, na Piazza del Popolo, possui duas pinturas de Caravaggio em sua Cappella Cerasi; o claustro de San Carlo alle Quattro Fontane, de Borromini, é uma obra-prima da perspectiva em um espaço diminuto; a Basilica de San Pietro in Vincoli, próxima ao Coliseu, abriga o *Moisés*, uma das mais conhecidas esculturas de Michelangelo; na Basilica di Santa Cecilia, em Trastevere, estão os coloridos afrescos de Pietro Cavallini. Em Villa Farnesina encontra-se o sublime mosaico *Trionfo de Galatea*, de Rafael. Na Galleria Borghese, a dramaticidade das esculturas de Bernini, do século 17, impressiona – ao escapar de Apolo, Dafne se metamorfoseia em um loureiro e, em outro canto, Davi, com sua bela face tomada pela ira, atinge Golias com sua funda. As figuras das fontes de Bernini possuem a mesma força.

A alguns passos da estação Termini está o Museo Nazionale Romano. Em seu interior, os afrescos da Villa Livia do século1º , que representam um jardim das quatro estações florido, são um bálsamo para a alma. O belo Palazzo Altemps possui algumas das melhores esculturas romanas. Já a etrusca Villa Giulia é menos conhecida. De todos os nobres palácios da cidade, um dos mais acolhedores é a Galleria Doria Pamphilj, ainda uma residência da família.O audioguia é narrado pelo filho mais velho, que conta histórias de sua infância, quando costumava patinar pelos salões de baile, observado pelas pinturas de Caravaggio, Velázquez e Ticiano. Apreciadores de vitrais Art Nouveau ficarão encantados com a Casina delle Civette, na Villa Torlonia, ao norte da Piazza Fiume, originalmente uma residência, hoje um museu.

Como antídoto para toda essa arte, lojas, cafés e bares proliferam ao redor da Piazza Navona, do Campo dei Fiori e da Escadaria Espanhola. Em Trastevere, há diversas butiques de novos designers de roupas e joias, nas quais o atendimento é feito pelos próprios donos. Há também um punhado de artesãos tradicionais na região. A Via Veneto não é mais o local onde circula o *beautiful people*, mas concentra hotéis Belle Époque, charmosos cafés e restaurantes.

NESTA PÁGINA: *Da devoção ao consumo desenfreado por trás das tentadoras vitrines da Via Condotti.*

PÁG. AO LADO: *O silêncio impera no interior da Catedral de São Pedro; a luz se infiltra através da cúpula, obra-prima de Michelangelo.*

egos monumentais + fantasias futuristas

No Museu dell'Ara Pacis passado e futuro se encontram. O altar da paz, um dos mais importantes monumentos do Império Romano, foi criado no século 9º a.C. para celebrar a estabilidade trazida pelas vitórias de César Augusto. Levou anos para ser recomposto, pois suas partes estavam espalhadas pelo mundo. Em 2006, foi inaugurado o pavilhão de vidro projetado por Richard Meier, que permite que o altar fique protegido e seja admirado pelos visitantes. A Centrale Montemartini é uma unidade dos Museus Capitolinos situada numa antiga usina de energia elétrica em Garbatella, fora do centro. Lá as estátuas "menos importantes" dos Capitolinos podem ser vistas num arranjo único.

O bairro de EUR, ao sul de Roma, facilmente acessível de metrô, concentra alguns dos mais interessantes edifícios de arquitetura moderna da cidade.O Museo della Civiltà Romana, concluído em 1937, foi construído em homenagem a Augusto, primeiro imperador de Roma, com quem o megalomaníaco Mussolini se identificava. Uma impactante mistura entre arquitetura clássica e fascista, o edifício de paredes brancas e amplos espaços expõe as conquistas do Império Romano com uma grandiosidade equivalente às ambições de Mussolini.

O EUR foi idealizado por Mussolini como um exercício de propaganda – uma celebração da Itália fascista dos anos 1930. Boa parte dos edifícios foi projetada pelo arquiteto racionalista Marcello Piacentini, mas, devido à deflagração da guerra, o projeto não foi integralmente concluído. Hoje abriga uma próspera comunidade empresarial, e no centro de seu vasto parque, um oásis durante o verão, situa-se o extraordinário Palazzo della Civiltà di Lavoro.

Outros exemplos da arquitetura e escultura fascistas podem ser vistos na região de Ostiense, onde Nanni Moretti filmou boa parte de seu *Caro diário*. Ao norte de Roma está situado o Parco della Musica, projetado por Renzo Piano. Sede da prestigiosa orquestra da Accademia di Santa Cecilia, o edifício tem uma acústica perfeita e poltronas de madeira estofadas em tom cereja – uma obra de arte. Além da coleção de arte moderna da Galleria Nazionale d'Arte Moderna, Roma possui diversos museus de

NESTA PÁGINA: *Arte romana e arquitetura industrial na Centrale Montemartini.*

PÁG. AO LADO: *Um modernismo nostálgico no Palazzo della Civiltà Italiana, projetado por Piacentini. Construído em homenagem ao legado do povo italiano, em suas inscrições lê-se: "Um povo de poetas, artistas e heróis; santos, filósofos e cientistas; navegadores e emigrantes".*

arte. O Museo Carlo Bilotti abriga a coleção de arte do ítalo-americano, que inclui pinturas de De Chirico e um retrato de família de Andy Warhol. O Museo d'Arte Contemporanea di Roma – MACRO é um novo espaço que ocupa a antiga cervejaria Peroni. Seu acervo espelha a cena artística italiana a partir década de 1960. Um segundo espaço foi aberto, o MACRO Future, que ocupa um antigo matadouro. Está numa área de mais de 10,5km^2 e ao redor há restaurante, bares e boates. Novos edifícios surgem por toda a cidade: no EUR, o novo centro de convenções, conhecido como La Nuvola (A Nuvem); ao norte, em Flaminio, o arquiteto Zaha Hadids reformou um alojamento do exército no Museo delle Arti del XXI Secolo, ou MAXXI.

escapadas da cidade eterna

Mesmo que ninguém se enjoe de Roma, alguns podem achá-la cansativa; por isso é bom saber que, após uma curta viagem, pode-se encontrar um pouco de descanso. Numa excursão às montanhas de Tivoli, estação de veraneio dos antigos romanos, o visitante poderá explorar três parques. A Villa Gregoriana conta com belas grutas e quedas-d'água, já as atrações da Villa Adriana são as recriações das construções gregas e egípcias favoritas do imperador. Um pouco danificado pelos bárbaros, e tendo perdido algumas peças, que foram parar em museus do mundo todo, é ainda um belo lugar para um piquenique. A Villa d'Este, situada num monastério beneditino, foi construída pelo filho de Lucrécia Borgia, o Cardeal Ippolito d'Este. Os bonitos terraços e um complexo sistema de fornecimento de água são os destaques deste jardim.

No verão, o papa passa temporadas na fresca cidade de Castel Gandolfo, na residência pontifícia com vista para o lago Albano. A cidade é muito charmosa, com várias lojas de artesanato, restaurantes e bares, mas é pouco provável encontrar o papa por aqui. Já na província de Castelli Romani, Frascati é um bom retiro para fugir do calor, e obviamente, degustar o vinho local. O Museo Tuscolano vale uma visita. Localizado em Palazzo Aldobrandini, este interessante museu de arqueologia foi projetado pelo aclamado arquiteto Massimiliano Fuksas em um antigo estábulo.

O lago Bracciano, ao norte, é outro destino popular. Ideal para um mergulho, foi neste cenário que Tom Cruise e Katie Holmes selaram sua união, no castelo renascentista da família Orsini. Nas cercanias, as cidades etruscas de Tarquinia e Cerveteri possuem vários museus e sítios funerários, e Viterbo destaca-se pelo bonito centro medieval, por suas antigas termas e pela Villa Lante, conhecida por seus encantadores jardins renascentistas. Bomarzo também possui um jardim extraordinário projetado por Pirro Ligurio. Repleto de esculturas de monstros e criaturas fantásticas, o Parco dei Mostri foi um capricho dos Orsini, apreciado por Jean Cocteau e Salvador Dalí.

NESTA PÁGINA (A PARTIR DO ALTO): *Relaxe em Villa d'Este, Tivoli. Algumas cenas do clássico filme dos anos 1950* A Fonte Dos Desejos *foram filmadas aqui; em Bracciano, alguns felizardos habitantes tomaram parte no midiático casamento de Tom Cruise e Katie Holmes.*

PÁG. AO LADO: *A impressionante vista do Campo Imperatore, no parque Gran Sasso, transmite uma sensação de isolamento e abandono, visível no Rocca Calascio, o castelo de Abruzos, no ponto mais alto dos Apeninos.*

Se o tempo for curto para chegar até Pompeia, uma opção é conhecer o antigo porto romano de Ostia Antica, extremamente preservado. Mais ao sul, em Sperlonga, outra atração é a Villa di Tiberio, do século 2º a.C. As praias da cidade atraem a elite romana, que possui casas de veraneio aqui ou em Ponza, uma joia de ilha, acessível de balsa a partir de Formia. Fãs do design dos anos 1930 irão gostar de Latina ou Sabaudia, onde há diversos exemplares da arquitetura da era de Mussolini à beira-mar.

o pulmão verde da itália

A região de Abruzos é o pulmão verde da Itália, onde estão situados a longa cordilheira dos Apeninos e três parques nacionais. Graciosas cidades estão por perto; algumas, como Abruzos e Molise, possuem um ar melancólico, esquecidas na história. Testemunhas de uma emigração em massa, praticamente povoados inteiros foram tentar a vida na América do Norte no início do século 20. Entre os americanos de origem *abruzzese* estão ótimos músicos, como Dean Martin, Perry Como e Mario Lanza, o compositor Henry Mancini e a inimitável Madonna. Molise, devastada por bombas aliadas na Segunda Guerra, revela uma fascinante mescla cultural resultante da imigração albanesa e dálmata no século 15. As principais atividades econômicas da região são a agropecuária e o artesanato, mas o turismo é a chave do futuro: muitas casas estão sendo restauradas e reocupadas, raramente pela população local.

As melhores épocas para caminhadas são o outono, quando as árvores exibem cores flamejantes, ou a primavera, quando as flores silvestres colorem as montanhas. As chances de ver uma águia dourada não são tão remotas, e se você se aventurar a caminhar até o topo dos Apeninos entrará na zona de caça do esquivo lobo apenino, do urso-pardo-marsicano e do lince de Abruzos. Felizmente, há outras maneiras de subir. Teleféricos distribuídos pela região levam a alguns dos picos. O teleférico de Fonte Cerreto, próximo a Assergi, leva até o célebre Campo Imperatore, no Parco Nazionale de Gran Sasso, onde Mussolini foi resgatado da prisão dos aliados por um

audaz paraquedista alemão. Outro, na encantadora Scanno, chega ao topo do monte Rotondo. Em Pescasseroli, cidade natal do filósofo Benedetto Croce, há um teleférico até o monte Vitelle, no coração do Parco Nazionale di Abruzzo. A 10km de Sulmona, cidade natal de Ovídio, encontra-se Pacentro, onde se localiza o majestoso Parco Nazionale della Majella. L'Aquila foi fundada pelo imperador Frederico II em 1240; a águia é o símbolo e o nome da cidade, a maior de Abruzos. A Fontana delle 99 Cannelle (1272) é outro símbolo da cidade: uma fonte com 99 bicas, representando cada um dos lordes que contribuíram para a fundação do vilarejo. Outro destaque dessa charmosa e próspera cidade universitária é o mercado da Piazza del Duomo, realizado todos os dias exceto domingo desde 1304. Próximo dali está a tranquila cidade de Pescara, intensamente bombardeada durante a guerra, com seus aprazíveis 16km de praias. As cidades montanhosas de Atri, Penne e Loreto Aprutino também valem uma visita. Em direção ao sul encontra-se Vasto, a encantadora cidade em que nasceu Gabriele Rossetti, pai de Dante Gabriel e Christina Rossetti. Termoli, em Molise, também tem praias, um velho porto e barcos que levam às ilhas Tremiti, em Puglia.

perúgia: arte medieval, jazz + chocolate

Nas ruas de pedra de Perúgia encontram-se inúmeros bares e restaurantes, bem como alguma arte de verdade. A parte antiga da cidade é adorável, enquanto a parte nova possui um charme menos evidente. No *centro storico* o visitante se depara com um desafio: parar o carro nas garagens subterrâneas e subir as escadas. Uma vez lá em cima, o Corso Vannucci o levará à Piazza IV Novembre, onde encontra-se a Fontana Maggiore, uma obra-prima em mármore. Do lado oposto ergue-se a magnífica Cattedrale di San Lorenzo, que guarda uma relíquia que se acredita ser o anel de casamento da Virgem Maria: uma peça de ágata que muda de cor. Nos portões do Palazzo dei Priori, duas feras protegem o edifício do conselho municipal, um grifo (emblema de Perúgia) e um leão. Os originais estão na Galleria Nazionale dell'Umbria, situada no mesmo local. Outros destaques da coleção são as pinturas de Perugino e as

NESTA PÁGINA (A PARTIR DO ALTO): *Aguardando um corte de cabelo na barbearia situada no Corso Cavour, na encantadora cidade úmbria de Todi; a água jorra das máscaras de cavalos, senhoras, macacos e cavalheiros na medieval Fontana delle 99 Cannelle, em L'Aquila.*
PÁG. AO LADO: *A 700m acima do nível do mar, a pitoresca Pacentro possui três castelos e um bonito centro medieval praticamente intacto.*

obras de Piero della Francesca, Orazio Gentileschi e Pietro da Cortona.

Perúgia é uma cidade universitária desde 1483. A cidade sedia anualmente o Umbria Jazz, festival de música realizado no início de julho (já passaram por seus palcos Keith Jarrett, Sonny Rollins, Gilberto Gil e Dionne Warwick), e o festival Eurochocolate, no qual, durante uma semana de outubro, são promovidos concursos, degustações e aulas de culinária. Os chocólotras vão adorar. Há até um hotel na cidade onde o visitante pode conferir centenas de embalagens de bombons e tabletes de chocolate e se deliciar com essa amostra da história do design de produtos.

um lago de tranquilidade

A oeste de Perúgia, no coração da Úmbria, situa-se o lago Trasimeno, o quarto maior da Itália. Balsas fazem a conexão entre as principais cidades: Tuoro sul Trasimeno, Passignano sul Trasimeno e Castiglione del Lago. Das três ilhas que existem no lago, uma é inabitada, outra é uma reserva natural e outra foi recentemente posta à venda. Em Punta Navaccia, próximo a Tuoro, vale conhecer o Campo del Sole, uma espiral de 27 esculturas de pedra realizadas por artistas italianos e estrangeiros, um projeto da década de 1980 supervisionado pelo escultor de Siena Mauro Berrettini. No século 217 a.C., uma emboscada militar neste local custou a vida de 15 mil soldados romanos que combatiam Haníbal e seus homens; no mesmo dia a Itália sofreu um de seus mais violentos terremotos. A bela Città della Pieve, a oeste, é a cidade natal de Pietro Perugino e atrai muitos aficionados por sua arte, já que diversas de suas obras podem ser aqui apreciadas.

NESTA PÁGINA: *A paisagem tranquila do lago e das montanhas em Tuoro sul Trasimeno.*

PÁG. AO LADO: *A popular Corsa dei Ceri, realizada a 15 de maio em Gubbio. Uma corrida de guildas da época medieval: três equipes carregam enormes toras de madeira pelas ruas até a Basilica di San Ubaldo, no alto da cidade.*

de entreposto comercial a cidade do tabaco

Città di Castello foi um próspero entreposto comercial da comuna, e de suas igrejas saíram duas belas obras de Rafael: *A Crucificação*, que hoje integra o acervo da National Gallery, em Londres, e *O Casamento da Virgem*, pertencente à Pinacoteca di Brera, em Milão. Para aqueles que preferem a arte moderna, há uma importante coleção do artista Alberto Burri, nascido na cidade. O renascentista Palazzo Albizzini exibe sua produção desde 1948 a 1989, enquanto os Ex-Seccatoi del Tabacco abrigam seus trabalhos realizados entre1970 e 1993. O edifício em si já é interessante: usado para secar folhas de tabaco para a produção de charutos até os anos 1960, também serviu como local de secagem de muitos livros raros da Biblioteca Nacional de Florença que foram atingidos por uma enchente em 1966.

Gubbio, na parte norte da Úmbria, é uma das mais belas cidades da região. As construções de tom amarelo-claro descem pela encosta da montanha, em cujo topo se avistam as ameias e a torre do Palazzo del Capitano del Popolo. No Museo Civico, sediado no Palazzo dei Consoli, podem ser vistas as famosas Tavole Eugubine, sete tábuas de bronze do século 2º a.C que descrevem ritos e locais sagrados dos antigos úmbrios. Lojas de artigos de cerâmica fazem sucesso, mas vale a pena procurar pelos bons artesãos de verdade, que estão mais escondidos. Perto de Parco del Monte, Cucco também merece uma visita.

As pedras rosadas dos edifícios de Assis vieram da vizinha Monte Subasio. A vista dos vales no entorno é sublime, especialmente encantadora ao amanhecer e ao crepúsculo. Os apreciadores de afrescos estarão no paraíso na basílica da cidade, onde poderão admirar as obras-primas de Giotto. A Chiesa di San Damiano, onde São Francisco de Assis compôs seu *Cântico das Criaturas,* é mais singela.

NESTA PÁGINA: *Um espetáculo de dança em Spoleto. Uma das cidades mais belas da Úmbria perde a tranquilidade durante o festival.*

PÁG. AO LADO: *A impressionante Catedral de Orvieto levou 30 anos para ser projetada e 300 para ser concluída.*

beleza iluminada

Na delicada Trevi encontra-se o singular Flash Art Museum. A coleção aposta nos talentos emergentes, mas há também trabalhos de renomados artistas italianos, como Francesco Clemente e Alberto Burri, e estrangeiros como Georg Baselitz, Damien Hirst, os irmãos Jake e Dino Chapman e Gabriel Orozco. Não muito longe fica Fonti del Clitunno. Suas fontes sagradas já atraíram muitos visitantes ilustres, como Virgílio e Byron.

Terni é interessante por sua arqueologia industrial. A cidade prosperou durante o governo de Mussolini e possui alguns interessantes exemplares de arquitetura fascista. A Grande Pressa, construída por uma empresa inglesa em 1934 e outrora um das mais poderosas prensas hidráulicas de forja do mundo, foi transformada em uma escultura gigante, que pode ser vista perto da estação de trem. Situada em outro ponto da cidade, a *Lancia di Luce* (Lança de luz), de Arnaldo Pomodoro, obelisco de 30m feito com 27 tipos de metais fundidos, homenageia a longa e nobre indústria de Terni. Próxima dali, a Cascata delle Marmore é outra façanha da engenharia: uma queda d'água de 165m criada pelos romanos em 271 a.C.

Os turistas vêm a Spoleto para admirar a grandiosa catedral do século 12, com sua bela fachada no estilo cosmatesco. No interior, a Cappella Eroli é decorada com afrescos de Pinturicchio. A Galleria Comunale d'Arte Moderna possui uma bela coleção de arte contemporânea italiana. Mas Spoleto é mais famosa por seu festival de arte, o Festival dei Due Mondi, realizado em julho. Com a participação de grandes artistas internacionais, promove performances por toda a cidade. Orvieto assenta-se no alto de uma plataforma de rocha vulcânica. Sua catedral começou a ser construída em 1290, mas levou 300 anos para ser concluída. Com fachada listrada de preto e branco com mosaicos dourados, possui janelas de alabastro e afrescos na Cappela della Madonna di San Brizio. Anteriores aos afrescos da Capela Sistina de Michelangelo, as cenas do *Juízo Final* de Luca Signorelli possuem aspecto tridimensional e forte conteúdo dramático. A cidade é também conhecida pelos trabalhos em madeira – esculturas um tanto *kitsch*, brinquedos e móveis dos anos 1950 em madeira aromática – feitos pelos Michelangeli.

... citadas em seus poemas, as fontes continuam sendo um belo lugar onde descansar.

155 Via Veneto Boutique Hotel

... uma atmosfera refinada de romance e exclusividade...

NESTA PÁGINA (A PARTIR DO ALTO): Os amplos quartos emanam charme e opulência, mesclando o refinamento italiano com o estilo Art Déco francês; a sofisticação da decoração é evidente.

PÁG. AO LADO (A PARTIR DO ALTO): O spa oferece tratamentos relaxantes; os hóspedes terão uma estadia calorosa e hospitaleira no 155; todos os banheiros são suntuosamente decorados com mármore e madeira.

Qualquer pessoa que planeje visitar Roma perceberá que não faltam hotéis. Contudo, são raros os estabelecimentos capazes de satisfazer os desejos e expectativas dos visitantes, particularmente daqueles que procuram um lugar bem-localizado, que tenha uma decoração elegante, ótimas instalações e um serviço de alto nível.

Talvez seja por isso que o renomado hoteleiro italiano Amedeo Ottaviani – proprietário do Hotel Lord Byron Roma e do Hotel Regency Firenze – abriu recentemente o 155 Via Veneto Boutique Hotel, o mais novo hotel da Cidade Eterna. Seguindo uma proposta que combina charme irresistível, elegância atemporal e serviço inigualável, o hotel está entre os poucos que cumprem esses requisitos.

Situado no coração de Roma, na histórica e sofisticada Via Veneto, a localização do 155 não poderia ser mais vantajosa. Muitas das mais famosas lojas e atrações gastronômicas estão bem próximas, e pode-se chegar com facilidade a quase todos os pontos de interesse da cidade. A localização excelente é apenas um dos fatores que fazem deste hotel o sucesso irrefutável em que ele se tornou. Desde o momento em que o hóspede entra no átrio, é impossível não admirar a opulência e magnitude do interior Art Déco.

Inspirada nos desenhos do designer francês Jacques-Emile Ruhlmann, um dos expoentes do movimento, a decoração extravagante cria uma atmosfera refinada de romance e exclusividade que é a um só tempo clássica e moderna. O resultado é uma suntuosa festa para os sentidos, que faz com que, por comparação, muitos de seus rivais pareçam sem brilho.

E onde há estilo há também substância. Os 120 espaçosos quartos e suítes foram individualmente decorados no estilo Art Déco, e estão equipados com tecnologia de última geração e todo o conforto de um hotel cinco estrelas. O efeito é de intimidade luxuosa e elegância descontraída, que, combinadas a uma equipe muito atenciosa, não deixam nada a desejar.

As instalações são impecáveis. Enquanto a maioria dos hotéis romanos são apertados, o 155 tem espaço de sobra. Isso permitiu que o hotel incluísse entre seus serviços um *fitness center* e um spa, além de uma piscina ao ar livre na cobertura. O hotel conta ainda com uma biblioteca, o famoso B'Artdeco Lounge, bem como o excelente e agradável 155 Restaurant, no qual a arte da cozinha italiana alcança sua mais alta expressão pelas mãos de um time dos melhores chefs de Roma. Por tudo isso, o 155 Via Veneto é um hotel inigualável.

QUARTOS
120

CULINÁRIA
155 Restaurant: italiana

BEBIDA
B'Artdeco Lounge

DESTAQUES
spa • fitness center • biblioteca • piscina ao ar livre na cobertura • TV LCD por satélite • equipe multilíngue • valet parking • frigobar

NEGÓCIOS
internet sem fio

ARREDORES
Via Veneto • Via Condotti • Escadaria Espanhola • Fontana di Trevi

ENDEREÇO
Via Veneto 155, 00187 Roma •
telefone: +39.06.322 0404 •
fax: +39.06.322 0405 •
e-mail: info@155viaveneto.com •
site: www.155viaveneto.com

Brufani Palace Perugia

... uma vista estonteante do vale úmbrio a partir de seus românticos balcões.

Nos anos 1800, o fundador deste palaciano hotel cinco estrelas costumava receber diligências de prósperos turistas que percorriam a Úmbria. O jovem empreendedor Giacomo Brufani não poderia imaginar que importante legado deixaria para Perúgia, a histórica cidade etrusca que floresceu numa era em que Roma era ainda uma vila.

Um enorme sucesso desde sua inauguração em 1884, o esplêndido Brufani Palace Hotel possui uma localização perfeita, no topo de uma montanha no coração de Perúgia. Orgulha-se de oferecer uma vista estonteante do vale úmbrio a partir de seus românticos balcões. Hoje, faz parte do grupo dos Leading Small Hotels of the World, e tornou-se uma parada obrigatória para qualquer um que visite a região.

O Brufani é atualmente administrado pelo grupo SINA, que, mediante uma renovação criteriosa, pôs em destaque seu charme original e suas características históricas. As pinturas que decoram o teto foram conservadas, assim como as autênticas lareiras na área social. Das antiguidades aos sofisticados tecidos que decoram seu interior, o Brufani Palace simplesmente emana elegância.

O hotel oferece 94 quartos e suítes finamente mobiliados, com vista para o vale, por sobre os telhados do casario de Perúgia. As mais cobiçadas suítes são as *penthouses*, com vigas de madeira aparente. Todos os quartos seguem o mesmo padrão de excelência, equipados com TV via satélite, frigobar, computador e acesso à internet sem fio de alta velocidade.

O destaque do Brufani Palace é seu *fitness club*, que conta com uma piscina construída sob os arcos de pedra, com um piso de vidro transparente que deixa ver as antigas ruínas etruscas. Esse ambiente inesquecível também abriga uma academia bem equipa-

NESTA PÁGINA (A PARTIR DO ALTO): *Os hóspedes podem relaxar ou desfrutar de uma leitura junto à lareira de pedra; entregue-se ao prazer de um vinho regional de qualidade no Collins.*

PÁG. AO LADO (A PARTIR DO ALTO): *O charme de uma outra era é perceptível em seu interior; o Brufani recebeu muitos hóspedes ilustres em mais de cem anos de história; os quartos combinam decoração tradicional e facilidades modernas.*

da, sauna seca e a vapor e piscina de hidromassagem. Para completar a busca por total rejuvenescimento, os hóspedes podem relaxar em confortáveis *chaise longues*.

A experiência gastronômica também é intensa no Brufani Palace. O restaurante Collins, com seus terraços ensolarados, é o local ideal para uma refeição especial. Seu inovativo cardápio foi criado pelo chef Marco Faiella, que trabalhou com outros chefs ilustres como Michael Roux. Saboreie os *stringozzi* com ragu de faisão e as trufas negras da Norcia, seguidos pelo irresistível *fondant* de chocolate Volcano. Para complementar as singulares interpretações da autêntica cozinha úmbria de Marco Faiella, o restaurante conta com uma excelente carta de vinhos italianos que qualquer enólogo teria orgulho de possuir.

Para um revigorante chá da tarde, dirija-se ao acolhedor Collins Bar Open Space. Decorado no estilo de um clássico "clube de cavalheiros" inglês, em painéis de madeira escura onde o hóspede encontra uma infinidade de cervejas, licores e coquetéis preparados de acordo com sua preferência. O lugar perfeito para um drinque antes de uma boa noite de sono e de um novo dia de aventuras na Úmbria.

QUARTOS
94

CULINÁRIA
Collins: Úmbria

BEBIDA
Collins Bar Open Space

DESTAQUES
TV por satélite • frigobar • cofre • internet sem fio • SINA fitness club • sala de banquete • academia • piscina com piso de vidro • sauna

ARREDORES
Lago Trasimeno • Chiesa di San Francesco • Todi • Gubbio • Museu Arqueológico Nacional da Úmbria

ENDEREÇO
Piazza Italia 12, 06121 Perúgia • telefone: +39.075.573 2541 • fax: +39.075.572 0210 • e-mail: brufanipalace@sinahotels.it • site: www.brufanipalace.com

Hotel de Russie

... a definição perfeita de um refúgio luxuoso.

NESTA PÁGINA (A PARTIR DO ALTO): *A suíte Nijinsky alia conforto, estilo e elegância com um resultado perfeito; o clássico interior do saguão; os hóspedes podem saborear um drinque ao som de música ao vivo no refinado Le Stravinskij Bar.*

PÁG. AO LADO (SENTIDO ANTI-HORÁRIO, A PARTIR DO ALTO): *Desfrute um martíni no bar; as cores suaves e as facilidades modernas dos quartos garantem uma estada confortável; faça um calmo passeio pelos jardins do hotel.*

Roma é uma das mais vibrantes e fascinantes capitais da Europa. Com suas ruas estreitas repletas de carros e vespas, cafés lotados, mercados coloridos, quarteirões pitorescos e uma grande quantidade de extraordinários monumentos, não há nada que a ela se compare. Pode ser uma surpresa e tanto encontrar, no coração desta agitada cidade, um oásis tranquilo, no qual um exótico jardim cria um pano de fundo estonteante para esse charmoso hotel butique.

O Hotel de Russie deve estar entre os segredos mais bem-guardados de Roma. Situado entre as escadarias da Piazza di Spagnia e a Piazza del Popolo, a curta distância da Cidade do Vaticano, o edifício foi construído no início do século 19 e completamente reformado no ano 2000 pela Rocco Forte Hotel Collection. O resultado é simplesmente de tirar o fôlego.

Erguido ao redor do antigo pátio que originalmente separava duas hospedarias distintas, o Hotel de Russie possui um espaço externo tão encantador quanto seu interior. Seu "jardim secreto" está sendo restaurado e devolvido à sua antiga glória como um paraíso exótico, mediterrâneo, repleto de altas palmeiras, velhos teixos e perfumadas laranjeiras. Perder um passeio por seu gramado impecável e seus exuberantes canteiros de flores – repletos de borboletas coloridas – seria imperdoável.

O interior do hotel é igualmente cativante. Os quartos iluminados e arejados, com vista para o pátio, para a cidade ou para o jardim, possuem um toque contemporâneo, porém clássico, que remete à sóbria elegância dos anos 1940. Decorados com sofisticados tecidos em tons pastel e fotografias de Mapplethorpe nas paredes, e com suntuosos banheiros em mármore, são a definição perfeita de um refúgio luxuoso. Para turistas em viagem de negócios, o acesso à internet sem fio e duas linhas telefônicas facilitam consideravelmente a vida.

Numa cidade frenética como Roma, a oportunidade de descontrair e se reenergizar é sempre bem-vinda, e, no centro de bem-estar do De Russie, o hóspede encontra o que há de melhor na arte do relaxamento. Seu glorioso spa oferece um cuidado completo para corpo e mente, incluindo diversas massagens, tratamentos corporais e faciais. A academia ultramoderna, piscina de água salinizada, sauna finlandesa e banho a vapor, intensificam ainda mais essa experiência. Para assegurar um final de dia agradável, desfrute um martíni no Le Stravinskij Bar.

O Hotel de Russie dedica toda a atenção a assegurar uma estadia memorável, e seu restaurante, Le Jardin de Russie, é uma prova disso. Os hóspedes ficam extasiados ao experimentar as especialidades da cozinha italiana tradicional, preparadas com os mais frescos ingredientes locais, num ambiente refinado e cosmopolita. E com uma refeição ao ar livre aos pés do magnífico jardim no verão, provavelmente não haverá lugar melhor em Roma.

QUARTOS
122

CULINÁRIA
Le Jardin de Russie: mediterrânea

BEBIDA
Le Stravinskij Bar

DESTAQUES
internet sem fio • TV por satélite• duas linhas telefônicas • spa • academia • itinerários VIP guiados por historiadores da arte

NEGÓCIOS
business center • salas de reuniões • sala de banquete

ARREDORES
Cidade do Vaticano • Piazza del Popolo • Pantheon • Piazza di Espagna • Santa Maria Sopra Minerva •Via Condotti

ENDEREÇO
Via del Babuino 9, 00187 Roma • telefone: +39.06.328 881 • fax: +39.06.3288 8888 • e-mail: reservations.derussie@roccofortecollection.com • site: www.roccofortecollection.com

Hotel Lord Byron

... esta joia de hotel emana uma aura de elegância discreta e ao mesmo tempo suntuosa...

NESTA PÁGINA (A PARTIR DO ALTO): *Os quartos emanam calor e elegância; a decoração do Sapori del Lord Byron impressiona tanto quanto sua cozinha; aqui, elegância e sofisticação se encontram.*

PÁG. AO LADO (SENTIDO HORÁRIO, A PARTIR DO ALTO): *Experimente vários pratos regionais no Sapori del Lord Byron; os quartos de luxo asseguram uma estada confortável; uma experiência luxuosa; o hotel combina design clássico e confortos modernos.*

Roma tem muitos e variados encantos. Alguns são evidentes e conhecidos, atraindo automaticamente a atenção de todos os que visitam a cidade. Outros têm um charme mais sutil, oferecendo uma experiência de intimidade que só interessa aos mais exigentes. Em geral essas atrações são menos famosas e mais difíceis de encontrar, mas sempre compensam aos que se dão o trabalho de procurá-las.

O Hotel Lord Byron se insere nessa categoria. Escondido entre as muitas embaixadas no bairro exclusivo de Parioli, esta joia de hotel emana uma aura de elegância discreta e ao mesmo tempo suntuosa, e nisso reside a mágica de seu apelo. Isso acontece porque ele oferece aos hóspedes o melhor de dois mundos: um refúgio discreto e luxuoso da mais alta qualidade, que ao mesmo tempo permite fácil acesso a muitas das atrações da Cidade Eterna.

Também conhecido como a Casa Branca, este antigo membro dos The Leading Hotels of the World contém 32 dos mais adoráveis quartos e suítes que Roma tem a oferecer. Todos foram recentemente restaurados no estilo Art Déco e irradiam o calor, a intimidade e a classe característicos da hospitalidade italiana, o que os torna um lugar perfeito onde o hóspede

pode se refugiar no fim de um longo dia de compras e visitas a atrações.

Todos os quartos e suítes dispõem de móveis elegantes, sem falar nos amplos banheiros de mármore e na vista das majestosas *villas* ou dos 80ha dos jardins da Villa Borghese. Outros confortos, como internet sem fio, TV em cores por satélite, controle de climatização e luxuosos roupões e chinelos são padrão em todos os quartos.

O hotel também se orgulha do seu restaurante Sapori del Lord Byron, um dos melhores da cidade, mundialmente famoso por sua excelência – o que se reflete em sua distinta e cosmopolita clientela. O cardápio oferece pratos que celebram as maravilhas da autêntica *haute cuisine* italiana e podem ser considerados com justiça verdadeiras obras-primas, todos preparados com ingredientes da estação por uma equipe de premiados chefs. Sua adega é também inigualável. Agraciada com o prêmio de excelência de 2007 da revista *Wine Spectator*, conta com uma extraordinária variedade de vinhos italianos e internacionais. Além do ambiente romântico, do serviço impecável e da assistência de um *sommelier* profissional, o restaurante oferece uma maravilhosa combinação de elegância e perfeição culinária praticamente imbatível. Il Salotto Lounge & Wine Bar é igualmente impressionante. Decorado com uma série de magníficos retratos, tem um clima intimista, ideal para uma reunião de negócios ou apenas para uma conversa entre amigos – antes ou depois de uma requintada refeição.

QUARTOS
32

CULINÁRIA
Sapori del Lord Byron: italiana

BEBIDA
Il Salotto Lounge & Wine Bar

DESTAQUES
Traslado de cortesia até a Via Veneto, Escadaria Espanhola e Piazza del Popolo • equipe multilíngue • garagem • TV por satélite

NEGÓCIOS
acesso à internet sem fio

ARREDORES
Castel San Angelo • Escadaria Espanhola • Stadio Flaminio • Galleria Borghese • Via Veneto • Villa Borghese

ENDEREÇO
Via Giuseppe De Notaris 5, 00197 Roma • telefone: +39.06.322 0404 • fax: +39.06.322 0405 • e-mail: info@lordbyronhotel.com • site: www.lordbyronhotel.com

I Casali Di Monticchio

... uma atmosfera encantadora de paz e tranquilidade...

NESTA PÁGINA (A PARTIR DO ALTO): *Um mobiliário tradicional acentua o toque antigo do lugar; os tons de terra do quarto conferem calor e um clima histórico.*

PÁG. AO LADO (A PARTIR DO ALTO): *Luminárias antigas nas paredes de pedra; a vista espetacular faz da estadia em I Casali Di Monticchio uma experiência memorável.*

Existem inúmeros motivos para visitar a Úmbria, região conhecida como "o coração verde da Itália". Para alguns, o atrativo são as paisagens espetaculares e o sublime clima mediterrâneo; para outros, a riqueza de sua história e o charme sedutor de suas cidades e vilas intocadas. Há também a inigualável tradição culinária e a calorosa hospitalidade de seu povo, além da longa lista de atividades esportivas disponíveis. Seja qual for a razão a razão para visitar a Úmbria, uma coisa é certa: poucos lugares no mundo combinam tantas atrações como esse paraíso natural e cultural; poucos podem competir em oferecer uma experiência de lazer tão perfeita. Mas tudo isso deixa uma pergunta a ser respondida: onde ficar?

Basicamente, há duas opções de hospedagem. A primeira é alugar uma acomodação numa tradicional *villa* úmbria, que tem as vantagens da privacidade, da independência e da economia. Frequentemente, contudo, isso significa abrir mão do conforto e do serviço necessários para que as suas férias sejam realmente relaxantes. A segunda opção é hospedar-se num hotel. Embora ofereçam mais em termos de hospitalidade, os hotéis podem ser um pouco sufocantes e restritivos, para não dizer impessoais e desnecessariamente caros.

Nesse sentido, o recém-inaugurado I Casali Di Monticchio é uma opção muito bem-vinda. Embora seja um hotel, na acepção do termo – e faça parte dos respeitados Small Luxury Hotels of the World –, quase todas as acomodações do Casali são apartamentos individuais, com cozinha, sala de estar e jardim particular. O hóspede pode aliar o melhor dos

dois mundos: a liberdade e independência de uma estadia numa *villa* e os atenciosos serviços oferecidos pelos melhores hotéis.

Construído por volta de 1200, I Casali Di Monticchio é um antigo *borgo*, ou mansão senhorial, restaurado em seu estilo original nos mínimos detalhes. Tudo isso, mais um cenário magnífico – uma colina dentro de uma propriedade de 81ha, com uma vista panorâmica –, traduz-se em uma atmosfera encantadora de paz e tranquilidade a que poucos lugares podem se comparar.

As acomodações são simplesmente admiráveis. São ao todo 12 quartos, decorados individualmente com cores suaves e belíssimos tecidos sofisticados, que compõem um ambiente de sonho inspirado no clima de romance e na antiguidade do edifício que eles ocupam. Além disso, todos possuem confortáveis banheiros e as modernas conveniências dos mais luxuosos hotéis cinco-estrelas do mundo.

Os hóspedes podem escolher entre diferentes tipos de acomodação, o que lhes permite encontrar aquela que melhor se ajuste a suas necessidades, sejam elas as de um casal em lua de mel em busca de um refúgio romântico ou de

NESTA PÁGINA: *As espaçosas suítes, em estilo rústico, relaxam os hóspedes para uma noite agradável, acompanhada de um bom vinho.*

PÁG. AO LADO (SENTIDO HORÁRIO, A PARTIR DO ALTO): *Uma refeição refinada no restaurante; a piscina descoberta; os banheiros são equipados com modernos aparelhos; a mobília simples e luxuosa oferece todo o conforto.*

uma família completa que procura algo mais espaçoso. Le Colombelle, por exemplo, é uma suíte decorada nas cores cereja e lavanda com uma grande cama de casal e uma mobília que mistura os estilos antigo e provençal. Ela conta com uma pequena cozinha e um jardim particular onde se pode fazer uma refeição ao ar livre relaxadamente, admirando o magnífico pôr do sol.

I Papaveri, por sua vez, é um apartamento de dois quartos – um com cama de casal com dossel, outro com duas camas – e um banheiro. Os quartos são decorados nas cores bege e terracota, e mobiliados com móveis antigos ou mais modernos, no estilo toscano.

I Papaveri dispõe ainda de uma sala de estar com lareira, cozinha e um jardim com vista para as colinas e a catedral de Orvieto, cerca de 20km ao sul.

O talento de I Casali Di Monticchio também se revela em seu elegante restaurante. Instalado na antiga cavalariça, o restaurante se especializou nas delícias da culinária úmbria, que aqui são preparadas com os melhores e mais frescos ingredientes por uma equipe de competentes chefs. Na verdade, sua cozinha é famosa pela qualidade dos produtos que utiliza, muitos deles orgânicos, cultivados no local.

Finalmente, mas não menos importante, destaca-se o spa do hotel. Inaugurado em fevereiro de 2008, ele oferece uma variedade de tratamentos, incluindo massagens que utilizam mel, lavanda ou óleos naturais de fabricação própria. Contando com hidromassagem, piscina para hidroterapia e uma área de descanso com lareira, o spa oferece total relaxamento num ambiente tranquilo.

Outras atividades podem ser encontradas nos arredores, como por exemplo golfe, equitação e, é claro, todas as outras atrações que fazem da Úmbria um destino tão maravilhoso.

QUARTOS
12

CULINÁRIA
Úmbria

BEBIDA
adega

DESTAQUES
piscina descoberta • salão de bilhar • trilha para caminhada • mountain biking • aulas de culinária • jardim botânico

ARREDORES
Allerona • Orvieto • Pienza • Riserva Naturale di Monte Ruffeno • lago Trasimeno • Todi

ENDEREÇO
Vocabolo Monticchio 34, 05011
Allerona, Úmbria •
telefone: +39.763 628 365 •
fax: +39.763 629 569 •
e-mail: info@monticchio.com •
site: www.monticchio.com

Regina Hotel Baglioni

Ao entrar no hotel, o hóspede é envolvido por um ambiente de luxo majestoso.

NESTA PÁGINA: *O chame majestoso do Regina Hotel Baglioni revela-se na fina decoração de seu saguão.*

PÁG. AO LADO (SENTIDO ANTI-HORÁRIO, A PARTIR DO ALTO): *O atrativo das suítes Júnior está no seu interior clássico e luxuoso; desfrute de um delicioso coquetel na atmosfera sofisticada do Brunello Lounge; papéis de parede de seda dão um toque de suavidade aos quartos Deluxe.*

Talvez o maior charme de Roma esteja na possibilidade de percorrer 2 mil anos da história cultural e social da Itália através de seus monumentos e tesouros artísticos. Nenhuma viagem à Cidade Eterna estaria completa sem uma visita ao imponente Fórum Romano, ao Palatino, residência do imperador, ao Pantheon e ao glorioso Coliseu. Entretanto, talvez sejam os tesouros renascentistas e barrocos, como a Basílica de São Pedro e sua sublime Capela Sistina, as atrações mais famosas. Foi quando a cidade se tornou capital da Itália, em 1870, que a imponente Via Veneto tornou-se uma próspera área residencial. É aqui, no coração de Roma, que foi construído, em 1904, o Regina Hotel Baglioni – um dos mais elegantes hotéis de luxo da cidade.

Esse excelente hotel butique, que ocupa um palácio vitoriano no estilo Liberty, está a curta distância dos principais pontos turísticos de Roma. A fachada elegante, com charmosos balcões e flores coloridas, oferece um prelúdio da grandiosidade de seu interior. A sofisticação clássica do Regina Baglioni é realmente inigualável.

Ao entrar no hotel, o hóspede é envolvido num ambiente de luxo majestoso. O piso de mármore, os tapetes decorados, as cortinas de ricos brocados e o papel de parede conferem ao saguão um ar palaciano irresistível. Candelabros de cristal de Murano e arandelas iluminam as delicadas pinturas e espelhos de molduras douradas, e antiguidades no estilo Art Déco acentuam a magnificência do lugar. Os quartos são extremamente luxuosos, e alguns possuem uma vista panorâmica dos telhados de Roma. Com tudo isso, os hóspedes ficarão tentados a não deixar o hotel. Mas um passeio aos jardins da Villa Borghese e a visita ao espetacular Museo e Galleria Borghese, para ver as obras de Bernini e Caravaggio, são imperdíveis.

Para terminar um dia perfeito, nada melhor que uma noite encantadora no restaurante do hotel. Frequentado não apenas pelos hóspedes, mas também pelos romanos, o Brunello Lounge & Restaurant é um dos restaurantes da moda na capital. O ambiente aconchegante mescla os estilos moderno e tradicional, e os pratos da cozinha mediterrânea são cuidadosamente preparados com ingredientes locais.

Contando com uma equipe atenciosa e discreta, o Regina Hotel Baglioni orgulha-se de seu serviço impecável, e não admira que ele seja o preferido de muitas celebridades e figuras ilustres. O hotel também oferece visitas ao Castelo Romano, percursos para os interessados em vinhos e gastronomia, assim como visitas guiadas – com a ajuda de um *personal shopper* – às mais finas butiques da cidade. Definitivamente, não há nada nem ninguém que o Regina Hotel Baglioni não leve em consideração.

QUARTOS
112

CULINÁRIA
Brunello Lounge & Restaurant: mediterrânea • Caffè Baglioni: refeições leves

BEBIDA
Brunello Lounge & Restaurant • Caffè Baglioni

DESTAQUES
internet sem fio • TV por satélite • visitas guiadas • babysitter mediante solicitação

NEGÓCIOS
sala de reuniões

ARREDORES
Escadaria Espanhola • Via Condotti • Villa Borghese • Museo e Galleria Borghese

ENDEREÇO
Via Veneto 72, 00187 Roma • telefone: +39.06.421 111 • fax: +39.06.4201 2130 • e-mail: reservations.reginaroma@baglionihotels.com • site: www.baglionihotels.com

St. Regis Grand Hotel, Roma

... onde o clássico e o contemporâneo coexistem em perfeita harmonia...

NESTA PÁGINA (A PARTIR DO ALTO): *Os quartos são decorados com extravagância; o luxuoso St. Regis recebeu muitos hóspedes distintos ao longo dos anos.*

PÁG. AO LADO (SENTIDO ANTI-HORÁRIO, A PARTIR DO ALTO): *Todos os esforços foram feitos para criar uma atmosfera elegante; saboreie a cozinha contemporânea no ambiente sofisticado do Vivendo; o décor clássico do hotel cria um cenário de requinte e opulência.*

Se quiser descobrir o que uma reforma milionária pode fazer a um já prestigiado hotel cinco estrelas, visite o aristocrático St. Regis Grand Hotel, Roma. A poucos passos do Coliseu e da Escadaria Espanhola, o hotel possui uma localização excelente, que permite desfrutar as delícias cosmopolitas da Cidade Eterna. Inaugurado em 1894 pelo hoteleiro César Ritz, este estabelecimento exclusivo é ponto de encontro da elite mundial, e entre sua prestigiosa clientela está a rainha Elizabeth. Remodelado na virada no novo milênio, emana uma aura de calma confiança que apenas os estabelecimentos de altíssimo luxo possuem.

Este hotel da rede Starwood selecionou o melhor do design italiano e francês para recriar a atmosfera de um *palazzo* romano. Dos afrescos no teto aos tapetes orientais no piso, nenhuma chance para impressionar foi desperdiçada. Antes de subir as escadas, desfrute um drinque energizante no agradável Le Grand Bar, considerado pela *Newsweek* o melhor bar de Roma.

No saguão, o suave calor que emana dos candelabros de cristal de Murano é atenuado pelas brilhantes colunas de mármore. Nas suítes, as camas são adornadas com colchas de seda e brocado, e as paredes acima delas, com autênticas pinturas do período. Esse ambiente majestoso oferece todos os confortos modernos, da internet de alta velocidade e telecomunicação avançada ao impecável e personalizado serviço de quarto.

Os 138 quartos e 23 suítes combinam influências dos estilos Império, Regência e Luís XV, uma deferência à decoração original criada por César Ritz. Os quartos são decorados com afrescos, e nos banheiros encontram-se produtos especiais das marcas Laura Tonatto e Acqua di Parma. Se você procura extrema elegância, escolha a Royal Suite, que inclui um quarto de dormir e um quarto de hóspedes, piano e adega particular. Outra alternativa é a Designer Suite, com teto dourado, candelabros de cristal da Boêmia e preciosos tapetes.

O hotel dispõe de um *fitness center* com vista panorâmica para as termas de Diocleciano e de serviços de vídeo-conferência e computadores de última geração para atender às específicas demandas dos altos executivos. Para um casamento ou recepção, é possível reservar o antigo salão de baile, o Salone Ritz, que passou por um restauro que recuperou seu esplendor original.

O restaurante Vivendo, decorado no estilo dos anos 1940, recebeu vários prêmios por seu design. Sua excelente cozinha é elogiada por bíblias da gastronomia como a *Gambero Rosso* e a *Zagat*, onde está cotado entre os melhores restaurantes da Europa. Festas menores e exclusivas podem se dar na intimista Champagnerie. Os enólogos ficarão encantados com a lista de mais de 600 vinhos servidos em taça, do Amarone ao Ornellaia e ao Barolo, escolhidos pelo gerente e *sommelier* Federico Galligani. As garrafas são guardadas na adega Di...Vino, outro ambiente especial para uma refeição. Para quem quiser experimentar um microcosmo de Roma, onde o clássico e o contemporâneo coexistem em perfeita harmonia, St. Regis será o destino certo.

QUARTOS
161

CULINÁRIA
Restaurante Vivendo: contemporânea • Adega di...Vino: regional e internacional

BEBIDA
Adega di...Vino • Le Grand Bar

DESTAQUES
serviço de quarto 24 horas • internet de alta velocidade • internet sem fio (áreas sociais) • massagens • sala de pilates • centro de bem-estar e academia • personal shopper multilíngue

NEGÓCIOS
business center e centro de comunicações

ARREDORES
Coliseu • Piazza Navona • Escadaria Espanhola • Via Condotti • Via Veneto

ENDEREÇO
Via Vittorio Emanuele Orlando 3, 00185 Roma • telefone: +39.06.47 091 • fax: +39.06.474 7307 • e-mail: StRegisGrandRome@stregis.com • site: www.stregisgrand.hotelinroma.com

The Duke Hotel

Combinando a elegância de um clube inglês com o clássico design italiano...

NESTA PÁGINA: *O ambiente refinado e acolhedor do Polo Lounge resume a grandeza e hospitalidade do Duke Hotel.*

PÁG. AO LADO (SENTIDO HORÁRIO, A PARTIR DO ALTO): *Saboreie pratos que misturam inovação e tradição no restaurante I Duchi; os quartos possuem conforto e tecnologia; um décor clássico dá um charme especial às suítes.*

Numa cidade tão agitada como Roma, com suas ruas barulhentas, museus lotados e cafés apinhados de turistas, pode valer a pena trocar uma localização central por um pouco de paz e sossego. O valorizado distrito residencial de Paroli, onde se situam diversas embaixadas e casas de prósperas famílias italianas, faz fronteira com os parques Villa Borghese e Villa Glori. A um curto trajeto de carro das principais atrações turísticas, esse oásis de tranquilidade fica suficientemente afastado do centro da cidade para oferecer aos hóspedes um pouco de recolhimento. Com sofisticados restaurantes e butiques, Paroli oferece um meio-termo perfeito.

Situado em um dos bulevares elegantes e arborizados de Paroli, The Duke Hotel é um dos mais charmosos retiros de Roma. O hotel ocupa um edifício dos anos 1950 onde

funcionou o glamoroso Residence Palace, que hospedou muitas estrelas de Hollywood, como Richard Burton e Elizabeth Taylor. Como era de se esperar, após sua reabertura como hotel butique em 2000, The Duke continua a atrair celebridades internacionais e viajantes exigentes graças a seu serviço impecável e sua suntuosidade.

Combinando a elegância de um clube inglês com o clássico design italiano, os interiores dão ao hotel um tom sofisticado e cosmopolita. O destaque é seu Polo Lounge – com um espetacular vitral no teto, antiguidades, sofisticadas poltronas e uma lareira de mármore –, um ambiente refinado e acolhedor, ideal para descontrair tomando um drinque ou um chá.

Os espaçosos quartos e suítes dispõem de total conforto e tecnologia de ponta. Contam com boa iluminação natural, piso de madeira, uma pequena varanda e banheiros de mármore.

Após um cansativo dia de trabalho ou passeio, o hóspede que quiser passar a noite na privacidade do seu quarto poderá usufruir de TV por satélite e acesso à internet sem fio. E com a sauna e o *fitness center*, relaxamento e bem-estar estão garantidos.

O restaurante I Duchi serve pratos da culinária italiana de primeira classe, além de um cardápio complementar da estação, que muda a cada dois meses. A iluminação suave e o som de um piano tornam o jantar ainda mais agradável. Sem esquecer os pequenos hóspedes, o I Duchi oferece um cardápio infantil.

A equipe The Duke faz de tudo para garantir que os hóspedes aproveitem ao máximo a estadia em Roma e por isso oferece também um serviço de limusine e, além de organizar visitas e passeios regulares, leva os hóspedes a alguns dos jardins e casas particulares mais encantadores da cidade, que não são abertos ao público. Com certeza, para aqueles que buscam desfrutar da Cidade Eterna de uma maneira tranquila, não há melhor lugar onde se hospedar.

QUARTOS
78

CULINÁRIA
I Duchi: italiana

BEBIDA
Polo Lounge Bar

DESTAQUES
TV por satélite • internet sem fio • passeios especiais • limusine • banquetes

NEGÓCIOS
Business center • sala e equipamento para reuniões

ARREDORES
Galleria Nazionale d'Arte Moderna e Contemporanea • jardim público de Villa Glori • jardim e museu de Villa Borghese • Escadaria Espanhola • spa • golfe • equitação • corrida • fitness center

ENDEREÇO
Via Archimede 69, 00197 Roma • telefone: +39.06.367 221 • fax: +39.06.3600 4104 • e-mail: theduke@thedukehotel.com • site: www.thedukehotel.com

nápoles+costaamalfitana+suldaitália

nápoles + costa amalfitana + sul da itália

Nápoles era adorada pelos antigos romanos, que passavam as férias em grandes *villas* de frente para o mar. Mais tarde, como capital do reino de Nápoles, foi uma das mais ricas cidades da Europa, dominada pelos normandos, depois pelos aragoneses e pelos Bourbon, que construíram belos palácios, jardins e igrejas. Há uma infinidade de tesouros artísticos a visitar, como os achados arqueológicos de Pompeia e os mármores da Coleção Farnese no Museo Archeologico di Napoli; as pinturas da Coleção Farnese no Museo di Capodimonte; e literalmente centenas de igrejas com tesouros escondidos. Nápoles também abriga alguns dos mais estupendos projetos de design e de arte contemporânea da Itália.Os tempos podem ser difíceis, mas a cordialidade e a paixão pela vida do povo são contagiosas, e sua comida é uma das mais simples e melhores da Itália.

Na baía de Nápoles, as ilhas de Capri, Ischia e Procida cintilam tentadoramente. Fora da cidade, pode-se escalar o Vesúvio ou explorar as ruínas romanas de Pompeia, Herculano e Oplontis. Sorrento é a porta de entrada para a lendária Costa Amalfitana, enquanto os templos gregos de Paestum e os bosques e praias de Cilento situam-se ao sul de Salerno, na direção da Calábria, onde a paisagem fica ainda mais dramática. A leste está a cidade de Basilicata, que parece ter sido imobilizada nos anais do tempo, enquanto a vizinha Puglia é abençoada por suas belas praias e seus vastos olivais.

uma nápoles adorável

Muita gente tem uma relação de amor e ódio com Nápoles. Muitos não querem nenhum relacionamento, passando pela cidade o mais depressa que podem para chegar a Sorrento, à Costa Amalfitana ou a Capri. Mas estão perdendo muita coisa, porque a cidade tem muito mais do que o olhar percebe. O centro de Nápoles é surpreendentemente compacto. Uma das cidades mais populosas da Europa, as ruas vivem cheias e o trânsito é às vezes insuportável, de modo que caminhar é a melhor maneira de se deslocar. A Nápoles real começa no movimentado porto, onde se

PÁGINA 220: Vista de Capri, compartilhada com a estátua de César Augusto em Anacapri.
NESTA PÁGINA (A PARTIR DO ALTO): A cidade de Nápoles vista do Castel Sant'Elmo em Vomero; uma assustadora máscara mortuária de um homem que morreu em Pompeia. Cobertos por cinza vulcânica, os corpos deixaram uma marca permanente, recriada em gesso quando as ruínas foram escavadas.
PÁG. AO LADO: A Costa Amalfitana.

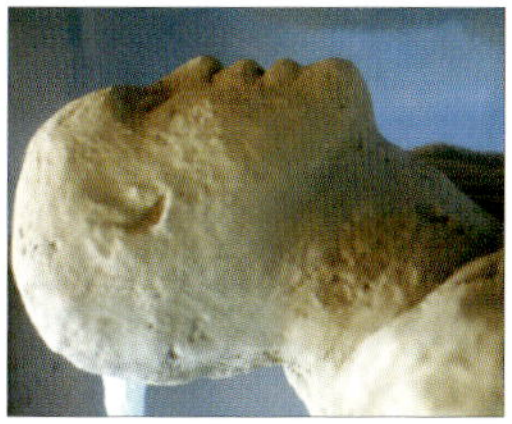

NESTA PÁGINA: *Celebridades como Caruso e Pavarotti se apresentaram no prestigioso Teatro San Carlo, em Nápoles, o mais antigo teatro de ópera da Itália, construído em 1737.*

PÁG. AO LADO (A PARTIR DO ALTO): *A Lucia Mondella de Jeff Koons, presença frequente no cenário artístico napolitano. Nápoles atrai grandes nomes, que são seduzidos pela incomparável energia da cidade; a estação de Vanvitell, do novo metrô de Nápoles, exibe instalações, mosaicos, luzes e esculturas de talentos locais e internacionais.*

ergue o austero Castel Nuovo. Depois de uma curva você encontra o Teatro San Carlo e o Palazzo Reale, na Piazza Plebescito. Descendo à esquerda da praça, chega-se ao bairro de Santa Lucia, onde barcos de pesca e iates se aglomeram ao redor do Castel dell'Ovo e de onde se descortina uma vista maravilhosa. Na esquina da Piazza Plebescito com a Via Chiaia fica o Gran Caffé Gambrinus, porta de entrada para muitos bares e restaurantes da Piazza dei Martiri, assim como para as lojas de luxo da Via dei Mille e da Piazza Amedeo. Daqui parte o funicular para o alto do monte Vomero, um bairro rico acima da velha Nápoles. No alto do monte situam-se o Castel Sant'Elmo e a Cartuxa de San Martino, que abrigam obras de arte antiga e moderna. A Via Roma passa pela Galleria Umberto I (inspirada na Galleria Vittorio Emmanuele de Milão) e leva à Piazza Dante e à Spaccanapoli, a via que atravessa o coração da velha Nápoles. Aqui estão ruas mais antigas, mais estreitas e mais tipicamente napolitanas, assim como o importante Museo Archeologico Nazionale, que abriga tesouros de Pompeia,

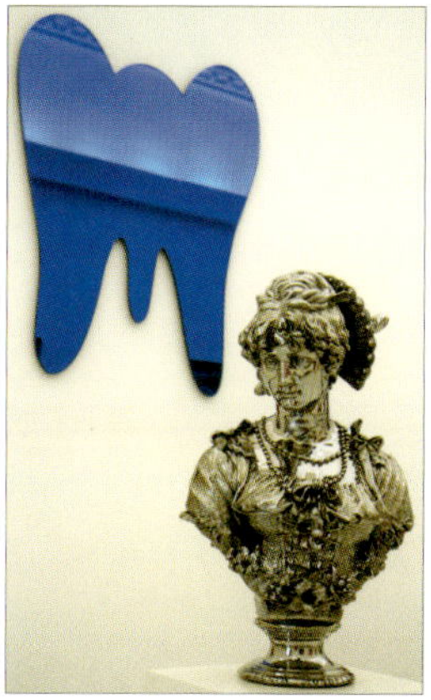

Herculano e outros sítios romanos. Os destaques são colossais esculturas de mármore da Coleção Farnese, pinturas murais de Pompeia, esculturas de bronze de Herculano, o encantador afresco que retrata a primavera extraído da Villa Stabia e um mosaico gigantesco de Alexandre Magno. O acervo inclui também o Gabinetto Segreto, sala que guarda uma coleção antiga de arte erótica. Ali perto, na Piazza Dante e na Piazza Bellini, há muitos cafés, perfeitos para experimentar o café italiano.

Descendo do museu, encontramos outras atrações, como o Duomo di San Gennaro; uma das mais belas pinturas de Caravaggio, *Le Sette Opere di Misericordia*, no Monte della Misericordia; a bela igreja renascentista de San Giovanni a Carbonara; e a Cappella Sansevero, onde está a extraordinária escultura *Cristo Velato*, de Sammartino.

A paixão de Nápoles pela arte, pela música e pelo teatro deu origem a vários projetos que transformaram a cidade. O MADRE é um museu de arte contemporânea que ocupa o convento Donna Regina. Abriga obras de Damien Hurst e Anish Kapoor, assim como do pintor napolitano Francesco Clemente. A pequena galeria T293, na Via Tribunali 293, é outro importante espaço dedicado à arte. Na Via dei Mille fica a Galleria PAN, que, além das exposições de arte, apresenta performances teatrais e filmes de arte. Mas é no subterrâneo que muita coisa acontece: sete novas estações do metrô servem de cenário para instalações de artistas de todo o mundo.

Acima do nível do mar, a Villa Capodimonte abriga um parque e um antigo pavilhão de caça da realeza transformado em espaço artístico. Sob a vila há outra Nápoles subterrânea, com cavernas, túneis, catacumbas, passagens secretas, abrigos antiaéreos e residências. São várias as entradas, uma delas sob a Chiesa di San Paolo e outra sob Santa Maria della Sanità, no distrito de Vergini. Perto da igreja você vai encontrar a magnífica escadaria do Palazzo dello Spagnolo (que também abriga a galeria de arte da Fondazione Morra) e o Palazzo Sanfelice.

NESTA PÁGINA: *Sorrento, com o Vesúvio visível ao longe.*

PÁG. AO LADO (A PARTIR DO ALTO): *Os limões-sicilianos, trazidos a Amalfi pelos árabes, são indispensáveis na culinária local. São muitas as variedades, algumas tão doces que os nativos gostam de comê-las; um mergulho nas ilhas Galli, em frente a Positano, lar das lendárias sereias de Homero e do grande bailarino Rudolf Nureyev.*

vesúvio, o grande vilão

A última erupção do Vesúvio ocorreu em 1944, e hoje quase um milhão de pessoas vive em suas férteis encostas. É fácil subir ao topo e espiar dentro da cratera, onde os vapores que brotam 200m abaixo provocam uma sensação assustadora, compensada pela magnífica vista que se descortina lá do alto. Quando o Vesúvio entrou em erupção, Pompeia foi reduzida a cinzas e Herculano se transformou numa torrente de lava que se solidificava ao atingir o mar. Os dois sítios são igualmente impressionantes. Pompeia parece uma imensa cidade fantasma, com o antigo inimigo Vesúvio agigantando-se a pouca distância. Foi redescoberta em 1600, mas as escavações só começaram um século mais tarde, quando muitos tesouros desapareceram. A maioria das melhores peças está no Museo Archeologico, mas ainda existem muitos mosaicos e afrescos a descobrir. Os destaques são a Villa dei Misteri, a casa da família Vetti, o bordel e a Casa dei Amorini Dorati (cupidos dourados). Herculano, menor e menos destruída, é famosa por seus mosaicos. Os mosaicos que representam Netuno e Anfitrite são inesquecíveis, assim como os golfinhos e outras criaturas marinhas das casas de banho.

limões de sorrento + costa amalfitana

Afastada da agitação de Nápoles, Sorrento é uma boa opção para chegar a Pompeia, a Capri e à Costa Amalfitana. O centro da cidade leva ao topo de um monte de onde se avista a baía de Nápoles, onde os pontões funcionam como praia.

A Costa Amalfitana é uma das mais belas da Itália. Uma estrada cheia de curvas fechadas, ladeada por uma vegetação que brota desafiadora do solo calcário, passa por pequenas vilas que se equilibram precariamente na rocha e quase despencam sobre ravinas, enquanto o sol e o céu se fundem em um imenso panorama azul. A cidade de Amalfi, localizada no fundo de uma ravina escavada por cascatas, revela forte influência sarracena, evidente não apenas nos limoeiros que crescem por toda parte, mas na torre do relógio e no claustro mourisco e arcos de ornamentos rendados de sua catedral. A principal indústria de Amalfi é a de papel.

Positano desfruta de uma localização espetacular, pendurada acima de uma faixa de areia. Suas ruas serpenteiam por casas em forma de cubo de cores pastel, todas orgulhosamente voltadas para o mar. Depois que John Steinbeck a descobriu no pós-guerra, a cidade tornou-se quase um campo de batalha na alta estação, quando os turistas chegam em hordas. O lugar continua encantador, mas a sensação de aperto pode ser irritante.

Há outros pontos de interesse ao longo desta costa.

Furore, o único fiorde da Itália, esconde-se entre Amalfi e Positano. Ravello ergue-se acima de Amalfi e oferece a vista mais privilegiada entre todas. Mas há outras de tirar o fôlego, como as de Villa Cimbrone e da romântica Villa Rufolo, que abriga um festival de música em seus jardins durante o verão. A catedral de Ravello é a mais bela de toda Costa Amalfitana.

ilhas chiques

Nem todos os lugares bonitos atraem tantos representantes do *beautiful people*, e este é um dos atrativos de Capri. Casas imaculadamente brancas ao redor da Piazzetta, onde todo mundo que conta já se sentou um dia. A Grotta Azzurra (Gruta Azul) e as esplêndidas lojas são famosas, mas a ilha tem muito mais a oferecer. Caminhando pelas velhas ruas a esmo, você pode se deparar com locais encantadores, como a Punta Tragara de Le Corbusier; a Villa Jovis ou o Arco Naturale; a Villa Malaparte; e os belos jardins da Villa Krupp.

Fora da cidade de Capri, a Marina Piccola oferece uma linda vista dos Faraglioni, três rochedos plantados no mar, assim como a melhor praia da ilha. Emilio Pucci abriu sua primeira loja aqui, em 1949. Anacapri, a outra cidade da ilha, é mais calma e menos cuidada. Aprecie a vista da Villa Michele ou a bela cerâmica maiólica no Giardino dell'Eden em San Michele. Ao cair da tarde, os bares ao lado do farol de Punta Carena, perto da Gruta Azul, são perfeitos para um drinque. Explorar a ilha de barco é a melhor maneira de conhecê-la, e um mergulho perto dos Faraglioni é um grande prazer.

Ischia é uma ilha luxuriante e surpreendentemente grande. Dominada pelo inativo Monte Epomeo, é pontilhada de lagoas termais. Cheia de vinhas, limoais e pequenas fazendas, a ilha contém os belos jardins de

La Mortella, criados por William Walton e sua mulher, Susana. As praias de Maronti, perto de Sant'Angelo, e de San Montano, em Forio, são as melhores da baía. A região do porto, Ischia Porto, é a mais animada, mas a vila de Ischia Ponte é imperdível. Seu castelo é uma joia. Os melhores restaurantes da ilha ficam ao redor de Forio.

Procida é uma pequena ilha, famosa por seus limões e cenário de vários filmes. Suas casas coloridas são despretensiosas. A vila de pescadores de Corricella é a parte mais antiga da ilha; do outro lado fica a bela praia de Chiaia e sua perfeita *trattoria*.

NESTA PÁGINA (A PARTIR DO ALTO): *Os trulli de Alberobelli, cujo telhado cônico é uma marca distintiva da arquitetura da Puglia; a elaborada fachada de Santa Croce de Giuseppe Zimbalo.*

PÁG. AO LADO: *A Via Krupp em Capri. Apesar das tentativas de domar Capri, o encanto da ilha deriva de sua dupla personalidade: seu magnetismo e sua beleza intensamente natural.*

no salto alto

Puglia é o salto e a espora da bota da Itália. Maior produtora de azeite de oliva, a região é dominada pelos olivais do sul e as férteis planícies do norte. A espora da bota é formada pela península de Gargano, onde belas cidadezinhas litorâneas equilibram-se no alto de rochedos e só podem ser alcançadas por estradas costeiras cheias de curva ou através da escura Foresta Umbra. As Isole Tremiti – um arquipélago de cinco ilhas perfeitas para mergulho – ficam a curta distância de barco. Vieste é sem dúvida a cidade mais bonita da península; mais para o interior fica Monte Sant'Angelo.

Ao sul, Lecce é famosa por sua arquitetura barroca. A aventurina devia ser uma pedra abundante aqui, pois foi usada na construção da rica Basilica di Santa Croce e da Piazza del Duomo, duas obras-primas do mestre escultor Giuseppe Zimbalo na cidade. Depois de Lecce encontram-se as pitorescas cidades litorâneas de Otranto, Gallipoli e Santa Maria di Leuca – lindas praias, castelos e uma rica história.

Os *trulli* existentes ao redor de Alberobello e Locorotondo são outra das grandes atrações da Puglia. Casas de um único cômodo, cobertas por um telhado cônico de lajes de pedra, aglomeradas como numa cidade de anões. No alto do telhado, muitas casas exibem símbolos mágicos e pagãos. Infelizmente, Alberobello ficou muito turística; Locorotondo é bem menos comercial.

Situado em uma grande planície perto de Bari, ergue-se o Castel del Monte, cujas imensas proporções e perfeita geometria há séculos intrigam os visitantes. Construído por Frederico II "Stupor Mundi" em meados do século 13 como pavilhão de caça, revela forte influência islâmica em sua forma octogonal.

No século 11, os normandos se estabeleceram na Calábria e em Basilicata, mais tarde integradas ao Reino da Sicília, que se estendia por todo o terço sul do território italiano. Em Matera, entre os séculos 8º e 13, monges bizantinos habitavam muitas *sassi* (cavernas) escavadas na rocha. Dentro das cavernas, os monges criaram minúsculas *chiese rupestre* (igrejas rupestres), que são uma das principais atrações de Basilicata.

NESTA PÁGINA (A PARTIR DO ALTO): *Afresco da Chiesa di Santa Maria d'Idris, no distrito de Sasso Caveoso, em Matera, onde Mel Gibson filmou grande parte de seu filme* A Paixão de Cristo*; muitas cavernas estão sendo transformadas em hotéis ou restaurantes, revitalizando a cidade de Matera.*

PÁG. AO LADO: *O Castel del Monte, perto de Bar, é apenas um dos castelos nobres do sul.*

magna grécia

Por volta de 800 a.C. os gregos se estabeleceram no sul da Itália, onde construíram grandes cidades-estados ao longo do arco da bota. Restaram apenas ruínas de Régio, Locros, Crotona, Síbaris, Heracleia, Metaponto e Taras (Taranto). Entretanto, muitos artefatos sobreviveram e hoje estão expostos nos museus de Taranto e Reggio Calabria.

Locros (antiga Locri Epizefiri) foi a cidade natal de Zaleuco, que compilou o primeiro código grego, o Código de Locros. Era um legislador austero, que punia o adultério com a cegueira. Mas era também muito sensível, e nenhuma mulher tinha permissão para ter mais de uma criada para acompanhá-la a não ser que estivesse bêbada. Os lendários sibaritas, cujo modo de vida foi dicionarizado, foram literalmente varridos pelos vizinhos de Crotona em 510 a.C., o que para os gregos, era manifestação da justiça divina. Poseidônia, mais conhecida como Paestum, foi fundada por sibaritas nômades em 600 a.C. Abandonada na Idade Média, desapareceu. Redescoberta durante a construção de uma estrada real no século 18, Paestum logo se tornou uma das preferidas do Grand Tour da aristocracia inglesa. É a cidade mais bem-preservada de toda a Magna Grécia.

... cujas imensas proporções e perfeita geometria há séculos intrigam os visitantes.

Casa Angelina Lifestyle

... sobre um rochedo na pitoresca vila de Praiano, na Costa Amalfitana...

Uma característica de qualquer hotel butique é seu design moderno e minimalista. O problema é que alguns deles exageram, eliminando o conforto e criando um ambiente estéril e sem alma, o que faz com que os hóspedes reduzam sua estadia a uma rotina tediosa, em vez da experiência prazerosa que a princípio esperavam ter.

Nem todos os hotéis butiques são culpados desse erro, já que alguns deles evitam esse caminho e aliam um design criativo e instalações modernas com as tradicionais virtudes de um serviço cordial e um ambiente luxuoso. Como o nome indica, o Casa Angelina Lifestyle Hotel é um deles. É ao mesmo tempo um lar e um hotel, onde a tradicional hospitalidade italiana e um serviço de primeira são tão importantes quanto a decoração elegante e instalações confortáveis.

Numa localização espetacular no alto de um rochedo na pitoresca vila de Praiano, na Costa Amalfitana, o Casa Angelina tem 41 quartos e suítes lindamente decorados, tão modernos e elegantes quanto em outras partes da Itália. Peças e móveis contemporâneos – como esculturas de Sosabravo, luminárias de Philippe Starck, sofás Gervasoni e obras-primas de cristal de Murano – foram habilmente introduzidos, criando um ambiente ultramoderno, mas calmo, um prazer para os sentidos e para o espírito. A impressão de elegância e romance seria por si só notável mesmo sem o bônus da espetacular vista do golfo de Salerno que todos os quartos oferecem, sem falar da TV de plasma por satélite, do amplo banheiro, do ar-condicionado e do serviço de quarto 24 horas.

Outros aspectos do hotel são igualmente excepcionais, a começar pelo restaurante principal, Un Piano nel Cielo, onde os hóspedes podem saborear a cozinha clássica italiana – uma deliciosa mistura dos sabores do Mediterrâneo e da Costa Amalfitana – enquanto desfruta a magnífica vista do mar que se descortina do terraço. Pratos de peixe e frutos do mar frescos

NESTA PÁGINA (A PARTIR DO ALTO):
A Casa Angelina mistura vanguarda e conforto com excelentes resultados; os quartos são minimalistas, mas elegantes.

PÁG. AO LADO (A PARTIR DO ALTO):
Esplêndidas peças de cristal de Murano estão espalhadas por todo o hotel; desfrute o sol da Costa Amalfitana; ou aproveite a relaxante piscina aquecida coberta.

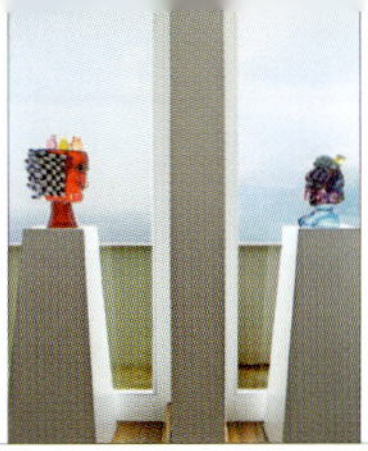

QUARTOS
41

CULINÁRIA
Un Piano nel Cielo: mediterrânea

BEBIDA
Marrakech Bar

DESTAQUES
Piscina coberta • piscina descoberta • hidromassagem • academia • sauna • spa

ARREDORES
Amalfi • Capri • Pompeia • Positano • Ravello • Sorrento • Vietri

ENDEREÇO
Via G. Capriglione 147, 84010 Praiano, Salerno • telefone: +39.089.813 1333 • fax: +39.089.874 266 • e-mail: reservations@casangelina.com • site: www.casangelina.com

são os destaques, que podem ser acompanhados de um dos muitos bons vinhos italianos ou internacionais selecionados pelo hotel. Além disso, há alguns bares elegantes, como o Cigar Room, que tem uma seleção premiada de ótimos charutos, rum e grapa.

Finalmente, mas não menos importante, a Casa Angelina tem uma praia particular, embora o melhor prêmio talvez seja a pequena frota de barcos Sea Gem, movidos à mais moderna tecnologia, que faz de passeios de um dia a Positano, Nápoles, Capri ou Sorrento um total prazer. E ainda há as três piscinas e um spa que abrange 150m², especializado em uma grande variedade de programas de exercícios baseados no método Pilates e dispõe de piscina de hidromassagem, sauna e academia. No todo, é uma mistura de elegância, conforto, ambiente e prazer que outros hotéis da região terão dificuldade de imitar.

Costantinopoli 104

... com uma localização perfeita no centro histórico...

À sombra do Vesúvio, Nápoles estende-se ao redor de uma bela baía que leva seu nome na região da Campanha, no sul da Itália. Tão famosa por suas ruas barulhentas quanto por suas *piazzas*, sua efervescência e suas vistas espetaculares, a cidade que inventou a pizza oferece uma alternativa colorida às austeras cidades do norte. E, com algumas das praias mais espetaculares do Mediterrâneo ao longo da Costa Amalfitana, Nápoles tem atrações para todos os gostos.

A cidade vibra em suas ruas estreitas e lotadas de carros, vespas e ambulantes, o que parece contribuir para o seu encanto. Os que a visitam, porém, vão apreciar um pouco de calma no fim do dia no gracioso ambiente do hotel Constantinopoli 104, cujas origens remontam ao fim do século 19.

Esta *villa* Art Nouveau reformada com bom gosto tem uma localização perfeita no centro histórico, a poucas quadras do Museo Archeologico Nazionale, onde estão guardados os lendários tesouros do Vesúvio e de Herculano. Um oásis de tranquilidade, o hotel está instalado em um pátio, onde uma piscina, jardins e palmeiras exóticas criam um sereno ambiente interiorano apesar da localização urbana.

NESTA PÁGINA (A PARTIR DO ALTO): *Iluminada por uma luz suave, a piscina parece particularmente convidativa à noite; as suítes têm piso de madeira e uma cama em dossel, que criam um ambiente requintado.*

PÁG. AO LADO (SENTIDO HORÁRIO, A PARTIR DO ALTO): *Tons quentes e um espaçoso interior fazem dos quartos um refúgio confortável; o Constantinopoli 104 acolhe os hóspedes em seu lar do século 19; quadros da época colaboram para o charme de mundo antigo.*

Grande parte da arquitetura original do hotel permanece intacta, inclusive os vitrais, as balaustradas de mármore e os elaborados pisos. No clássico interior, o piso de madeira encerada, antiguidades, gravuras e uma acolhedora lareira recepcionam os hóspedes na sala de estar. Os quartos são espaçosos e luxuosos, abrindo-se para o jardim no andar térreo e para um terraço no andar superior. As suítes são equipadas com suntuosas banheiras de hidromassagem, antídoto perfeito para um dia cheio na agitada cidade.

Detalhes de requinte, como cestas cheias de frutas frescas e vasos de flores, decoram o interior, fazendo com que os hóspedes se sintam em casa. Além disso, uma equipe simpática, prestativa e multilíngue lhes garante um descanso total e tornam sua estadia o mais agradável possível.

Depois de um delicioso café da manhã, os hóspedes podem caminhar pelas ruas tranquilas ao redor do hotel e observar os artesãos no trabalho de restauro de instrumentos musicais antigos. Podem ainda visitar uma das muitas extraordinárias igrejas barrocas, como San Domenico Maggiore ou o espetacular Duomo. Na região do Constantinopoli também não faltam irresistíveis *trattorie* onde se pode saborear o prato típico napolitano, a pizza. O Constantinopoli 104 é a antítese da cidade tumultuada em que ele se localiza, um paraíso de calma e um refúgio suntuoso.

QUARTOS
19

CULINÁRIA
refeições mediante solicitação

BEBIDA
carta de vinhos

DESTAQUES
Excursões a Pompeia e Herculano • piscina • TV por satélite • hidromassagem • aparelhos de CD e DVD • espaço multifuncional

ARREDORES
Museo Archeologico Nazionale • centro histórico • Cappella Sansevero • Museo d'Arte Contemporanea Donna Regina

ENDEREÇO
Via Santa Maria di Constantinopoli 104, 80138 Nápoles • telefone: +39.081.557 1035 • fax: +39.081.557 1051 • e-mail: info@constantinopoli104.it • site: www.constantinopoli104.com

Furore Inn Resort + Spa

... tudo o que a Costa Amalfitana tem a oferecer num pequeno pacote requintado.

Alguns lugares do mundo são tão belos que é difícil para o visitante encontrar um hotel à altura da qualidade e do esplendor do ambiente. A Costa Amalfitana é um desses lugares, e o que torna a tarefa ainda mais difícil é o fato de o terreno ser tão escarpado e irregular que os hotéis são todos de difícil acesso. Por tudo isso os hóspedes devem ser gratos à existência de um hotel cinco estrelas elegante e de bom gosto como o Furore Inn Resort and Spa. Para quem sabe das coisas, é o único lugar onde se hospedar na Costa Amalfitana.

Naturalmente, essa falta de verdadeira concorrência pode provocar uma cultura de acomodação, mas não no Furore Inn. Aqui, a busca de excelência é uma meta constante, como atestam os inflexíveis e irrestritos padrões de serviço e atenção ao detalhe. O resultado é um *resort* que não apenas determina o padrão para outros estabelecimentos da região, mas ainda proporciona tudo o que a Costa Amalfitana tem a oferecer em um pequeno pacote requintado.

Ocupando a encosta de uma colina e voltado para a encantadora cidade do mesmo nome e para o Mediterrâneo, este hotel butique não podia ter melhor localização. Além disso, seu pequeno tamanho permite à equipe alegre e atenciosa dar aos hóspedes total atenção durante sua estadia.

Todos os 22 quartos e suítes são iluminados e espaçosos, uma mistura suave de móveis elegantes e confortos modernos, criando um ambiente luxuoso e confortável de altíssimo padrão. Embora não existam dois quartos iguais, todos têm uma qualidade em comum: oferecem a vista mais romântica e fascinante que se possa imaginar.

Mas não é apenas a vista que tem atraído visitantes à Costa Amalfitana ao longo dos anos. Nenhuma visita à região estaria completa sem uma experiência culinária igualmente magnífica, e nesse aspecto o Furore Inn não decepciona. Há dois restaurantes a escolher. O criativo Italian Touch mescla sabores mediterrâneos e internacionais num ambiente elegante, que mereceu com justiça a fama de restaurante

NESTA PÁGINA (A PARTIR DO ALTO): Os quartos do Furore Inn oferecem uma vista deslumbrante do mar; saboreie um espresso no ambiente tranquilo do Caffé dell'Affresco.

PÁG. AO LADO (A PARTIR DO ALTO): O spa oferece uma ampla variedade de tratamentos para um total rejuvenescimento; dê um mergulho na bela piscina integrada ao Mediterrâneo; na colina de Crevano, longe da agitação de Amalfi, o hotel é um calmo refúgio para a traquilidade de mente e corpo.

QUARTOS
22

CULINÁRIA
Italian Touch: mediterrânea e internacional • La Volpe Pescatrice: italiana

BEBIDA
American Bar • Caffè dell'Affresco • adega

DESTAQUES
Piscina descoberta • Beauty Furore Spa • piscina de hidromassagem • estacionamento • quadra de tênis • TV por satélite

NEGÓCIOS
sala de reuniões

ARREDORES
Costa Amalfitana • Capri • Pompeia • Positano • Ravello • Sorrento • Vietri

ENDEREÇO
Via dell'Amore, Piazza Sant'Elia 1, 84010 Furore, Costa Amalfitana • telefone: +39.089.830 4711 • fax: +39.089.830 4777 • e-mail: information@furoreinn.it • site: www.furoreinn.it

gourmet de alta classe. La Volpe Pescatrice, por outro lado, oferece pratos tradicionais em um ambiente menos formal, com dois terraços onde os clientes podem saborear ao mesmo tempo a culinária e a espetacular vista. Utilizando ingredientes locais, em particular frutos do mar, cada prato pode ser acompanhado por um dos muitos vinhos nacionais e internacionais disponíveis.

Além disso, o hotel conta com três piscinas, spa, piscina de hidromassagem ao ar livre e quadra de tênis. Por tudo isso, não é difícil entender por que este hotel está sempre classificado entre os dez melhores hotéis butiques da Itália.

Grand Hotel Excelsior Vittoria

... a história se revela em cada canto do Vittoria.

NESTA PÁGINA (A PARTIR DO ALTO): *A luxuosa decoração da Pompei Suite permite ao hóspede reviver a opulência da Roma imperial; na Aurora Suite, impressionam os belos afrescos do teto e o charme do velho mundo.*

PÁG. AO LADO (A PARTIR DO ALTO): *Curta um mergulho relaxante na piscina, cercada pelos jardins do hotel; aproveite a ampla variedade de tratamentos de beleza no spa.*

Há séculos Sorrento encanta o mundo, repousada entre o céu azul e as águas cintilantes da baía de Nápoles. Membro de The Leading Small Hotels of the World, o Grand Hotel Excelsior Vittoria hospedou Pavarotti, Sophia Loren e inúmeros membros da realeza. Presente na Gold List da *Condé Nast Traveller*, é a base ideal para explorar as riquezas culturais desta região.

Do jardim de inverno Art Nouveau aos móveis autênticos feitos à mão da sala de música Belle Époque, a história se revela em cada canto do Vittoria. Artistas contemporâneos famosos criaram tapeçarias e pinturas exclusivas em *trompe l'œil* para aumentar o clima romântico deste cinco estrelas que é considerado de grande importância cultural. Os 98 quartos e suítes luxuosamente decorados situam-se num prédio adjacente que faz parte do complexo do hotel. A Pompei Suite oferece um amplo loft, dois banheiros de mármore e fascinantes vistas do mar, enquanto a Suite Margaret tem um deslumbrante teto neorrenascentista e banheiro de mármore vermelho da Campanha. Obras-primas adornam as paredes, e móveis Luís XVI e Biedermeier contribuem para o estilo atemporal do hotel.

Os jardins particulares do hotel ocupam 2ha de um terreno verdejante e um pomar de laranjeiras. Fragrantes buganvílias e palmeiras tropicais cercam a piscina de mármore de Trani com sua revigorante área de hidromassagem.

No jardim está imerso o centro holístico La Serra, projeto do arquiteto inglês Colin Gold, que oferece uma infinidade de produtos de tratamento. Os tentadores rituais desintoxicantes e de bem-estar são realizados em uma sala individual ou numa suíte especial para casais. O Giardino degli Aranci é um tratamento exclusivo altamente recomendado.Vários tipos de massagens – *shiatsu*, ayurvédica, sueca, entre outras – também estão disponíveis, assim como tratamentos de beleza que usam os produtos Salin de Biosel e Organic Pharmacy para intensificar essa deliciosa experiência.

Esplêndidos afrescos *fin de siècle*, revestimentos de mármore e um parquê encerado decoram o elegante restaurante do Vittoria. Suas janelas emolduram a vista panorâmica, onde pitorescas ilhas pontilham o mar à meia distância. O chef Vincenzo Galano se alegra de produzir a mais saudável cozinha mediterrânea, capaz de satisfazer os mais exigentes gourmets. No verão, o Terrazza Bosquet oferece um ambiente mais íntimo em seu terraço voltado para o altivo Vesúvio. Para mais um pouco de diversão, lembre-se de percorrer as elegantes butiques da cidade. Nápoles, o Vesúvio, as cidades montanhosas de Amalfi e os sítios arqueológicos de Pompeia e Herculano podem ser alcançados numa excursão de um dia. A estadia multifacetada no Vittoria significa uma temporada movimentada de férias ou um refúgio relaxante que pode ser desfrutado em qualquer época do ano.

QUARTOS
98

CULINÁRIA
Ristorante Vittoria: mediterrânea • Terrazza Bosquet: mediterrânea • restaurante da piscina: napolitana

BEBIDA
Bar Vittoria • bar da piscina

DESTAQUES
TV por satélite • frigobar • cofre • spa La Serra • piscina externa • hidromassagem • internet • babysitter mediante solicitação

NEGÓCIOS
salas de reuniões

ARREDORES
Amalfi • Capri • Pompeia

ENDEREÇO
Piazza Tasso 34,
80067 Sorrento, Nápoles •
telefone: +39.081.877 7111 •
fax: +39.081.877 1206 •
e-mail: exvitt@exvitt.it •
site: www.exvitt.it

Grand Hotel Parker's

... especialmente concebido para oferecer hospitalidade e serviços do mais alto padrão.

NESTA PÁGINA (A PARTIR DO ALTO): A espetacular fachada do hotel à noite; o extravagante salão de baile; é possível comer no terraço, apreciando a magnífica vista da baía.

PÁG. AO LADO (SENTIDO ANTI-HORÁRIO, A PARTIR DO ALTO): Quartos iluminados e espaçosos; o spa Day Light oferece vários tipos de programas de tratamento; curta um romântico jantar à luz de velas no George's Restaurant, com vista para a baía de Nápoles.

Há hotéis tão perfeitos e acolhedores que, em algum momento da estadia, os hóspedes não podem deixar de sonhar em comprar a propriedade, transformando-a num lar onde pudessem permanecer pelo resto da vida. Esta fantasia do cavalheiro inglês George Parker Bidder se tornou realidade quando ele se hospedou no Hotel Tramontana-Beaurivage de Nápoles no fim dos anos 1880. Ficou tão apaixonado pela hospitalidade e pelo local que decidiu transformar o sonho em realidade. O resultado do sonho é hoje o Grand Hotel Parker's.

Quem poderia culpá-lo por essa decisão? O Grand Hotel Parker's é tudo o que alguém poderia desejar, com todas as instalações e atrações de um luxuoso hotel e o conforto e a intimidade de um lar. Situado em uma colina com vista para a gloriosa baía de Nápoles, não só desfruta de uma das melhores localizações da cidade, mas também herdou a gran-

diosidade e a sofisticação de um de seus mais belos edifícios: um magnífico exemplo Art Nouveau de seis andares, com salões espaçosos, todos requintadamente decorados com escrivaninhas de frisos dourados estilo Império, pinturas do século 19, esculturas de bronze e de mármore, cintilantes candelabros e pilastras caneladas – uma festa visual para os hóspedes. Os 73 amplos quartos e nove magníficas suítes são igualmente impressionantes. Todos oferecem vistas espetaculares da baía de um lado e da vibrante cidade do outro. Nos quartos, há antiguidades da época de Carlos X, Luís XIV e do império, sem falar nos banheiros de mármore e nos confortos modernos como ar-condicionado, TV por satélite e acesso de alta velocidade à internet.

Se Nápoles tem uma das melhores culinárias da Itália, os hóspedes vão descobrir que o restaurante na cobertura do hotel, o George's, está à altura do melhor que a cidade tem a oferecer. O chef napolitano Baciòt supervisiona uma equipe dedicada no preparo de deliciosos pratos que refletem a rica herança culinária da região. Sendo produtor de vinho, o hotel oferece aos hóspedes uma visita à sua fazenda vinícola na Campanha, a Fattoria Villa Matilde, com sessões de degustação.

Há também dois bares, Le Muse e Il Bidder's, que compartilham a vista panorâmica. Quem aprecia um bom charuto, uísque ou conhaque pode visitar o Cigar Corner. O maravilhoso e moderno spa Day Light está em condições de oferecer todos os tipos de tratamentos, enquanto uma acolhedora e sortida biblioteca permite uma agradável tarde de leitura. Mas o maior prazer talvez seja a oportunidade de embarcar na *Mataibis II*, a lancha particular do hotel, para um passeio pelas ilhas.

Construído para atender ao nascente comércio turístico, o hotel foi especialmente concebido para oferecer hospitalidade e serviços do mais alto padrão. É uma tradição que continua na idade moderna, como atesta a longa lista de ilustres hóspedes ao longo de décadas.

QUARTOS
82

CULINÁRIA
George's Restaurant: mediterrânea

BEBIDA
Bidder Bar • The Muses Terrace • Cigar Corner

DESTAQUES
estacionamento particular • spa • lancha particular • academia • salão de baile

NEGÓCIOS
salas de reunião • internet sem fio • acesso à internet de alta velocidade

ARREDORES
Piazza Plebiscito • Palazzo Reale • Teatro San Carlo • Capri • Ischia • Sorrento • Pompeia • Costa Amalfitana • Villa Matilde • Campanha

ENDEREÇO
Corso Vittorio Emanuele 135, 80121 Nápoles • telefone: +39.081.761 2474 • fax: +39.081.663 527 • e-mail: info@grandhotelparkers.it • site: www.grandhotelparkers.it

Hotel San Francesco Al Monte

... obras de arte medievais e afrescos adornam as paredes sob um vasto teto abobadado...

Terceira maior cidade da Itália, Nápoles tem muito a oferecer. Tendo sido dominada pelos romanos, pelos bizantinos e por grupos como os revolucionários franceses em uma história que remonta aos séculos 6º e 7º a.C., a cidade que inventou a pizza tem um lado rebelde. Mas isso é compensado por sua vitalidade, seu intrigante passado, suas *piazzas* e ruas de pedra, e a magnífica baía que a rodeia. Além disso, a cidade é uma porta de entrada para as belezas da Costa Amalfitana e as ruínas de Pompeia.

Com espetaculares vistas da baía de Nápoles e muita personalidade, o Hotel San Francesco al Monte é uma opção imperdível para os que visitam a cidade. Antigo mosteiro franciscano do século 16, fundado pelo frei Agostino da Miglionico, da Ordem dos Frades Menores Conventuais, conhecidos como *barbanti* por causa da barba espessa que usavam, este refinado hotel butique foi cuidadosamente restaurado, e o resultado é um casamento perfeito entre absoluto luxo e conforto, por um lado, e grandiosidade do velho mundo e beleza, por outro.

Autênticas obras de arte medievais e afrescos adornam as paredes sob um vasto teto abobadado, enquanto o antigo claustro cerca um pátio tranquilo, criando um interior verdadeiramente envolvente. Os quartos foram transformados em refúgios de refinada elegância, todos com vistas panorâmicas da baía, abrangendo o Vesúvio e a ilha de Capri. Com um piso de lajotas enceradas, tons pastel e janelas em forma de rosácea, são um recanto acolhedor. Confortos modernos, como TV por satélite, se misturam a móveis clássicos, e a banheira de hidromassagem em cada quarto aumenta seu esplendor.

Os proprietários do San Francesco al Monte fizeram o máximo para preser-

NESTA PÁGINA (A PARTIR DO ALTO): *um dos antigos aposentos dos monges, onde o encanto foi preservado; os luxuosos banheiros dispõem de uma banheira ou de uma hidromassagem; relaxe, leia ou converse com os amigos no sereno ambiente do hotel.*

PÁG. AO LADO (A PARTIR DO ALTO): *Reviva a época medieval enquanto saboreia uma refeição tradicional no majestoso restaurante; a bela piscina do hotel na colina de San Martino.*

var o mosteiro original, e os extraordinários jardins suspensos não são exceção. Caminhos atravessam a verdejante encosta da montanha, passando por hortas, vinhedos e pérgulas, oferecendo aos hóspedes uma genuína sensação da vida rural no coração da cidade.

Ao lado dos jardins fica o terraço de cobertura, com uma piscina escavada na rocha, de onde se abre uma esplêndida vista da baía da Nápoles. E não há melhor maneira de terminar o dia do que saborear um coquetel no bar do terraço, admirando o sol cair sobre uma das mais belas baías do Mediterrâneo.

Se hospedar-se no antigo mosteiro é uma experiência quase paradisíaca, uma refeição aqui é um banquete dos anjos. O elegante La Terrazza dei Barbanti oferece uma das melhores cozinhas mediterrâneas de Nápoles, além das esplêndidas vistas. Quem gosta de ar fresco pode desfrutar de um delicioso almoço ao ar livre nas vinhas. Os amantes do vinho vão adorar uma noite em La Cantinetta dei Barbanti, a adega do hotel. Antiga adega do convento, contém mais de 350 vinhos nacionais e internacionais, e é a cereja no bolo desta joia de hotel.

QUARTOS
45

CULINÁRIA
La Terrazza dei Barbanti: italiana • The Cloister: chá da tarde • Na vinha: almoço leve italiano

BEBIDA
La Cantinetta dei Barbanti • Lounge Bar • The Cloister • adega

DESTAQUES
frigobar • piscina • jardins suspensos • terraço de cobertura • TV por satélite • hidromassagem • instalações para casamentos • excursões a pontos turísticos

ARREDORES
funicular • centro da cidade • Pompeia • Costa Amalfitana

ENDEREÇO
Corso Vittorio Emanuele 328, 80135 Nápoles • telefone: +39.081.423 9111 • fax: +39.081.251 2485 • e-mail: info@hotelsanfrancesco.it • site: www.hotelsanfrancesco.it

Maison La Minervetta

... uma obra-prima de design contemporâneo...

NESTA PÁGINA (A PARTIR DO ALTO): *O dinâmico interior da cozinha inspira a excelência culinária; ornamentos originais decoram os quartos, dando-lhes uma aparência elegante e singular; os banheiros são igualmente vibrantes.*

PÁG. AO LADO (A PARTIR DO ALTO): *O terraço é o lugar ideal para admirar a magnífica baía de Nápoles; curta a vista do mar do conforto do seu quarto.*

Quando Adda Cacace e seu filho Marco reformaram La Minervetta, seu objetivo não era simplesmente transformá-la em um dos mais extraordinários hotéis da Costa Amalfitana, mas restaurar o prestígio alcançado pelo pai dela – o fundador de La Minervetta, Don Giovanni Cacace – cerca de 30 anos antes. Com a experiência de Marco em design de interiores e a visão de Adda para o que existe de melhor em modernos confortos, os dois criaram um hotel butique de muita personalidade, original e ao mesmo tempo encantador. Pendurada em um alto rochedo e voltada para a baía de Nápoles, com a pitoresca vila de pescadores de Marina Grande logo abaixo e o Vesúvio elevando-se majestoso ao lado, La Minervetta não poderia ter uma localização mais espetacular. E, com a gloriosa cidade de Sorrento a 500m de distância, os hóspedes podem desfrutar do melhor de dois mundos: uma temporada agradável à beira-mar, assim como atrações culturais e restaurantes cheios de vida.

Reinaugurada em 2005, La Minervetta é uma obra-prima de design contemporâneo, embora preserve um ar informal e caracteristicamente mediterrâneo. Cores vibrantes, objetos de arte *vintage* e uma refinada coleção de livros de arte decoram a sala de estar, que se abre para um terraço com vistas panorâmicas do mar. Aqui, um delicioso café da manhã é servido à sombra de guarda-sóis coloridos. Descansando nas espreguiçadeiras do deque de teca antes de um mergulho na piscina, os hóspedes podem distrair-se durante uma tarde inteira observando a calma rotina dos moradores de Marina Grande, enquanto os barcos de pesca permanecem ali ancorados, tão perto que quase se pode tocá-los.

Como todo o hotel, os 12 quartos são impecavelmente decorados e cheios de encantadores detalhes. Antigos baús e mesas de madeira, adequados ao ambiente náutico, harmonizam-se com a moldura de madeira das janelas, que se abrem totalmente, criando um terraço. As paredes brancas contrastam com os tons vermelhos e laranja das colchas e das poltronas, enquanto os banheiros encantam com seus ladrilhos pintados à mão e brilhantes cores mediterrâneas, criando um efeito revigorante.

Depois de um longo dia de passeios em Sorrento ou na praia – à qual se tem acesso por uma escada particular do hotel –, os hóspedes podem relaxar no terraço, saboreando um coquetel e apreciando o pôr do sol. Os que buscam mais privacidade, porém, talvez queiram se aninhar na cama e sintonizar a TV de tela plana antes de cair num sono tranquilo, garantido pelas paredes à prova de som.

La Minervetta é um hotel butique no qual cada canto, cada quarto e cada detalhe merecem uma foto – e não é difícil entender por quê. Um hotel de luxo com muito charme, com certeza supera todas as expectativas.

QUARTOS
12

CULINÁRIA
café da manhã

BEBIDA
coquetéis • carta de vinhos

DESTAQUES
internet sem fio • TV por satélite • piscina de hidromassagem • solário • terraço • excursões • visitas guiadas • atividades esportivas • aluguel de carros, motos e barcos • babysitter mediante solicitação • massagem e tratamentos de beleza mediante solicitação

ARREDORES
spa termal • praias • Marina Grande • Sorrento

ENDEREÇO
Via Capo 25, 80067 Sorrento, Nápoles •
telefone: +39.081.877 4455 •
fax: +39.081.878 4601 •
e-mail: info@laminervetta.com •
site: www.laminervetta.com

Masseria Cimino

... uma bela mistura entre o velho e o novo.

Até alguns anos atrás, qualquer pessoa que quisesse listar destinos adequados à prática do golfe incluiria o Algarve, Espanha, Escócia, Irlanda e Flórida. Poucos sugeririam a Itália, país para o qual se viajava em busca de cultura, história, boa comida e bom vinho. Se existisse um campo de golfe por perto, em geral não apresentava os padrões exigidos por um verdadeiro aficionado. Nos últimos anos isso mudou. Hoje, a Itália conta com alguns dos mais belos e desafiadores campos de golfe da Europa, entre eles o impressionante San Domenico Golf, a meio caminho entre Bari e Brindisi, na costa sul do Adriático. Na altura do 9° buraco, ergue-se a igualmente impressionante Masseria Cimino.

Embora circundada por um campo de golfe, a Masseria Cimino não é um hotel típico de golfe. Como sua irmã, a Masseria San Domenico, a Masseria Cimino é de propriedade familiar e foi instalada em uma fazenda do século 18, originalmente sede da lendária Ordem dos Cavaleiros de Malta. Usando materiais e métodos de construção tradicionais, os edifícios da fazenda foram cuidadosamente reformados durante cinco anos, o que resultou em uma bela mistura entre o velho e o novo.

São apenas 15 quartos, todos decorados num estilo mediterrâneo simples, mas elegante, em tons neutros e acabamentos minimalistas. Alguns dispõem de uma linda lareira, enquanto outros têm uma sacada voltada para o campo de golfe e o mar. Todos os quartos são equipados com TV de tela plana e banheiros de mármore, com o detalhe especial da pia em travertino.

O resultado é um ambiente de luxo e romance, que traz à mente uma frase famosa do estilista Giorgio Armani: "eliminar o supérfluo, enfatizar o conforto e reconhecer a elegância da simplicidade".

Para aqueles que forem capazes de sair do conforto do quarto, há outros prazeres à disposição: uma deslumbrante piscina e uma joia de

NESTA PÁGINA (A PARTIR DO ALTO): A Suite del Massaro irradia um relaxante charme mediterrâneo em tons revigorantes; todos os quartos têm um luxuoso banheiro de mármore.

PÁG. AO LADO (SENTIDO HORÁRIO, A PARTIR DO ALTO): A decoração moderna também faz parte do estilo da Masseria Cimino; jogue uma partida de golfe no espetacular gramado do San Domenico Golf; os hóspedes podem relaxar e saborear a cozinha regional no ambiente acolhedor do restaurante.

restaurante, que serve pratos simples, mas preparados com competência, típicos da região da Apúlia, acompanhados de um dos muitos vinhos em oferta. Além disso, um bar no estilo *lounge* proporciona o ambiente perfeito onde relaxar e fazer amigos antes ou depois de uma refeição.

Finalmente, mas não menos importante, o Masseria Cimino conta com um magnífico campo de golfe de 18 buracos par 72. Com gramados de acordo com as especificações da USGA, associação de golfe dos EUA, o clube conta com loja de produtos esportivos, vestiários, restaurante e sauna, tudo com o mar Adriático como pano de fundo. É o paraíso do golfe em estilo italiano.

QUARTOS
15

CULINÁRIA
regional

BEBIDA
bar • lounge

DESTAQUES
aluguel de barcos • piscina • bicicletas • campo de golfe de 18 buracos

ARREDORES
Alberobello • Bari • Brindisi • Lecce

ENDEREÇO
Contrada Masciola, 72010 Savelletri di Fasano, Brindisi • telefone: +39.080.482 7886 • fax: +39.080.482 7950 • e-mail: info@masseriacimino.com • site: www.masseriacimino.com

Masseria San Domenico, Resort, Spa-Thalasso, Golf

... decorado com bom gosto em estilo tradicional...

NESTA PÁGINA (A PARTIR DO ALTO): Os quartos combinam modernos confortos com uma decoração elegante e uma esplêndida vista da histórica propriedade; fachada do hotel à noite.

PÁG. AO LADO (A PARTIR DO ALTO): A velha torre do relógio num branco resplandecente; a localização da Masseria San Domenico, perto do mar, faz do hotel o local ideal para a talassoterapia; curta um mergulho relaxante na luxuosa piscina coberta.

Ocupado desde o século 5º a.C., o belo trecho de litoral entre Bari e Brindisi foi sucessivamente disputado e dominado por romanos, normandos e turcos, para citar apenas alguns. Hoje, porém, restam pouquíssimos vestígios de toda essa disputa, a não ser uma coleção de magníficas torres e casas de fazenda construídas no século 15, legado dos Cavaleiros de Malta.

Essas construções, situadas em meio a 100ha de históricos olivais e pomares, foram recentemente transformadas em um dos mais surpreendentes hotéis butiques da costa do Adriático: a Masseria San Domenico, um hotel cinco estreles descrito pelo *Frommer's* como "o melhor e mais refinado hotel da Apúlia".

Usando materiais e métodos de construção tradicionais, a reforma levou cinco anos. A atenção aos detalhes é visível em toda parte, especialmente nos 48 quartos e suítes, todos decorados com bom gosto em estilo tradicional, com vistas espetaculares da propriedade circundante e das águas azuis do Adriático.

A culinária e a bebida são outros destaques na Masseria San Domenico. Há dois bares, e o Ristorante San Domenico – com um teto abobadado do século 18 e lareira – é tão impressionante quanto a comida é deliciosa. Usando produtos caseiros e ingredientes

cultivados na propriedade, além de frutos do mar da costa do Adriático, os pratos refletem os sabores da região. Para completar os prazeres da mesa, oferece uma grande seleção dos melhores vinhos locais e nacionais.

O hotel ainda oferece uma academia totalmente equipada, praia particular, piscina coberta e um dos melhores spas de talassoterapia da Itália, que usa algas produzidas no local e água do mar aquecida conjugadas com uma variedade de tratamentos que garantem total rejuvenescimento. A maior atração, porém, é a forma irregular da grande piscina externa. Cercada de tochas e folhagens, e alimentada com água do mar filtrada, deve estar entre as mais belas desse tipo no mundo.

Finalmente, mas não menos importante, pertinho do hotel e ao longo da costa localiza-se um excelente campo de golfe de 18 buracos par 72. Inaugurado em 2000, ele já é um dos melhores de toda a região. Acrescente-se a tudo isso a administração familiar do hotel e o nível impecável dos serviços, e o resultado é simplesmente um destino de classe internacional.

QUARTOS
48

CULINÁRIA
Pool Grill: bufê • Ristorante San Domenico: mediterrânea

BEBIDA
Pool Bar • San Domenico Bar

DESTAQUES
campo de golfe de 18 buracos • quadra de tênis • spa de talassoterapia • academia • piscina externa de água do mar • piscina coberta • praia particular • internet sem fio

NEGÓCIOS
salas de reuniões

ARREDORES
Alberobello • Bari • Brindisi • Lecce

ENDEREÇO
Strada Litoranea 379, 72010 Savellatri di Fasano, Brindisi • telefone: +39.080.482 7769 • fax: +39.080.482 7978 • e-mail: info@masseriasandomenico.com site:www.masseriasan domenico.com

Villa Costa Degli Dei + Il Fortino Capri

... emanam charme e elegância...

É fácil entender por que celebridades de todo o mundo frequentam a Costa Amalfitana e a ilha de Capri: os dois destinos oferecem vistas espetaculares, belas praias, cidades vibrantes, ricas tradições culinárias e tesouros históricos – tudo o que faz uma ótima temporada de férias.

A Villa Costa degli Dei, na Costa Amalfitana, e Il Fortino, na ilha de Capri, ambos representados pela agência imobiliária Villa Book, são propriedades luxuosas, com uma excelente localização, que dão aos visitantes a sensação de um paraíso italiano e muitas oportunidades de vida ao ar livre, além do serviço discreto de uma equipe atenciosa.

A Villa Costa Degli Dei é uma verdadeira joia situada em um penhasco em Furore, um fiorde mediterrâneo que corta a Costa Amalfitana a apenas alguns minutos de Praiano. Como a propriedade se espalha por três níveis, os hóspedes podem desfrutar de uma revigorante caminhada e relaxar no grande terraço. Também podem dar um mergulho na piscina de água salgada ou no mar, ao qual se tem acesso por uma trilha particular. No interior, o charme do velho mundo é palpável nos móveis antigos e no piso de lajotas de cerâmica Vietri da sala de estar. A *villa* tem nove quartos, todos

NESTA PÁGINA (A PARTIR DO ALTO): Do alto do penhasco, a vista da Villa Costa degli Dei é espetacular; assim como a visão do mar infinito que se tem da piscina de água salgada.

PÁG. AO LADO (A PARTIR DO ALTO): A escada que leva a Il Fortino, em Capri; de onde os hóspedes podem desfrutar de uma vista aérea da cidade; a decoração relaxante de um dos quartos.

no andar superior, enquanto a cozinha, totalmente equipada, se abre para o terraço e para um área externa, ideal para um jantar tranquilo ou para uma festa. O hóspede também vai apreciar um passeio de carro ao longo da costa até as cidades próximas, como Positano, Amalfi e Ravello.

Na ilha de Capri, alguns minutos a pé da praça principal da cidade, La Piazzetta, fica Il Fortino. O acesso à propriedade isolada se faz por uma escada de 164 degraus, percurso que oferece vistas panorâmicas da cidade e da baía de Marina Piccola. Os jardins, que abrangem quatro níveis, obedecem a um belo projeto paisagístico, com árvores frutíferas, oliveiras e flores.

Usando antiguidades e quadros do famoso pintor alemão Diefenbach, a decoração da *villa* é uma requintada exposição de arte. Embora todos os quartos ofereçam belas vistas, o melhor lugar da *villa* é o terraço de 1.208m², de onde se avista o mar.

Cada um no seu estilo, tanto a Villa Costa degli Dei quanto Il Fortino emanam charme e elegância.

Villa Costa Degli Dei

QUARTOS
9

CULINÁRIA
chef da casa mediante solicitação

BEBIDA
carta de vinhos

DESTAQUES
piscina de água do mar • praia particular

ARREDORES
Praiano • Positan • Amalfi • Ravello

Il Fortino Capri

QUARTOS
5

CULINÁRIA
chef da casa mediante solicitação

BEBIDA
carta de vinhos

DESTAQUES
terraço

ARREDORES
Capri • La Piazzetta • San Giacomo • La Fontelina • Marina Piccola

RESERVAS*
12 Venetian House, 47 Warrington Crescent, Londres W9 1EJ • telefone: +44.845.500 2000 • fax: +44.845.500 2001 • e-mail: info@thevillabook.com • site: www.thevillabook.com
(*ver pág. 252)

Villa Itria

... nada falta em matéria de cenário, elegância e sofisticação.

Embora esteja baseada em Londres, a agência de aluguel de imóveis The Villa Book tem uma abrangência verdadeiramente global.

Representando centenas de propriedades em três continentes, a empresa jamais deixou de atender às necessidades de seus clientes. Acrescente-se a isso uma experiência de quase 30 anos no setor e uma equipe competente e eficiente, e fica bastante fácil entender por que tantas pessoas entregam à Villa Book a organização de suas férias.

NESTA PÁGINA (A PARTIR DO ALTO): Um inconfundível trullo de Puglia, típico do século 18; a magnífica piscina da Villa Itria.

PÁG. AO LADO (SENTIDO HORÁRIO, A PARTIR DO ALTO): A decoração requintada também revela influências norte-africanas; o estilo exótico se repete no pátio externo; os quartos são espaçosos e contam com uma cozinha contemporânea.

A Villa Book se orgulha especialmente da grande variedade de propriedades que representa na Itália, inclusive na região da Puglia, no sul do país. Com paisagens deslumbrantes, cidades e vilas encantadoras, um riquíssimo inventário de bens culturais e muitas atividades ao ar livre, esta região pouco explorada pelo turismo está conquistando rapidamente a fama de um badalado destino de férias, principalmente para os que preferem se afastar do circuito turístico tradicional, como a Toscana e a Costa Amalfitana.

Embora sejam representantes de diversos estabelecimentos magníficos, uma das mais prestigiosas e exclusivas propriedades da Villa Book na região é a Villa Itria. Localizada entre as cidades de Cisternino e Ostuni – a cerca de 20 minutos de carro do mar Adriático e 40 minutos da Jônia –, oferece o idílico estilo de vida rural, com a vantagem do fácil acesso às praias e a outras atrações à beira-mar, sem as quais nenhuma temporada de férias numa *villa* italiana estaria completa.

A casa é um *trullo* da Puglia recentemente reformado – casa de forma cônica típica da região no século 18 –, à qual nada falta em matéria de cenário, elegância e sofisticação. Os três quartos de casal foram luxuosamente decorados em uma mistura de charme minimalista e influências do norte da África, que antigamente predominaram na região. O uso de tons neutros, piso de pedra e paredes expostas criam um ambiente iluminado e arejado, tão relaxante quanto funcional.

Tudo isso em um olival de 1ha, de onde se descortina o encantador panorama do campo ao redor. Mas sem dúvida alguma a maior atração da Villa Itria é a piscina de 12m de comprimento, ambientada em um verdadeiro oásis, com iluminação subaquática, um sistema de filtragem que não utiliza produtos químicos, além de uma cozinha e uma área de refeições próprias – um lugar perfeito onde desfrutar uma tarde assistindo ao espetáculo do pôr do sol.

QUARTOS
3

CULINÁRIA
chef da casa mediante solicitação

BEBIDA
carta de vinhos

DESTAQUES
piscina • cozinha externa

ARREDORES
Ostuni • Brindisi • Cisternino

RESERVAS*
12 Venetian House, 47 Warrington Crescent, Londres W9 1EJ •
telefone: +44.845.500 2000 •
fax: +44.845.500 2001 •
e-mail: info@thevillabook.com •
site: www.thevillabook.com
(*ver pág. 252)

ilhasdaitália
FRANÇA
Ilha Maddalena
Santa Teresa di Gallura
La Maddalena
Porto Cervo
Ilha Asinara
> Hotel Pitrizza
> Hotel Capo d'Orso Thalasso + Spa
> La Coluccia
> Resort Valle dell'Erica Thalasso + Spa
> Hotel Marinedda Thalasso + Spa
Sardenha
Orosei
Nuoro
Dorgali
Oliena
Cala Luna
Tiscali
Monti del Gennargentu
Oristano
Barumini
> Chia Laguna Villas
> Le Meridien Chia Laguna
> Cala Caterina
luminimaggiore
Iglesias
Cagliari
Villasimius
Antioco
Ilha de Ustica
Ilha Stromboli
Ilhas Eólicas
Salina
Ilha Lipari
Hotel Signum <
Falconara <
Santa Teresa <
Mondello
Palermo
San Vito lo Capo
Cefalù
Bagheria
Scopello
Trapani
Taormina
Ilhas Egadi
Mozia
3323
Monte Etna
Estreito de Messina
Marsala
Sicília
Selinunte
Sciacca
Piazza Armerina
Agrigento
Caltagirone
Butera
Siracusa
Gela
Ragusa
Modica
Noto
Scicli
Ilha de Pantelleria
enda
Rodovia
Estrada Principal
Outra Estrada
Aeroporto
Lago
3000–4000 m
2000–3000 m
1500–2000 m
1000–1500 m
500–1000 m
200–500 m
100–200 m
TUNÍSIA
0 km 25 50 75 km
MALTA
Ilha de Linosa
Ilhas Pelagie
Ilha de Lampedusa

ilhas da itália

"Visitar a Itália sem ver a Sicília é como não ter visto a Itália realmente", escreveu Goethe. Mas, enquanto a Sicília é sinônimo do que há de mais típico na Itália, a Sardenha continua sendo uma terra desconhecida e misteriosa. As duas ilhas têm uma culinária maravilhosa, habitantes amigáveis e tradições complexas e profundamente arraigadas. A resistência da Sicília aos invasores se formou furtivamente com a criação da Máfia, enquanto na Sardenha os chefes da civilização nurágica perderam a luta contra os invasores, e a melancolia permeou a ilha. Embora pobres, como a maior parte do sul da Itália, os dois povos têm uma natureza orgulhosa e intransigente, mas admirável. Igualmente belas, cada uma à sua maneira, as duas ilhas vão conquistar seu coração.

paixão siciliana

Palermo é uma cidade nobre e agradável. Menos importante que Siracusa sob os gregos, tornou-se capital da Sicília sob os sarracenos. Por mais de 200 anos foi o centro do império, onde cristãos, judeus e muçulmanos conviviam em paz. Palermo alcançou grande prosperidade graças ao comércio, e a arte floresceu. Hoje, essa singular fusão de influências árabes e normandas, do barroco espanhol e da Art Nouveau italiana produz uma cidade vibrante. A catedral do século 12, uma antiga basílica transformada em mesquita e depois em catedral, ainda mostra características das três fases. O palácio árabe, mais tarde Parlamento normando, contém a Cappella Palatina, ornamentada de requintados mosaicos bizantinos. Ao redor dos mercados de Vucciria e Ballarò situam-se algumas das mais belas capelas e igrejas da cidade. O Oratorio di Santa Zita, onde se pode admirar o belo trabalho em gesso de Giacomo Serpotta, e o Oratorio del Rosario di San Domenico, são duas das obras-primas da cidade.

Perto do Palazzo Reale fica a Chiesa di San Giovanni degli Eremiti. Antiga mesquita, tudo o que restou dela foram as cúpulas mouriscas vermelhas e o jardim árabe. No entorno da cidade encontram-se o Palazzo della Ziza, residência de verão, e o Castelo della Cuba, antigo palácio onde o emir se divertia com o seu harém. La

PÁG. 254: A Fontana dell'Amenano,em mármore branco de Carrara, na Piazza del Duomo, em Catânia.

NESTA PÁGINA: A Cappella Palatina, em Palermo, construída entre 1132 e 1143 pelo rei Ruggero II. Combinando influências normandas, bizantinas e árabes, o teto mostra estrelas que formam uma cruz.

PÁG. AO LADO: O bem-preservado Templo da Concórdia, no Vale dos Templos em Agrigento, foi construído em 440 a.C.

Kalsa, uma área residencial tipicamente árabe, preserva muito da atmosfera de outros tempos. Depois de extensa restauração, o bairro ganhou modernos restaurantes e galerias de arte. O Palazzo Abatellis, que abriga a Galleria Regionale di Sicilia, também fica no bairro, assim como os jardins botânicos da Via Lincoln.

Palermo exibe sua arquitetura neoclássica e Art Nouveau ao redor da Piazza Politeama e da Piazza Verdi, onde se situa o principal teatro de ópera. A Galleria d'Arte Moderna fica no magnífico convento de Sant'Anna della Misericordia, perto da Piazza Castelnuovo, e o Museo Archaeologico, na Piazza Olivella, é cercado de casas noturnas.

Fora da cidade, o elegante balneário de Mondello conta com excelentes restaurantes. Bagheria, bairro residencial da elite no século 17, tem duas atrações: a Villa Palagonia e a Villa Cattolica. A primeira é também conhecida como "Villa dei Mostri" (Vila dos Monstros), devido a suas grotescas estátuas de pedra; a segunda abriga uma galeria de arte moderna. O complexo da catedral normanda de Monreale tem delicados mosaicos medievais e um claustro encantador. Cefalù, mais para o leste, tem uma longa praia de areia, um charmoso centro histórico e outra bela catedral normanda.

NESTA PÁGINA: *A gloriosa arquitetura barroca do Palazzo Biscari, na Catânia, construído depois do terremoto de 1693. Goethe escreveu sobre o palácio um século depois.*

PÁG. AO LADO: *Só vulcanologistas podem chegar assim tão perto do Etna em erupção. Quando a situação é mais calma, pode-se chegar numa excursão de jipe ou a pé.*

cidade decadente enfrenta fúria vulcânica

Taormina foi fundada pelos gregos em 304 a.C com o nome de Tauromenium. Suas ruas estreitas são ladeadas por butiques elegantes e pontos de encontro. Subindo a estrada Salita Castello chega-se ao ponto mais alto da cidade, de onde se tem as melhores vistas; ou pegue o trenzinho (a caminhada é para os masoquistas) até a praia de Mazzarò, do lado oposto da pequena praia de Isola Bella. À noite, junte-se a *passeggiata* pelo Corso Umberto I e jante num dos mais exclusivos restaurantes da ilha. Uma visita ao Wunderbar é obrigatória. O Festival Internacional de Cinema de Taormina, realizado todos os anos em junho, atrai celebridades. Os filmes são exibidos no teatro grego, onde são apresentados concertos no verão.

Taormina ficou conhecida graças ao *Grand Tour* dos jovens aristocratas ingleses e passou a competir com Capri como ponto turístico no Mediterrâneo. Depois da guerra, atraiu estrelas de Hollywood como Marlene Dietrich e Rita Hayworth, e escritores como Truman Capote, Tennessee Williams e Somerset Maugham, que a chamou de "Disneylândia do Pecado".

O Etna, o maior (três vezes maior que o Vesúvio) e mais ativo vulcão da Europa, pode ser visitado em uma excursão de um dia. A constante emissão de gases sulfúricos e as erupções regulares são uma visão impressionante, e no inverno, quando a neve cobre o pico, pode-se até esquiar pela encosta. Na encosta oriental há um velho castanheiro, o Castagno dei Cento Cavalli, uma das mais antigas e maiores árvores do mundo. Depois do Etna chega-se à reserva Nebrodi e às montanhas Madonie, onde pastos férteis misturam-se a campos de flores silvestres e densas florestas.

NESTA PÁGINA: *Todos os anos pares é realizado um festival de teatro grego no Teatro Greco de Siracusa.*

PÁG. AO LADO (A PARTIR DO ALTO): *A procissão do domingo de Páscoa em Caltagirone começa com uma grande imagem de São Pedro, que procura a imagem da Virgem Maria. Depois de encontrar Maria, Pedro vai atrás de Jesus. Depois que Pedro se curva diante de Jesus, Maria e Jesus se unem; peças do soberbo museu arqueológico de Agrigento.*

siracusa: força motriz da magna grécia

Siracusa já foi a mais rica e mais poderosa cidade-estado de todo o império grego. Sede de governo, foi ninho de intrigas políticas e meca para os grandes nomes das artes, das ciências e da filosofia. Ortygia, de longe a parte mais bonita da cidade, é também a mais antiga; Neapolis, a cidade "nova", abriga um parque arqueológico. Os turistas acorrem à cidade para ver o parque e o Museo Archeologico Paolo Orsi, que tem um incrível acervo de tesouros gregos. Muitas das tragédias de Ésquilo estrearam no Teatro Greco da cidade, uma construção do século 5º com capacidade para 15 mil pessoas, o maior da Sicília. Não deixe de visitar a Latomia del Paradiso, uma pedreira fantasmagórica escavada na rocha, e a imensa caverna que tem o apelido de Orecchio di Dionisio (Orelha de Dionísio), onde o tirano Dionísio I mantinha seus prisioneiros e cuja acústica lhe permitia ouvir suas conversas. O Castello di Euralio, uma fortificação do século 4º, teria sido o refúgio do menino Arquimedes, o gênio matemático, inventor e estrategista militar. O ensolarado bairro de Ortygia exibe seu barcos de pesca, ótimos restaurantes e uma animada vida noturna que se irradia por sua bela arquitetura barroca. Caminhe pela Via Maestranza, onde você encontrará as melhores lojas e *trattorie* da cidade, ou vá até o antigo gueto judeu, entre a Via della Giudecca e a Via Alagona.

voos da imaginação

Hoje, pouca coisa agita as calmas cidades cor de manteiga de Val di Noto e Val di Catania. Mas, cerca de 300 anos atrás, nada menos que 45 cidades do sudeste da Sicília foram devastadas pelo terremoto de 1693, desastre que matou 60 mil pessoas. Dois terços dos habitantes da Catânia morreram. Oito dessas cidades – Caltagirone, Militello Val di Catania, Catania, Modica, Noto, Palazzolo, Ragusa e Scicli – foram reconstruídas no estilo barroco tipicamente siciliano e declaradas patrimônios da humanidade pela Unesco. A arquitetura e a arte são testemunhos da riqueza e da criatividade do período, assim como da reação da Sicília à calamidade. Suntuosos relevos arquitetônicos e impressionantes fachadas de pedra; grandes escadas em espiral que levam de uma parte à outra das cidades, muitas vezes atravessando desfiladeiros; a cerâmica branca e dourada das igrejas, catedrais e palácio – tudo isso deixa o visitante encantado. Além disso, as cidades oferecem algumas das melhores cozinhas da ilha, onde em cada esquina se encontra uma *trattoria* e um sorriso simpático dos moradores.

Chamada Akragas pelos gregos que a fundaram, a cidade-estado de Agrigento era aliada da poderosa Siracusa e famosa pelo talento de seus cavaleiros, várias vezes vencedores nos Jogos Olímpicos. Os romanos, que conquistaram a cidade numa feroz batalha com os cartagineses, a chamaram de Agrigentus e continuaram vivendo lado a lado com os gregos. Erguendo-se contra um mar turquesa, os templos são uma bela visão na primavera, quando as amendoeiras em flor oscilam ao redor das brancas colunas dóricas. O Templo da Concórdia data de 430 a.C. e está quase intacto, mas o templo mais antigo é o de Heráclito, construído em 500 a.C. Ali perto, o museu arqueológico abriga um tesouro escavado nos dois templos e na vizinha Gela. Particularmente impressionante é um dos 38 gigantes que antigamente apoiavam o entablamento do Templo de Zeus Olímpico.

A moderna Agrigento não tem tantos encantos. A região foi arruinada pela pobreza e pela Máfia siciliana, mas também é terra natal de alguns dos maiores talentos literários da Itália. Leonardo Sciascia, autor de *O Dia da Coruja*, dizia que sua terra natal era uma madrasta má, mas nunca conseguiu abandoná-la. Luigi Pirandello, que lidou com a esquizofrenia em sua obra e em sua vida pessoal, nasceu na cidade vizinha de Caos no século XIX. Tomasi di Lampedusa, que escreveu *O leopardo*, baseou grande parte de seu romance em Palma di Montechiaro, cidade de seus ancestrais, não muito longe de Agrigento.

Na mesma costa, em Sciacca, encontra-se o Castello Incantato, fantasia criativa do artista Filippo Bentivegna, um camponês que voltou para casa depois de tentar uma nova vida na América. Descoberta pelo surrealista Jean Dubuffet, sua obra merece um lugar de honra na Gallerie d'Art Brut de Lausanne. Num cenário bucólico de oliveiras e amendoeira, ele esculpiu 3 mil faces em lava e madeira de oliveira. Perturbador, fascinante e comovente, seu castelo merece uma visita.

NESTA PÁGINA: *Esculturas de Filippo Bentivegna em Sciacca, cidade famosa por suas águas termais e sua lama curativa.*

PÁG. AO LADO: *O sol se põe sobre Cala Grande, em Favignana.*

misses de mosaicos + ritos de sangue

Soterrada por uma avalanche no século 12, a Villa Romana del Casale é um sítio arqueológico em meio a um bosque de castanheiros em Piazza Armerina. Datado do ano 3 d.C., o pavilhão de caça romano contém 400 salas decoradas com incríveis mosaicos, provavelmente obra de um mestre norte-africano.O destaque é um mosaico de dez atletas em competição. A vitoriosa exibe uma coroa de flores no cabelo e segura uma folha de palmeira a título de cetro. A seu lado está uma de suas rivais. Melhor que no Miss Mundo. Selinunte é um templo situado no extremo oeste da ilha e um dos maiores da Sicília. Ficou incompleto depois que a cidade foi saqueada por Aníbal em 409 a.C. A mais bela obra em pedra remanescente está no Museo Archaeologico de Palermo.

Marsala foi fundada em 397 a.C. pelos cartagineses, que dominaram a região até a conquista romana. Um salto no tempo e, um milênio e meio mais tarde, em 1773, o comerciante inglês John Woodhouse cria uma enorme demanda na Inglaterra pelo vinho licoroso que ele descobrira em Marsala. Woodhouse nunca abandonou a paixão pelo seu produto, e gostava de correr nu por suas vinhas depois de beber litros. Devia ser seu controle de qualidade.

Uma curta viagem de barco passa por Levanzo, Favignana e Marettimo, as três ilhas Égadi. Levanzo esconde um dos mais bem guardados segredos da Itália, a Grotta del Genovese, uma caverna que contém pinturas de 10 mil anos descobertas em 1949. Em Favignana se realiza a *mattanza*, um evento anual em que milhares de atuns são mortos num rito de pesca criado pelos árabes. De volta à costa norte da Sicília, entre Scopello e San Vito lo Capo, fica a reserva natural de Zingaro, o único trecho da costa siciliana que não é acompanhado por estrada de rodagem, um local privilegiado. Quase no norte da África, a exótica ilha de Pantelleria, parte da província de Trapani, preserva

muitos costumes árabes. As casas, chamadas *dammusi*, são cubos de teto baixo pintados de branco, que isolam o calor e o frio. Terreno de origem vulcânica, coberto de plantações de cítricos e vinhas, Pantelleria é um balneário exclusivo, que oferece banhos de lama e de águas vulcânicas, cavernas e dezenas de navios naufragados a explorar.

desejos lançados ao vento

Éolo, o deus dos ventos na mitologia grega, entregou a Ulisses, que encalhara no arquipélago das ilhas Eólias,o sopro de Zéfiro, que o levaria de volta a sua casa em Ítaca. Conhecendo as ilhas, você talvez se surpreenda de que Ulisses tenha desejado partir, mas ele queria voltar à sua amada Penépole. A viagem levou 20 anos. Hoje, em apenas três horas de barco chega-se a Nápoles ou a Milazzo.

As sete ilhas vulcânicas – Lipari, Vulcano, Salina, Stromboli, Filicudi, Alicudi e Panarea – ficaram despovoadas depois das batalhas entre franceses e espanhóis em meados dos anos 1500. Hoje, os habitantes das ilhas são "imigrantes" vindos do continente italiano, da Sicília e da Espanha. Os extremos são a essência das ilhas: sol forte, areias escuras e mar cristalino. Em Lipari, o pó de pedra-pomes no fundo do mar cria uma cintilante refração da luz, produzindo águas esmeraldinas. Aqui, o paladar é submetido a drásticas sensações, da acidez das alcaparras ao doce do vinho Malvasia. A ilha de Vulcano é escura a acidentada, onde o enxofre que emerge do solo tinge as rochas próximas de tons amarelos e vermelhos. Salina tem formações rochosas da cor do merengue e um mar que fervilha de vida marinha. Pollara, a praia de Salina, só é acessível de barco e tem águas excelentes para mergulho. Panarea, a menor e mais exclusiva das ilhas, contém um povoado da idade do bronze, Punta Milazzese, e uma animada vida noturna. Alicudi e Filicudi, mais isoladas a oeste, são bonitas e calmas; onde o uivo do vento é a única coisa a quebrar o silêncio. Enquanto isso, a barulhenta Stromboli, roncando por força de uma indigestão crônica de dois milênios, vomita fagulhas e rochas incandescentes, para deleite da plateia.

as ilhas esmeraldinas da sardenha

Aga Khan, que criou o colorido *resort* de Costa Smeralda em 1962, pôs a Sardenha sob os holofotes e chamou a atenção do *jet set* internacional, que desde então não parou de acorrer à ilha. Há muito a descobrir: águas cor de esmeralda, areias brancas e uma vida selvagem intocada. Maquis, pastagens, pequenas vilas e frotas de barcos de pesca deram lugar a hotéis modernos e luxuosos, reluzentes marinas *high-tech* e bronzeados adoradores do sol em busca de um Xanadu. A Costa Smeralda é a capital das festas no Mediterrâneo. Regatas, corridas de velocidade e campeonatos de golfe despertam a inveja do mundo; os melhores arquitetos e designers vêm exibir aqui o seu trabalho, e os ricos e belos lotam as praias e gastam dinheiro nas butiques. Porto Cervo é o coração e a alma da Costa Smeralda.

NESTA PÁGINA: *Porto Cervo é famosa por suas regatas. A Maxi Yacht Rolex Cup, realizada sempre em setembro desde 1980, é sem dúvida o evento mais prestigiado da cidade.*

PÁG. AO LADO: *Vista aérea de Lipari, a maior das ilhas Eólias. Embora a última erupção de seu vulcão tenha ocorrido em 5 d.C.,o comércio de obsidiana e de pedra-pomes ainda são um grande negócio na ilha.*

Olbia é um porto movimentado, com excelentes restaurantes e ótimas praias; em frente fica a ilha de Tavolara. Antigamente o menor reino da Itália, hoje a ilha é famosa pela criação do carneiro *mufflon*. Sassari, a capital regional, é uma cidade elegante: tem uma bela catedral barroca, um dos melhores museus arqueológicos da ilha e bares antigos e confeitarias deliciosas na Piazza d'Italia, uma praça majestosa onde são realizados concertos no verão.

NESTA PÁGINA: O carnaval da Sardenha, que ocorre em La Sartiglia, em Oristano, é famoso pela exibição de cavaleiros, desfiles e festas de rua. Os foliões usam máscaras e roupas medievais.
PÁG. AO LADO: O belo porto de Cagliari e a cidade velha ao fundo. Está prevista a construção de um novo museu de arte nurágica e contemporânea projetado por Zaha Hadid.

crème catalane

Fundada pela família Doria, da nobreza de Gênova, nos anos 1100, junto com a vizinha Castelsardo, Alghero, situada na costa noroeste, tornou-se um enclave catalão na Sardenha durante as lutas de poder que se seguiram. Um colorido porto de pesca, é quase um lar para os visitantes de Barcelona. As placas de rua são escritas em catalão, língua que os moradores da cidade entendem e até falam. A cozinha também sofreu forte influência: a lagosta catalã é particularmente deliciosa. A famosa vinícola Sella & Mosca fica na periferia da cidade. Caminhando a esmo pelo antigo centro fortificado, passando de uma loja a outra e de um bar a outro, é fácil preencher a manhã. Em toda a volta da muralha medieval, assim como da torre, tem-se uma linda vista do mar.

As praias são muitas – uma das melhores, Bombarde, fica a norte da cidade. Seguindo para o sul, chega-se ao balneário de Bosa, famoso por seus ourives, que merece uma parada a caminho do antigo sítio fenício de Tharros. A reserva Sale Porcus, lar temporário de 10 mil flamingos e centenas de outros pássaros, não fica muito distante. Oristano, a capital regional, famosa por seu carnaval, tem uma catedral lombarda com ladrilhos de maiólica, uma cúpula circular e portas de bronze. As férteis planícies ao redor são ocupadas por vinhedos que produzem o delicioso vinho branco Vernaccia. Mais para o interior, em Sedilo, ao redor do complexo arqueológico Santu Antine, ocorre em junho uma corrida de cavalos que faz concorrência com o Palio di Siena.

cavando em busca de ouro

Embora seja geralmente ignorada pelos turistas a caminho da Costa Smeralda ou do litoral de Alghero, a província ao sul da Sardenha guarda muitos tesouros escondidos. Belas vilas de pescadores, algumas das melhores praias da ilha, *nuraghi* e templos de outros tempos, além de uma dinâmica capital, aguardam o visitante. A província de Cagliari foi, durante séculos, a espinha dorsal da economia da ilha graças à abundância de minerais preciosos. Minas de cobre, prata, zinco e até de ouro foram exploradas aqui desde 5000 a.C. até a década de 1970.

A cidade de Cagliari tem belas praias e salinas, lar de milhares de flamingos no inverno. Poetto, a marina, é um badalado ponto de encontro à noite, com excelentes bares e restaurantes. Há muito o que ver: do anfiteatro romano, que foi inundado para a encenação de vitórias navais, ao bairro do Castello. Construído por pisanos nos séculos 11 e 12, o esplêndido castelo abriga um museu de arte antiga e moderna.

Há ainda uma catedral e algumas belas lojas na região da Via la Marmora. Na Via Roma, um elegante bulevar do século 18, há lojas de designers na descida para o pitoresco porto, onde casas de pescadores foram transformadas em lojas e *osterie* (tavernas). No Bastione San Remy é realizado um movimentado mercado de pulgas. Exma, antigo matadouro municipal, é hoje um centro de artes e merece uma visita.

passes na montanha + impasses populares

O Golfo di Orosei, o Parco Nazionale del Gennargentu e a Barbagia são as regiões menos invadidas graças à dificuldade de acesso. A costa é formada de penhascos e cavernas, só alcançados de barco ou a pé. Nas montanhas, quase tão inacessíveis, as estradas são tortuosas e cercadas por paisagens inóspitas. É uma terra esquecida pelo tempo, a milhares de quilômetros da Costa Smeralda, para muitos a verdadeira Sardenha. O povo da Barbagia sempre teve fama de ser orgulhoso, autossuficiente e rude. Em face do tratamento duro de sucessivos governos, tornou-se resistente à mudança. Orgosolo é hoje tão famosa por seus fascinantes murais, iniciados na década de 1960, quanto já foi por seus pistoleiros do passado – há vários furos de bala na placa que indica a cidade. Oliena é uma bela cidade-mercado não muito distante, assim como as encantadoras ravinas das fontes Su Gorroppu e Su Gologone. Nuoro, a principal cidade, tem um fascinante museu etnográfico, onde são realizadas antigas festas e rituais típicos da Barbagia. Algumas máscaras são assustadoras.

Para os que gostam de caminhar, a descida de Supramonte em direção ao Valle della Luna leva ao mar, onde se pode nadar em Cala Luna. Mais ao sul, Artizo é conhecida por seus rodeios e por seus móveis feitos à mão, principalmente baús de casamento. A boa notícia é que se pode chegar de carro. De volta ao litoral, praias de tirar o fôlego aguardam o visitante perto das cidades de Orosei e Dorgali, lar de uma espécie rara de lobo-marinho. Um barco pode levar você a pequenas cavernas. Em Muravera e Villasimius, em Sarrabus, há praias mais acessíveis e um santuário de pássaros nos pântanos de Notteri, onde outros milhares de flamingos se reúnem no inverno.

NESTA PÁGINA (A PARTIR DO ALTO): *Detalhe de um mural em Orgosolo; longe do circuito turístico, os pastores de ovelhas seguem seu caminho.*
PÁG. AO LADO: *As águas azuis de Cala Luna, apenas um dos encantos na costa do Parque Nacional de Gennargentu. A caminhada até a praia parte de Cala Fuili e leva cerca de uma hora e meia.*

uma terra esquecida pelo tempo, a milhares de quilômetros da Costa Smeralda, para muitos a verdadeira Sardenha.

Cala Caterina

... destino ideal para quem quer vivenciar as múltiplas atrações da ilha.

NESTA PÁGINA (A PARTIR DO ALTO):
O Cala Caterina se integra perfeitamente ao cenário natural que o circunda; os quartos são claros e arejados, garantindo uma estadia relaxante.

PÁG. AO LADO (A PARTIR DO ALTO):
O Piano Bar dá para a piscina e o jardim; a convidativa piscina; caminhando calmamente, você atravessa o gramado e chega à praia.

A inexplorada ilha da Sardenha é a segunda maior do mar Mediterrâneo, menor apenas que a Sicília. Este lugar mágico fica ao sul da ilha francesa da Córsega e perto da costa da Itália, da Espanha e da Tunísia.

Construído no tradicional estilo mediterrâneo, o Hotel Cala Caterina é um quatro estrelas localizado em um recesso no sudeste da Sardenha. Isolado, tranquilo e situado em um cenário espetacular, fica a poucos minutos de Villasimius, uma típica vila de pescadores. Com extensas praias de areias brancas e águas limpas, este charmoso *resort* é famoso por seu fotogênico porto, cheio de cafés e uma bem-equipada marina, sem falar na sua vibrante vida noturna.

O Cala Caterina é o destino ideal para quem quer vivenciar as múltiplas atrações da ilha. O terreno do hotel é cercado, de um lado, pelas águas de cor azul-cobalto do Mediterrâneo e, do outro, por uma luxuriante área verde. O edifício de dois andares se harmoniza com o cenário, com seus arcos cor de pêssego e colunatas em forma de claustro oferecendo um interlúdio acolhedor contra o calor abrasador do sol mediterrâneo. O hotel tem um espaçoso saguão e um elegante restaurante, que serve uma apetitosa mistura de

pratos locais e internacionais. O moderno Piano Bar tem um terraço voltado para a piscina, de onde, nas noites de verão, uma música suave invade o gramado e vai morrer no azul hipnótico do mar.

Os aromáticos jardins oferecem várias oportunidades para um banho de sol ou amplas sombras onde escapar do calor, sob a proteção de fragrantes pinheiros. O gramado se estende na direção do mar e se abre em uma baía de areia, onde os guarda-sóis e toalhas são cortesia do hotel. Durante os meses do verão, o Cala Caterina também dispõe de um exclusivo centro de beleza, que oferece uma grande variedade de tratamentos.

O Cala Caterina conta com 48 quartos equipados com ar-condicionado, todos um exemplo do estilo sardo, decorados em suaves tons pastel, com mesas de tampo de mármore e móveis de madeira pintados à mão. Todos os quartos têm banheiro anexo e estão equipados com TV por satélite, telefone de discagem direta, frigobar e cofre. Para completar, os quartos do andar superior oferecem uma incomparável vista do mar.

Para explorar as cavernas da região, os pitorescos portos e as belezas da natureza, a equipe do Cala Caterina se sentirá feliz de providenciar o aluguel de um carro, uma *mountain bike* ou uma *scooter*. Os viciados em adrenalina vão adorar as muitas atividades disponíveis ali perto, no Porto Giunco, entre elas pesca, mergulho, tênis, esqui aquático e equitação. Para conhecer a rica vida marinha que pulula sob a superfície cintilante do Mediterrâneo, é altamente recomendável contratar uma excursão às reservas de Serpentara e Cavoli.

A Sardenha não é um lugar óbvio de férias porque não faz parte da fraternidade de velejadores. Entretanto, é precisamente por essa razão que preserva sua exclusividade, o que lhe permite emanar uma elegância tipicamente italiana sem qualquer esforço.

QUARTOS
48

CULINÁRIA
sarda, italiana e internacional

BEBIDA
Piano Bar

DESTAQUES
pátio • terraço • TV por satélite • frigobar • cofre • centro de beleza • piscina • aluguel de barco • esportes aquáticos • mergulho • equitação • quadras de tênis

ARREDORES
Cagliari • Villasimius

ENDEREÇO
Via Lago Maggiore 32,
09049 Villasimius, Sardenha •
telefone: +39.070.797 410 •
fax: +39.070.797 473 •
e-mail: calacaterina@mobygest.it
site: www.mobygest.it •
www.hotelphilosophy.net

Chia Laguna Villas

... o ensolarado sul desta ilha misteriosa permanece pouco explorado.

NESTA PÁGINA *(a partir do alto): Ar puro e ambiente rural são as atrações das villas; dê um revigorante mergulho em uma das três piscinas privativas.*

PÁG. AO LADO (SENTIDO HORÁRIO, A PARTIR DO ALTO)*: A bela baía de Chia e suas praias de areia; desperte para uma vista esplêndida; ao cair da tarde, relaxe e desfrute a vista do mar.*

A encantadora ilha italiana da Sardenha tem uma localização invejável no Mediterrâneo, a apenas 161km da costa da Tunísia, na África. Apesar de manter um clima agradável até novembro, um litoral fabuloso e inúmeros sítios arqueológicos, o ensolarado sul desta ilha misteriosa permanece pouco explorado. Para chegar a este paraíso, pegue a direção de Chia, na extremidade sul da Sardenha.

A Sardenha está cheia de intrigantes sítios culturais, lagoas povoadas de flamingos rosa e campos de golfe de competição em Is Molas e Sa Tanca. Chia oferece pequenas baías e recifes espetaculares para mergulho, praias sensacionais de águas cor de cobalto que lembram as do Caribe e dunas brancas, pontilhadas por acolhedores e velhos juníperos.

A empresa Chia Villas captura a essência da ilha, com 29 luxuosas propriedades privadas espalhadas por este pouco povoado destino de sonho. Com nomes evocativos como Casa Laguna, Paradiso e Orchidea, todas as casas do impressionante portfólio da Chia foram projetadas por arquitetos locais. Estes refúgios de ar-condicionado têm até três dormitórios e acesso a piscinas privativas ou comunitárias.

A discreta equipe da Chia Villas entende as necessidades de cada hóspede. Todas as *villas* foram individualmente decoradas segundo os mais altos padrões de conforto. Podem ser alu-

gadas isoladamente – com serviço completo – ou num sistema cinco estrelas, com direito a praia particular, serviço de portaria e Penguin Club, além de todos os serviços disponíveis no vizinho e mundialmente famoso Hotel Le Meridien Chia Laguna, parte do Chia Laguna Resort, que também abriga a Chia Village, o Hotel Laguna e o Baia Chia Hotel. Além das festas, o Hotel Le Meridien Chia Laguna oferece tratamento preferencial aos hóspedes da Chia em seus restaurantes, uma recepção acolhedora que se estende à sua imaculada praia. O litoral fervilha de atividades, de mergulho à vela, à pesca e aos passeios de barco.

A uma hora de distância fica Cagliari, a capital da ilha, que reina absoluta no golfo degli Angeli. Com muitas excelentes opções de restaurantes e uma abundância de cafés espalhados pelas ruas, sentir fome não é uma opção neste santuário mediterrâneo. Embora descobrir um tesouro culinário por acaso seja quase sempre o ponto alto de uma viagem a Cagliari, a Chia Villas tem o prazer de recomendar restaurantes capazes de satisfazer ao paladar mais exigente. Excelentes restaurantes locais aceitam o cartão especial de hóspede da Chia Villas, entre eles o Le Dune Steak House e Pizzeria, na *piazza*, e o elegante Luna, um novo estabelecimento que combina restaurante e casa noturna.

A Chia Villas oferece uma maneira única de desfrutar a Sardenha. De uma lânguida e relaxante temporada de férias na praia a um encontro com a história movida a adrenalina, como em Nora, a cidade perdida dos fenícios, a Chia satisfaz qualquer exigência. Com sua experiência internacional, o cardápio de diversões da Chia Villas vai satisfazer o mais exigente dos visitantes.

VILLAS
29

CULINÁRIA
Bouganville Restaurant: mediterrânea e internacional • La Terrazza: mediterrânea e internacional • Art à la Carte Restaurant: fusão global • Le Dune Restaurant • Pizzeria • Steak House

BEBIDA
Bar Rondini • Bar Bollicine • Bar Piscina • Bar Dune • Bar Piazza degli Ulivi • Wine Bar • Luna

DESTAQUES
controle climático nos quartos • piscinas • Penguin Club para crianças • cartão especial de hóspede • catering • babysitter mediante solicitação

ARREDORES
Pula • Nora • Cagliari • campo de golfe em Is Mola • Chia Golf Club • Hotel Le Meridien Chia Laguna • mergulho • vela

ENDEREÇO
Località Chia, 09010 Domus de Maria, Cagliari, Sardenha • telefone: +39.070.9239 3431 • fax: +39.070.923 0144 • e-mail: info@chialagunaresort.com • site: www.chialagunaresort.com

Falconara

... funde-se imperceptivelmente com o entorno, criando um cenário acolhedor...

NESTA PÁGINA: Uma iluminação suave em uma confortável cama de dossel formam um ambiente acolhedor.

PÁG. AO LADO: Corredores sob arcos, uma decoração requintada e móveis antigos contribuem para o encanto rústico do Falconara.

A Sicília, a sudoeste da costa da Itália, é uma entidade complexa e intrigante. É uma ilha que guarda uma das mais ricas e cosmopolitas heranças da Europa, tendo sido dominada pela Ásia, pela África e pela Europa em diferentes momentos de sua história. De seu dramático passado surge um fascinante presente, uma exibição multicultural de arte, folclore e culinária. Só a arquitetura religiosa abrange o românico, o gótico e o barroco, além de templos gregos, anfiteatros romanos e castelos árabes e normandos.

O Falconara House and Resort, membro dos Design Hotels, está situado no terreno do Castello di Falconara, em Butera. Erguido sobre um promontório rochoso na costa sudeste da Sicília, está voltado para o mar Mediterrâneo. Construído na época da dominação normanda para conter as invasões mouras, este castelo medieval encanta os visitantes.

Muito cuidado foi dedicado ao projeto da Falconara House and Resort, o que fica evidente na maneira como a construção se integra ao ambiente. Construído com materiais locais autênticos, o hotel funde-se imperceptivelmente com o entorno, criando um cenário acolhedor. Os longos corredores ladrilhados abrem caminho por baixo de arcos de pedra, com grades protegendo as janelas como faziam na época medieval.

A Falconara's Club House fica a apenas 200m das deliciosas águas azuis do Mediterrâneo. Contém saguão, bares, um restaurante e uma loja, além de 35 quartos de casal e quatro suítes, distribuídos em dois andares. O complexo também dispõe de piscina e quadras de tênis. Seu spa e centro de beleza oferece uma grande variedade de massagens, um revigorante banho turco e muitas opções de exercícios para quem vem em busca de adrenalina. Para aspirar o ar marinho, uma prazerosa caminhada pelos jardins leva a uma calma baía, com uma praia de areia, onde espreguiçadeiras, guarda-sóis e toalhas são uma cortesia do hotel aos hóspedes.

As encantadoras suítes dispõem de um espaçoso quarto, sala de estar e banheiro com ducha e banheira de hidromassagem. Os quartos do andar térreo têm um pátio privativo, enquanto as suítes do primeiro andar contam com uma varanda, de onde se pode admirar a espetacular e sempre mutável paisagem marinha. Todos os quartos são equipados com telefone particular, TV por satélite, frigobar e cofre, numa hábil combinação de uma atmosfera saturada de história e todos os confortos modernos. O edifício anexo, La Fattoria, abriga mais dez suítes, todas com nomes que evocam antigos proprietários do castelo. Entre estes nobres personagens incluem-se Martino d'Aragona, o conde Wilding e o príncipe de Butera.

Os hóspedes que quiserem ter uma visão do rico passado da ilha podem se juntar a excursões de um dia para conhecer o famoso Vale dos Templos em Agrigento, os esplêndidos mosaicos da Villa del Casale e as magníficas cerâmicas e vasos de maiólica dos artesãos de Caltagirone.

Você vai se apaixonar pelo Castello di Falconara e pela Sicília, a ilha que reúne a cultura da Europa, da África e da Ásia em um pacote inesquecível.

QUARTOS
65

CULINÁRIA
siciliana, italiana e internacional

BEBIDA
bar da piscina

DESTAQUES
TV por satélite • telefone direto • frigobar • cofre • internet • piscina • academia • spa e centro de beleza • quadras de tênis • butique

NEGÓCIOS
sala de reuniões

ARREDORES
Castello di Falconara • Agrigento • Catânia • Licata • Palermo

ENDEREÇO
Località Falconara, Butera, 93011
Sicília • telefone: +39.0934.349 012 •
fax: +39.0934.349 015 •
e-mail: falconara@mobygest.it •
site: www.mobygest.it •
www.hotelphilosophy.net

Hotel Capo d'Orso Thalasso + Spa

... localizado no centro de uma propriedade mantida com amor...

NESTA PÁGINA: *O Capo d'Orso Hotel situa-se de frente para a baía de Cala Capra.*

PÁG. AO LADO (A PARTIR DO ALTO): *Jogue uma partida de golfe com o mar diante de seus olhos; mergulhe na piscina ou ganhe um bronzeado no deque de madeira; todos os quartos revelam o inconfundível encanto da Sardenha, oferecendo ao mesmo tempo os mais luxuosos confortos.*

Para quem deseja a oportunidade de se banhar num paraíso verde-azulado todos os dias, o Capo d'Orso Hotel, na Sardenha, é o melhor ponto de partida. Situado na baía de Cala Capra, este hotel cinco estrelas é um modelo do estilo sardo, cujo encanto natural permeia todos os aspectos deste belo estabelecimento às margens do oceano. A apenas 4km de Palau, um pitoresco *resort* à beira-mar, e a uma hora de Olbia, este hotel elegante recentemente ampliado oferece a vista das ilhotas do arquipélago de La Maddalena, uma área marinha protegida, ideal para um passeio de barco.

Este refúgio está localizado no centro de uma propriedade mantida com amor, cujos juníperos e oliveiras exalam os sugestivos aromas do Mediterrâneo. A piscina externa de formas curvas tem como pano de fundo uma área verdejante e é circundada por um deque de madeira aquecido pelo sol. No encontro do oceano com a praia há uma encantadora marina, onde fica ancorada a frota de barcos privativos do hotel. Para um banho de sol, escolha entre as areias brancas de Cala Capra e Cala Selvaggia ou um dos cinco solários de madeira de lei que se estendem indolentemente pelas águas límpidas da Sardenha.

Concebido para aproveitar ao máximo a riqueza mineral das águas do Mediterrâneo, L'incantu é um impressionante spa e centro de talassoterapia em Capo d'Orso. Oferece suítes sofisticadas, três piscinas de água salgada aquecida, massagens aplicadas por profissionais e revigorantes banhos turcos. Óleos essenciais extraídos das plantas da região permitem que a verdadeira essência da Sardenha penetre por todos os poros após uma única sessão de massagem.

Para os hóspedes em busca de adrenalina, Capo d'Orso oferece um exclusivo minicampo de golfe e um *fitness center* ao ar livre. A curta distância o hóspede ainda tem a oportunidade de praticar vela, tênis ou equitação.

O Hotel Capo d'Orso dispõe de 84 quartos e suítes totalmente reformados, todos com balcão ou varanda e banheiro privativo. A decoração, idealizada por famosos decoradores de interiores, mostra a influência do estilo sardo clássico. Embora isolados de tudo nesta ilha paradisíaca, os hóspedes podem se manter conectados com o mundo através da TV por satélite e de uma linha telefônica privada.

O *resort* faz parte do conceituado grupo hoteleiro italiano Delphina, que desfruta da reputação de oferecer um serviço impecável, locações incomparáveis e uma cozinha excelente, uma fama a que os restaurantes do Capo d'Orso fazem jus. Uma delicada música de harpa acompanha o café da manhã, rico em bolos e frutas, servido à sombra de oliveiras. Autênticos frutos do mar do Mediterrâneo são servidos em Il Paguro, que fica de frente para o mar. E há ainda o restaurante Gli Olivastri, que ocupa um romântico terraço sob velhas árvores que inspiram reverência.

A Itália é famosa como centro de cultura e de romance, e o modo de vida isolado das ilhas é um exemplo do moderno escapismo. E você pode combinar tudo isso em uma temporada perfeita em Capo d'Orso, na magnífica ilha italiana da Sardenha.

QUARTOS
84

CULINÁRIA
Il Paguro: mediterrânea e regional • Gli Olivastri: mediterrânea e regional

BEBIDA
L'Approdo Bar & Pizzeria • piano bar

DESTAQUES
L'incantu Thalasso & Spa Center • minigolfe • fitness center ao ar livre • quadra de tênis • porto privativo • solários • ar-condicionado • piscina de água do mar • varanda • terraço • TV por satélite e Sky • frigobar • cofre • praias • aluguel de scooter • aluguel de carros • aluguel de barco • passeios de barco ao arquipélago de La Maddalena

NEGÓCIOS
sala de reuniões

ARREDORES
Palau • Olbia • centro de mergulho • aluguel de barco • equitação • passeios de barco ao arquipélago de La Maddalena

ENDEREÇO
Località Cala Capra, 07020
Palau, Sardenha •
telefone: +39.0789.790 018 •
fax: +39.0789.790 058 •
e-mail: info@delphina.it •
site: www.delphina.it

Hotel Marinedda Thalasso + Spa

... autênticos barcos de madeira e uma torre aragonesa dão um toque singular ao local.

NESTA PÁGINA: *A espetacular piscina do Marinedda é um exemplo da incomparável beleza do local onde o resort está imerso.*

PÁG. AO LADO (A PARTIR DO ALTO): *Saboreie uma deliciosa refeição com vista total do mar; o paraíso ensolarado que é a praia do Marinedda; a cama de dossel é uma exemplo do luxo e do charme mediterrâneo da Presidential Suite.*

As muitas maravilhas da Sardenha foram captadas em *Sea and Sardinia*, livro evocativo do autor inglês D.H. Lawrence. Para sentir a essência desta mágica ilha mediterrânea em primeira mão, escolha o Hotel Marinedda como primeira escala.

Membro do grupo hoteleiro Delphina, o Marinedda desfruta de uma localização privilegiada a poucos metros da praia do mesmo nome, no norte da Sardenha. Sua imaculada baía explica por que as águas cristalinas e o litoral intocado da ilha são famosos no mundo todo por sua beleza atemporal.

O Marinedda fica cerca de uma hora de carro das cidades litorâneas de Olbia e Alghero, e a 1km da pitoresca vila de pescadores de Isola Rossa. Além de uma praia repleta de conchas multicoloridas e rochas de granito vermelho, autênticos barcos de madeira e uma torre aragonesa dão um toque singular ao local.

O hotel oferece espreguiçadeiras para um perfeito bronzeado e lições de vela para os que gostam de esportes náuticos. Há um movimentado piano bar, onde são apresentadas exposições regulares, e duas piscinas, ambas com serviço de bar – o terraço onde são servidos o café da manhã ou um *brunch* mediterrâneo dá para uma das piscinas. Mais perto do mar fica o restaurante Petra Ruja, que oferece uma fascinante vista do mar ao pôr do sol, além

de uma excelente variedade de pratos internacionais.

L'Elicriso Thalasso & Spa Center é sem dúvida o foco de atração do *resort*, destacando-se como um dos mais conceituados spas do mediterrâneo. Seus inúmeros tratamentos visam relaxar, tonificar ou rejuvenescer com a utilização de sais, minerais e outros produtos marinhos. Óleos essenciais extraídos de plantas nativas da Sardenha também contribuem para tornar a experiência no spa do Marinedda especial. Além disso, L'Elicriso dispõe de uma área de *cardio-fitness*, piscina de água do mar aquecida, sauna, banho turco e cabines de tratamento privativas.

As 195 suítes do Marinedda dispõem de um quarto padrão *standard* ou superior e sala de repouso com uma revigorante ducha externa. E ainda há a Presidential Suite – sonho de qualquer casal em lua de mel. Todos os quartos são lindamente decorados e equipados com TV por satélite e uma varanda privativa de onde se pode apreciar o pôr do sol da Sardenha em toda a sua glória. A decoração mediterrânea utiliza madeira de castanheiro e pedras locais.

São muitas as possibilidades de diversão: você pode fazer uma visita aos artesãos de Castelsardo ou uma caminhada pelas montanhas escarpadas do interior da ilha, ou ainda experimentar um novo esporte aquático. A Sardenha é o destino ideal para famílias com crianças, viajantes independentes interessados em cultura ou casais em busca de romance. A única pretensão do Marinedda é tornar cada uma das experiências memorável.

QUARTOS
195

CULINÁRIA
Petra Ruja: mediterrânea e regional • Li Canneddi: mediterrânea e regional • Tramonto Rosso: mediterrânea e regional

BEBIDA
dois bares

DESTAQUES
L'Elicriso Thalasso & Spa Center • quadra de tênis • campo de futebol society • Mini Club • piscinas • excursões de barco • ar-condicionado • TV por satélite • secador de cabelo • frigobar • cofre • varanda • aluguel de barcos • praias

ENDEREÇO
07038 Isola Rossa, Sardenha • telefone: +39.0789.790 018 • fax: +39.0789.790 058 • e-mail: info@delphina.it • site: www.delphina.it

Hotel Pitrizza

... discretas villas cobertas de hera em meio a jardins floridos e gramados bem-cuidados...

NESTA PÁGINA (A PARTIR DO ALTO): *O Hotel Pitrizza equilibra beleza natural, luxo e serenidade; as suítes são espaçosas e dotadas de sala de estar; o bar serve uma grande variedade de coquetéis e petiscos.*

PÁG. AO LADO (SENTIDO ANTI-HORÁRIO, A PARTIR DO ALTO): *Móveis artesanais dão aos quartos um toque singular; desfrute um dia de sol à beira da piscina da Villa La Roccia; o ambiente suave da Royal Suite é favorecido pelos tons turquesa e branco.*

A Costa Smeralda, no litoral nordeste da Sardenha, é um dos trechos mais bem-preservados e belos da costa do Mediterrâneo. Formações rochosas escondem baías de areias brancas envolvidas por um mar onde cintilam tons turquesa, violeta e esmeralda. Desde que surgiu como destino turístico na década de 1960, esta parte da ilha tem sido preservada, de modo que qualquer nova construção esteja em harmonia com o meio ambiente.

Um dos primeiros hotéis construídos neste glorioso enclave foi o Hotel Pitrizza, membro dos prestigiosos Starwood Hotels and Resorts, o que por si só já é garantia de férias espetaculares. Construído em 1963 e totalmente reformado em 1990, este hotel charmoso ainda conserva a arquitetura modernista típica da época de sua construção, com amplos espaços e janelas que vão do chão ao teto, ideais para a praia. Ocupando a extremidade de uma pequena península e ladeado por praias particulares, o Pitrizza consiste de discretas *villas* cobertas de hera espalhadas em meio a jardins floridos e gramados bem-cuidados, todas com amplos terraços e vistas maravilhosas. Os interiores são luxuosos, mas com um clima exótico.

Paredes brancas e móveis artesanais contrastam com detalhes em turquesa ou vermelho-queimado e com o verde das plantas internas.

Os hóspedes que estejam precisando fugir do estresse da vida cotidiana vão adorar a perspectiva de uma suíte com piscina ou praia privativa, enquanto uma academia e *fitness center* moderníssimos são a garantia de que até o mais esgotado trabalhador vai partir totalmente relaxado e renovado.

Os esportistas não ficarão decepcionados. Embora o hotel ofereça o ambiente perfeito para relaxar na praia ou na espetacular piscina de água salgada escavada na rocha granítica, os campos de golfe do Pevero Club, um dos melhores do mundo, ocupam a propriedade vizinha. Além disso, também é possível esquiar e praticar tênis ou windsurfe.

O complemento perfeito a este sublime santuário à beira-mar é a excelente comida servida no Hotel Pitrizza. No almoço, o Ristorante Pitrizza, à beira da piscina, oferece uma sombra acolhedora para uma refeição ao ar livre, enquanto à noite os românticos incuráveis vão adorar jantar à luz de velas sob as estrelas. O atraente cardápio de frutos do mar frescos e aromáticos pratos mediterrâneos satisfaz ao mais exigente paladar.

Além da cozinha do Pitrizza, os hóspedes em sistema de pensão completa também podem saborear a comida excepcional dos hotéis vizinhos – Cala di Volpe, Cervo e Romazzino, outros membros Starwood na Costa Smeralda – sem custo adicional.

A Costa Smeralda é obrigatória para qualquer pessoa que visite a Sardenha, e os que tiverem a sorte de se hospedar no Pitrizza terão uma experiência inesquecível.

QUARTOS
55

CULINÁRIA
Ristorante Pitrizza: internacional

BEBIDA
Pitrizza Bar

DESTAQUES
babysitter mediante solicitação • TV por satélite • fitness center e centro de beleza • terraços • esqui aquático • windsurfe • internet sem fio

NEGÓCIOS
business center • salas de reuniões no vizinho Hotel Cervo

ARREDORES
Pevero Club • clube de tênis • Porto Cervo

ENDEREÇO
07020 Porto Cervo,
Costa Smeralda, Sardenha •
telefone: +39.0789.930 111 •
fax: +39.0789.930 611 •
e-mail: pitizza@luxurycollection.com •
site: luxurycollection.com/ hotelpitrizza

Hotel Signum

... com as ilhas vulcânicas Stromboli e Panarea visíveis dos terraços...

NESTA PÁGINA: *A vocação solar do Hotel Signum se reflete em sua alegre fachada e nas águas azuis cristalinas da piscina.*

PÁG. AO LADO (SENTIDO HORÁRIO, A PARTIR DO ALTO): *Os quartos combinam os confortos modernos com um toque rústico; a bela baía Pollara; o modo de vida da ilha atrai; relaxe e saboreie um drinque em um cantinho tranquilo do hotel.*

Salina, declarada patrimônio da humanidade pela Unesco, é a ilha mais luxuriante das espetaculares ilhas Eólias. Aflorando dramaticamente da superfície do Mediterrâneo ao norte da Sicília, e com impressionantes picos vulcânicos gêmeos, esta ilha, que tem uma história geologicamente tumultuada, hoje é famosa por seu litoral, suas deliciosas alcaparras e pelo vinho doce Malvasia, produzido em suas encostas ricas em minerais.

Inaugurado em 1988 na cidade natal do casal Clara Rametta e Michele Caruso, o refúgio dos sonhos dos dois quase não se materializou, porque os habitantes da vila não queriam ver seu querido povoado invadido por forasteiros. Felizmente, eles mudaram de ideia, e este charmoso hotel butique pôde finalmente nascer, sendo batizado como Hotel Signum.

A poucos metros do hotel fica a límpida baía Pollara, cenário de *O carteiro e o poeta*, encantador filme de Michael Radford. Semelhante a uma casa de fazenda, o Hotel Signum é tão memorável e romântico quanto os poemas de Pablo Neruda mostrados nesse filme comovente.

Este hotel exclusivo tem acumulado criticas entusiásticas da imprensa especializada. A *Condé Nast Traveller* ficou fortemente impressionada com a localização exclusiva e o trabalho em ferro batido, para não mencionar alguns toques autênticos, como a roupa de cama bordada das encantadoras suítes.

Com as ilhas vulcânicas Stromboli e Panarea visíveis dos terraços, este hotel que recende a jasmim é verdadeiramente imperdível.

Com bom gosto e atenção ao detalhe, Clara e Michele criaram uma autêntica atmosfera das ilhas Eólias em seu hotel decorado com carinho. Cada quarto tem uma decoração personalizada, com móveis artesanais e obras de artistas locais. As suítes têm nomes evocativos, como Acanto, Bougainvillea, Cappero, Ginestra ou Malva, para citar apenas alguns.

Os quartos Classic, Superior e Deluxe dispõem de todos os luxuosos confortos de um hotel quatro estrelas, de controle climático e TV por satélite a telefone privativo e acesso à internet. O frigobar é bem abastecido de apetitosos petiscos e drinques típicos das ilhas.

Erguido em meio a perfumadas plantações de jasmim, o Hotel Signum conta com uma elegante biblioteca e sala de leitura, decorada com sofás antigos, onde os hóspedes podem passar uma tarde agradável. Outra opção é ir ao solário, aos jardins impecavelmente cuidados ou à tentadora piscina de borda infinita – o melhor lugar de onde apreciar a aurora e o crepúsculo.

Ao cair da noite, quando a impressionante silhueta de Salina se destacar no horizonte, desfrute um aperitivo ou um jantar à luz de velas no terraço. O famoso menu de degustação de especialidades de Michele é simplesmente insuperável. Seu inspirado toque culinário se revela nos peixes frescos, nas massas caseiras e nos pratos leves mediterrâneos. Encerre a refeição e um dia maravilhoso com uma taça de Malvasia, o vinho doce produzido na região.

QUARTOS
30

CULINÁRIA
Signum: das ilhas Eólias e mediterrânea

BEBIDA
adega

DESTAQUES
TV por satélite • sala de leitura • biblioteca • piscina de borda infinita com hidromassagem • solário • massagem • aluguel de vespa • agendamento de excursões

NEGÓCIOS
salas de reuniões

ARREDORES
mergulho • vela • monte Porri • monte Fossa delle Felci • Stromboli • baía Pollara

ENDEREÇO
Via Scalo 15, 98050 Malfa, Salina, Ilhas Eólias • telefone: +39.909.844 222 • fax: +39.909.844 102 • e-mail: salina@hotelsignum.it • site: www.hotelsignum.it

La Coluccia

... os quartos misturam um estilo nitidamente contemporâneo com uma latente elegância atemporal...

Nenhuma viagem à Itália estará completa sem uma visita a uma de suas esplêndidas ilhas mediterrâneas, que oferecem a possibilidade de isolamento cercado de mar por todos os lados. Na Sardenha, o La Coluccia, um hotel de formas arquitetônicas fluidas, tem sido o refúgio de muitos viajantes exigentes desde sua inauguração, em 2003, e constitui uma base ideal de onde explorar as muitas atrações da ilha, entre elas o Parco Nazionale di Gennargentu e a maravilhosa reserva marinha da ilha Tavolara, excelente para mergulho.

Este hotel isolado está situado na costa norte da Sardenha, um paraíso montanhoso, notável pelas extraordinárias formações rochosas que cercam suas numerosas baías e platôs. O hotel oferece amplas vistas das praias da ilha Spargi e desfruta de uma localização privilegiada na ponta de uma límpida baía de 4km de extensão.

Erguido em meio a um terreno ajardinado, o Hotel La Coluccia é separado de sua praia exclusiva por um bosque de perfumados pinheiros. Além do conforto de uma espreguiçadeira, um guarda-sol e uma toalha fornecidos pelo hotel, um suco de frutas gelado e um instigante *best-seller* são os únicos outros requisitos para uma manhã perfeita à beira do mar.

Com este refúgio praiano, o arquiteto Julio César Ayllòn foi bem-sucedido em sua pretensão de fundir arte e moda com design de interiores. Os 45 quartos, todos equipados com ar-condicionado, misturam um estilo nitidamente contemporâneo com uma latente elegância atemporal, filosofia reforçada pelos materiais utilizados: cimento polido, madeiras nobres escuras, móveis de couro e tecidos luxuosos.

Com acabamentos do mais alto padrão, cada quarto dispõe de TV por satélite, linha telefônica direta, frigobar e cofre. As tonalidades quentes, como o chocolate e o creme, criam um calmo contraste com o safira brilhante do mar e o verde exuberante dos jardins, que podem ser apreciados da varanda privativa do quarto.

O desenho ondulante do telhado do edifício forma uma silhueta surpreendente, uma fluidez que se repete nos contornos da piscina externa, aquecida naturalmente,

NESTA PÁGINA (A PARTIR DO ALTO): *Os quartos dispõem de móveis confortáveis e refinados, típicos de um hotel de primeira classe; ao cair da noite, desfrute um passeio pela piazza lindamente iluminada.*

PÁG. AO LADO (A PARTIR DO ALTO): *Uma temporada de sol na ilha da Sardenha é convidativa; o moderno saguão do La Coluccia é típico do estilo avant-garde; dê um mergulho ou relaxe na moderna piscina do hotel.*

constituindo um impressionante pano de fundo para o restaurante do hotel, especializado na culinária local e internacional. Mesmo que o hóspede esteja no hotel para uma curta temporada, o menu de degustação de quatro pratos de especialidades sardas é uma experiência culinária essencial. Para preparar o apetite, a bem-equipada academia situa-se na Space Comfort Zone do La Coluccia. Este spa ultramoderno conta ainda com salas de massagem, banho turco e uma tranquila área de relaxamento, que ajuda a manter o equilíbrio físico e espiritual.

Para quem quiser desfrutar plenamente o ambiente, são oferecidas oportunidades de velejar, cavalgar ou jogar uma partida de golfe a curta distância de carro do hotel, assim como excursões de barco à ilha francesa da Córsega. Mas os hóspedes do La Coluccia raramente sentem vontade de abandonar este luxuoso hotel, o mais elegante e moderno recentemente inaugurado na Sardenha. É puro magnetismo.

QUARTOS
45

CULINÁRIA
Terrace Restaurant: sarda, italiana e internacional

DESTAQUES
TV por satélite • telefone direto • frigobar • cofre • piscina • academia • spa • banho turco • área de relaxamento • pedalinhos • aluguel de barcos e bicicletas

NEGÓCIOS
sala de reuniões

ARREDORES
esportes aquáticos • equitação • golfe no Pevero Club • aeroporto de Olbia

ENDEREÇO
Gallura, Località Conca Verde, 07028 Santa Teresa Gallura, Sardenha •
telefone: +39.0789.758 004 •
fax: +39.0789.758 007 •
e-mail: lacoluccia@mobygest.it •
site: www.mobygest.it •
www.hotelphilosophy.net

Le Meridien Chia Laguna

... tudo o que se pode esperar de um hotel reunido em um local de enorme beleza.

NESTA PÁGINA: Os quartos Deluxe são amplos e mobiliados em estilo contemporâneo.

PÁG. AO LADO (A PARTIR DO ALTO): O hotel oferece muitas atividades, e o golfe é uma delas; com cores vibrantes e decoração moderna, o Luna é o local perfeito para um drinque; dê um relaxante mergulho noturno na piscina.

No melhor dos mundos, todos os hotéis deveriam oferecer um serviço perfeito, acomodações modernas e elegantes, e o máximo conforto em um cenário glorioso. A realidade, naturalmente, é bastante diferente, e muitos estabelecimentos deixam de corresponder a essas expectativas. A não ser que o hotel pertença ao famoso grupo Le Meridien.

Com mais de 120 hotéis de luxo espalhados por mais de 50 países, Le Meridien desfruta de uma incomparável e duradoura reputação de excelência em todos os aspectos da hospitalidade. Localizado dentro do Chia Laguna Resort, em uma das mais preservadas praias de areias brancas na extremidade sul da Sardenha, Le Meridien Chia Laguna é este hotel.

Concebido para oferecer conforto do mais alto nível, Le Meridien Chia Laguna dispõe de dois tipos de acomodações, proporcionando tudo o que se pode esperar de um hotel reunido em um local de enorme beleza. O Hotel Laguna possui 72 quartos recentemente remodelados, muitos deles com varanda privativa, de onde se tem uma vista fascinante da lagoa próxima e do mar mais além.

Para hóspedes que desejam algo único, os bangalôs do Chia Village combinam na decoração elementos contemporâneos e *vintage*. Todos os quartos são luxuosamente decorados, com confortos como acesso à internet, TV de tela plana, ar-condicionado e banheiro privativo. E é desnecessário dizer que a marca de qualidade, consideração e elegância dos hotéis Le Meridien está presente em toda parte.

Essa inflexível atenção ao detalhe também é evidente nas áreas de uso comum do hotel, que provocam a inveja de todos os outros hotéis da Sardenha. Além de quadras de tênis, do campo de minigolfe de 18 buracos com área de treinamento e das várias

piscinas, o hotel tem um centro de beleza e uma academia muito bem-equipados. Para completar, ainda oferece acesso exclusivo a uma das mais espetaculares praias da região e possui um dos principais centros de convenções da ilha, o Congress Center, capaz de receber 1.200 pessoas num só evento.

Os que escolherem este destino interessados em conhecer a lendária culinária italiana não ficarão decepcionados diante da grande variedade de cozinhas à sua escolha. Como os hóspedes do hotel têm acesso às instalações do Baia Chia Village – que também faz parte do Chia Laguna Resort –. não faltam opções de restaurantes e bares, entre eles uma típica *pizzeria* italiana e um restaurante romanticamente instalado em meio às dunas. O melhor deles, porém, é o restaurante La Terrazza, que oferece uma refeição *gourmet* em um pátio sombreado, com vista panorâmica da magnífica baía Chia e com um toque especial: o chef demonstra seu talento culinário diante dos clientes. Há ainda o Bar Bollicine, onde se pode saborear aperitivos e champanhe em um ambiente igualmente suntuoso. Pratos tradicionais da cozinha italiana, sarda e mediterrânea estão presentes em todos os cardápios, e uma extensa carta de vinhos contribui para uma refeição impecável. No melhor dos mundos, todos os hotéis deviam ser como este.

QUARTOS
72

CULINÁRIA
Bouganville Restaurant: mediterrânea e internacional • La Terrazza: mediterrânea e internacional • Art à la Carte Restaurant: fusão global • Le Dune Restaurant • Steak House

BEBIDA
Bar Rondini • Bar Bollicine • Bar Piscina • Bar Dune • Bar Piazza degli Ulivi • Wine Bar • Luna

DESTAQUES
academia • centro de beleza • praia particular • piscinas • quadras de tênis • campo de futebol society • campo de minigolfe de 18 buracos • babysitter mediante solicitação

NEGÓCIOS
auditório • área de exposições

ARREDORES
Chia • sítio arqueológico de Bithia • sítio arqueológico de Nora • Pula

ENDEREÇO
Località Chia, 09010 Domus De Maria, Cagliari, Sardenha • telefone: +39.070.92 391 • fax: +39.070.923 0141 • e-mail: info@hotelchialaguna.com • site: www.lemeridien-chialaguna.com

Resort Valle dell'Erica Thalasso + Spa

... mergulhar no luxo de uma suíte ou explorar os ritmos da ilha...

A Sardenha é separada da Córsega pelo estreito de Bonifacio. Neste pedaço azul-cobalto do Mediterrâneo há um arquipélago de sete ilhas e ilhotas maravilhosas que levam o nome da única ilha habitada, La Maddalena. Fica a uma curta viagem de barco de Palau, na costa norte da Sardenha. O Resort Valle dell'Erica se encontra a apenas 100m da costa, no limite do Parco Nazionale Marino dell'Arcipelago di La Maddalena. A costa recortada da ilha é pontilhada de rochas vermelhas esculpidas pelo vento, que servem de escudo para uma série infinita de baías.

As ninfas das águas devem se deleitar na praia exclusiva do Valle dell'Erica, assim como em suas duas esplêndidas piscinas. Relaxando em uma confortável espreguiçadeira e contando com um atencioso serviço de bar, o hóspede pode apreciar a vista espetacular da baía cor de pérola e o horizonte pontilhado de ilhas.

Os resorts Delphina são famosos pela quantidade e qualidade de seus restaurantes. Só no Valle dell'Erica há o Nautilus, Il Grecale, La Prua e Li Zini, tão impressionantes quanto o cenário à beira-mar onde se situam. E este resort que tem o prazer de receber famílias conta até com um restaurante dedicado às crianças, o Capitan Uncino. Os talentosos chefs são capazes de criar tanto uns petiscos para serem saboreados à beira da piscina quanto um jantar impecável à luz de velas, onde são servidos frutos do mar frescos pescados na região. E, quando a noite cai, você pode mergulhar no luxo de sua suíte ou explorar os ritmos da ilha, emitidos pelos músicos que tocam ao vivo na noite vibrante do hotel.

NESTA PÁGINA (A PARTIR DO ALTO): *O caráter relaxante do Valle dell'Erica é evidente nos tons repousantes e na atmosfera que predomina em seu interior; vista panorâmica do resort.*

PÁG. AO LADO (A PARTIR DO ALTO): *Os aficionados do golfe podem melhorar seu handicap nos gramados do Valle dell'Erica; relaxe nas piscinas de água salgada do Centro Thalasso & Spa; Li Zini é uma opção perfeita para uma refeição ao ar livre, com direito a um descanso na rede.*

Depois de passar por uma ampla reforma em 2005, o hotel possui agora140 quartos e suítes, todos no térreo. A maioria oferece belas vistas do mar, mas todos dispõem de um varanda onde se pode tirar um cochilo vespertino à sombra. Os quartos foram planejados para oferecer conforto e comunicação, contando com TV por satélite e Sky e frigobar. Cada interior é um oásis de elegância e romance, emanando a tranquilidade mediterrânea.

Para os hóspedes que desejam o extremo luxo, a Presidential Suite compreende uma espaçosa sala de estar, uma varanda panorâmica e um segundo banheiro, com uma revigorante banheira de hidromassagem. Concebidos especialmente para quem deseja relaxar, cinco quartos maravilhosos ligam-se diretamente ao spa do hotel.

O Centro Thalasso & Spa "Le Thermae" se beneficia da incrível paisagem natural de rochas graníticas. Como um spa de primeira classe que é, oferece quatro piscinas externas de água do mar, 13 cabines privativas de tratamento, banho turco, sauna, área de relaxamento e uma bem-equipada sala de *cardio-fitness*. Óleos aromáticos essenciais extraídos de plantas nativas da Sardenha são utilizados para intensificar a experiência multissensória de seus tratamentos, destinados ao bem-estar de corpo e espírito.

Refúgio favorito de membros da realeza e celebridades desde 1958, este hotel luxuosamente reformado preserva a mesma elegância e a mesma exclusividade que possuía na época de sua construção. Desfrute-o hoje, quando ele grava sua marca distintiva neste novo milênio.

QUARTOS
140

CULINÁRIA
Li Zini: frutos do mar • Nautilus: mediterrânea e regional • La Prua: mediterrânea e regional • Il Grecale: café da manhã e brunch mediterrâneo • Capitan Uncino: mediterrânea (para crianças)

BEBIDA
três bares

DESTAQUES
Centro Thalasso & Spa "Le Thermae" • campo de minigolfe com área de treinamento • praias • excursões de barco • TV por satélite e Sky • frigobar • cofre • varanda • piscinas • ar-condicionado • Mini e Junior Club

ARREDORES
Santa Teresa Gallura • equitação • vela • mergulho

ENDEREÇO
07028 Santa Teresa Gallura, Sardenha •
telefone: +39.0789.790 018 •
fax: +39.0789.790 058 •
e-mail: info@delphina.it •
site: www.delphina.it

Santa Teresa

... um baluarte de intacta beleza.

NESTA PÁGINA (A PARTIR DO ALTO):
Santa Teresa oferece uma experiência única no belo terreno recortado das ilhas; as claras águas azuis da piscina fundem-se perfeitamente com o esplendor do ambiente que a cerca.
PÁG. AO LADO (A PARTIR DO ALTO): *As casas têm uma decoração simples, mas elegante; os históricos dammusi proporcionam conforto e luxo.*

A ilha de Pantelleria é a maior das dramáticas ilhas da Sicília, cuja paisagem recortada evoca lembranças dos nômades que em outros tempos perambulavam pelas ilhas. Quase equidistante da costa africana e do continente da Sicília, a ilha tem um passado vulcânico, evidente em suas rochas escuras ricas em minérios, que criam um fascinante contraste com os tons azul-cobalto e verde-esmeralda do mar que beija as praias espetaculares de Pantelleria.

O resort Santa Teresa está situado na principal vila da ilha, onde se ergue como um baluarte de intacta beleza. Membro dos conceituados Design Hotels, o Santa Teresa se preserva totalmente original, emanando um charme rústico muito próprio.

Cercando uma fazenda orgânica de 40ha, as casas de pedra que constituem o hotel estão em total harmonia com o cenário, que abrange olivais, vinhas de Nero d'Avola – muitas vezes considerada "a mais importante uva da Sicília" –, Merlot e Cabernet, assim como

inúmeros canteiros de ervas aromáticas. Uma ajuda na colheita da uva, em setembro, é sempre bem-vinda, para não falar da degustação de vinhos que se segue.

Conhecidas como *dammusi*, as casas do Santa Teresa são na verdade antigos esconderijos de pedra que foram reestruturados para hospedar até quatro pessoas com um luxo simples, mas refinado. O grupo de casas Sibà abriga a área de recepção e oito *dammusi*, assim como um jardim árabe, uma área de treinamento de golfe e uma piscina. Outras quatro casas ficam no grupo Fra Diavolo, que dispõe de um solário e uma piscina aquecida pelo sol.

No interior, os *dammusi* têm ar-condicionado e foram decorados com bom gosto, cada um em um estilo. As paredes são brancas, com suaves arcos mouriscos e camas convidativas instaladas em nichos. A decoração dos interiores utiliza materiais naturais, como o *rattan*, e móveis de madeira artesanais produzidos na região. No vizinho vale Monastero há mais dois grupos de *dammusi*. Esta disposição das acomodações faz do Santa Teresa um hotel ideal para um isolamento completo ou para casais que adoram a ideia de se retirar para um refúgio romântico no fim do dia.

Há excursões de mountain biking, de pesca ou caminhados ao longo das trilhas sinalizadas do Parco della Riserva, que começa em Sibà. O aluguel de um carro abrirá mais opções, permitindo visitar portos e praias. Para os mais aventureiros, a exótica costa da África pode ser avistada num dia claro do pico da Montagna Grande, 836m acima do nível do mar. Neste canto da ilha, até o mais luxuoso spa seria supérfluo diante dos reconfortantes banhos de lama disponíveis no lago Venere, cortesia das termas naturais de Pantelleria.

Ao pôr do sol, junte-se aos outros hóspedes no perfumado jardim árabe de Sibà para um estimulante aperitivo antes de provar as deliciosas especialidades locais, como o *pesto* Pantelleria, o cuscuz picante ou peixe fresco nos muitos acolhedores restaurantes locais. Para quem quer levar uma lembrança autêntica deste lugar verdadeiramente único, Santa Teresa vende uma grande variedade de produtos orgânicos, de vinho a azeite, molhos, doces e presentes temáticos.

QUARTOS
18 dammusi

CULINÁRIA
Jardim Árabe: café da manhã

BEBIDA
adega

DESTAQUES
ar-condicionado • aluguel de carros • piscina • clube de golfe • quitinete • mountain bikes • barcos particulares

ARREDORES
Parco della Riserva • Piana di Sabà • Pantelleria • lago Venere • vale Monastero

ENDEREÇO
C. da Monastero Alto, Sibà,
91010 Scauri Siculo, Pantelleria
Ilhas Egadi, Sicília •
telefone: +39.092.391 6389 •
fax: +39.092.391 6666 •
e-mail: santateresa@mobygest.it •
site: www.mobygest.it •
www.hotelphilosophy.net

índice

Os números em *itálico* indicam as páginas que contêm fotos.

índice

índice

créditosdasfotos+agradecimentos

Os editores gostariam de agradecer às seguintes pessoas a permissão para reproduzir suas fotos:

A + L Sinibaldi/Getty Images quarta capa (embaixo, à direita), 191
Adler Thermae Spa + Wellness Resort 130, 140–41
Alan Copson/Photolibrary 35
Alessandro Rizzi/Getty Images 193
Alessandro Saffo/Corbis 198, 258, 263
Alois Weber/Photolibrary 51 (no alto)
Andrea Pistolesi/Getty Images 49, 52
Andrew Pini/Photolibrary 34 (no alto, à direita)
Anthony Blake/Photolibrary 36, 99 (no alto)
Arper 21, 23 (centro 2)
Baglioni Hotels 148–49, 214–15
Bauer Il Palazzo 102–3
Bauer Palladio Hotel + Spa 104–5
Benjamin Rondel/Photolibrary 30 (embaixo)
Billy Hustace/Getty Images front cover (embaixo, à esquerda), 14 (embaixo)
Bob Sacha/Corbis 34 (no alto, à esquerda), 98, 261 (no alto)
Bruce Forster/Getty Images 44
Bulgari Milan Hotel 38 (no alto + embaixo)
Ca Maria Adele capa (no alto, à direita), 106–7
Ca'Pisani 108–9
Cala Caterina 270–71
Casa Angelina lifestyle 22, 232–33
Charles + Josette Lenars/Corbis 268 (à esquerda)
Charles Bowman/Getty Images 40
Charming House DD.724 orelha da quarta capa (cama), 110–11
Chia Laguna Villas 272–73
Chris Moore/Getty Images 19 (no alto, à esquerda)
Claudio Peri/epa/Corbis 194 (embaixo)
Colin Dutton/Corbis quarta capa (pintura), 92, 93
Corbis/Photolibrary 97
Corrado Poli/Photolibrary 59
Cosmo Condina/Getty Images 84
Costantinopoli 104 234–35
Cracco 5
Dallas + John Heaton/Corbis 41 (Dolomitas)
David Madison/Getty Images 196
David Noton/Getty Images 41 (*trulli*)
David Sutherland/Corbis 266
David Tomlinson/Getty Images 127 (no alto)
DEA/L. Romano/Getty Images 41 (Villa San Michele)
DeA Picture Library/Getty Images 268 (à direita), 269
DEA/Pubbli Aer Foto/Getty Images 264
DEA/R. Felderer/Photolibrary 60
Delphina Hotels + Resorts 276–77, 278–79, 288–89
Dietmar Fritze 89 (embaixo)
Douglas Kirkland/Corbis 13
Elisabetta Villa/Getty Images 19 (Valentino, exposição)
Ernst Haas/Getty Images 88
Falconara 274–75
Filippo Monteforte/Getty Images 17 (no alto, à direita + centro), 199
Fornasetti 23 (no alto 2)
Franco Cogoli/Corbis 58
Frumm John/Photolibrary 12
Fulvio Roiter/Corbis 200
Furore Inn Resort + Spa 236–37
Gaetan Bally/epa/Corbis 9
Gallia Palace Hotel 142–43
Gary Yeowell/Getty Images 54, 86, 126
Gian Berto Vanni/Corbis 96 (embaixo)
Gina Martin/Getty Images 37 (no alto, à direita)
Giuseppe Cacace/Getty Images 17 (no alto, à esquerda)
Glenn Beanland/Getty Images 187 (embaixo)
Grand Hotel et de Milan 62–3
Grand Hotel Excelsior Vittoria 238–39
Grand Hotel Firenze 144–45
Grand Hotel Parker's 240–41
Grand Tour/Corbis quarta capa (embaixo, à esquerda), 42, 137
Guenter Rossenbach/zefa/Corbis 231
Guido Baviera/Corbis 29 (no alto), 53 (embaixo), 96 (no alto)
Guido Cozzi/Corbis 197 (no alto), 201
Hauke Dressler/Getty Images 45, 47 (no alto)
Hotel de Russie capa (martíni), 33 (embaixo), 206–7
Hotel Giardino quarta capa (prato), 64–5
Hotel Gritti Palace quarta capa (no alto, à esquerda), 144–45
Hotel Milano Alpen Resort, Meeting + Spa 66–7
Hotel Monaco + Grand Canal 116–17
Hotel Pitrizza 280–81
Hotel Principe di Savoia capa (embaixo, à direita), 4
Hotel San Francesco al Monte 242–43
Hotel Santa Maria Novella 152–53
Hotel Savoy 154–55
Hotel Signum 282–83
Hotel Villa del Quar 118–19
Ian Cumming/Photolibrary 195
I Casali Di Monticchio 210–214
Il Canto 26 (no alto)
Il Pellicano 158–59
James Leynse/Corbis 19 (bolsa Gucci)
Jean-Bernard Carillet/Getty Images 223 (no alto)
Jeff Spielman/Getty Images capa (escadaria), 189 (embaixo)
Jeremy Horner/Corbis 228
Jeremy Woodhouse/Getty Images 55
Joe Beynon/Getty Images 187 (no alto)
Joe Murador/Corbis 33 (no alto)
John Brown/Getty Images 8–9
John Miller/Getty Images 267
Jon Hicks/Corbis 46
Jonathan Blair/Corbis 227 (embaixo)
Jörg Sundermann quarta capa (tratamento de spa), 39
José Fuste Raga/zefa/Corbis 256
JTB Photo/Photolibrary 101, 131
Jupiterimages/Photolibrary quarta capa (café), 34 (embaixo)
Kazuyoshi Nomachi/Corbis 190
Keith Miller 41 (montanhas da Toscana), 127 (embaixo)
Kim Sayer/Getty Images 129 (embaixo)
K.M. Westermann/Corbis 262
Kos Picture Source/Getty Images 265
L'Albereta orelha da capa (no alto e embaixo), 68–9
L'Andana 1, 160–61
La Coluccia 284–85
Le Meridien Chia Laguna 286–87
Locanda Mongreno 25 (no alto, à esquerda)
Louis-Laurent Grandadam/Getty Images 254
Lucy Davies/Getty Images 222
Macduff Everton/Corbis 194 (no alto)
Madonnina del Pescatore 27 (no alto)
Maison La Minervetta 244–45
Marco Cristofori/Corbis 50
Marco Di Lauro/Getty Images 89 (no alto)
Marco Scataglini/Photolibrary 230 (embaixo)
Marcos Delgado/epa/Corbis 99 (embaixo)
Maren Caruso/Photolibrary 51 (embaixo)
Mario Cipollini/Getty Images 259
Mark Bolton/Corbis 2
Mark Jenkinson/Corbis 14 (no alto)
Martin Moos/Getty Images 133
Masseria Cimino 246–47
Masseria San Domenico, Resort, Spa-Thalasso, Golf 248–49
Massimo Listri/Corbis 48 (no alto), 53 (no alto), 192
Massimo Borchi/Corbis 139, 224, 225 (embaixo)
Matteo Brogi 26 (embaixo, à esquerda + embaixo, à direita)
Melisa Teo capa (prato), 24
Michael S. Yamashita/Corbis 18 (no alto)
Mike King/Corbis 100
Mimmo Jodice/Corbis 260
ML Sinibaldi/Corbis 220
Moritz Steiger/Getty Images 186
Neil Emmerson/Getty Images 124
Paco Serinelli/Getty Images 29 (embaixo)
Palace Merano Espace Henri Chenot 70–1
Palazzo Arzaga Hotel Spa + Golf Resort 72–3
Palazzo Viviani orelha da quarta capa (no alto), 120–21
Panoramic Images/Getty Images 188–89
Park Hyatt Milan quarta capa (no alto, à direita), 32, 74–5
Pascal Le Segretain/Getty Images 19 (embaixo)
PatitucciPhoto/Getty Images 37 (no alto, à esquerda)
Piazza Duomo 25 (no alto, à direita)
Peter Poulides/Getty Images 28
Poltrona Frau 20
Prada 17 (embaixo)
Principe di Piemonte 162–166
Puku/Grand Tour/Corbis 136
Rainer Hackenberg/zefa/Corbis 138
Randy Belice/NBAE/Getty Images 95 (no alto)
Raul Touzon/Getty Images 47 (embaixo)
Relais La Suvera 166–71
Relais Santa Croce 172–73
Rieger Bertrand/Photolibrary 91
Richard Ross/Getty Images 261 (embaixo)
Ristorante Duomo 27 (centro + embaixo)
Rogan Macdonald/Photolibrary 227 (no alto)
Roger Antrobus/Corbis capa (montanhas da Toscana), 134
Salvatore Ferragamo 30 (no alto), 129 (no alto)
Salvatore Laporta/Getty Images 225 (no alto)
San Clemente Palace Hotel + Resort 122–23
Sandro Vannini/Corbis 197 (embaixo)
Santa Teresa 290–91
Seamas Culligan/ZUMA/Corbis 223 (embaixo)
Seiser Alm Urthaler 76–7
Sergio Pitamitz/Getty Images 56
Sergio Pitamitz/zefa/Corbis 135
Sheila Terry/Photolibrary 31 (no alto), 48 (embaixo)
Silvia Otte/Getty Images 184
SINA Fine Italian Hotels orelha da capa (centro), 78–9, 146–47, 204–5
St. Regis Grand Hotel, Rome 216–17
Stefano Amantini/Corbis 18 (embaixo), 132, 229 (embaixo)
Stefano Scatà/Grand Tour/Corbis 95 (embaixo)
Steven Vidler/Eurasia Press/Corbis 61
Stuart Dee/Getty Images 87 (embaixo)
Stuart Westmorland/Getty Images 87 (no alto)
Susie Cushner/Photolibrary 37 (embaixo, à esquerda + embaixo, à direita)
Terme di Saturnia Spa + Golf Resort 174–75
The Duke Hotel 218–19
The Straf 80–1
The Travel Library Limited/Photolibrary 57, 226
The Villa Book 82–3, 156–57, 182–83, 250–51, 252–53
Tim McGuire/Corbis 31 (embaixo)
Todd Gipstein/National Geographic 94
Villa La Vedetta 176–77
Villa Mangiacane 178–79
Villa Olmi Resort 180–81
Vintage Hospitality 150–51, 202–3, 208–9
Virginia Farneti/epa/Corbis capa (modelo), 16
Walter Bibikow/Getty Images capa (capela), 229 (no alto), 230 (no alto), 257
Walter Bibikow/Photolibrary 128
WireImage/Getty Images 15
Wowe/Le Calandre 25 (embaixo)
Zucchetti 23 (embaixo)

endereços

HOTÉIS

155 Via Veneto Boutique Hotel
(pág. 202)
Via Veneto 155, 00187 Roma
telefone: +39.06.322 0404
fax: +39.06.322 0405
info@155viaveneto.com
www.155viaveneto.com

Adler Thermae Spa + Wellness Resort
(pág. 140)
1-53027 Bagno Vignoni, Toscana
telefone: +39.0577.889 000
fax: +39.0577.889 999
toscana@adler-resorts.com
www.adler-resorts.com

Bauer Il Palazzo (pág. 102)
San Marco 1413/d, 30124 Veneza
telefone: +39.041.520 7022
fax: +39.041.520 7557
marketing@bauervenezia.com
www.bauerhotels.com

Bauer Palladio Hotel + Spa (pág. 104)
Giudecca 33, 30133 Veneza
telefone: +39.041.520 7022
fax: +39.041.520 7557
marketing@bauervenezia.com
www.bauerhotels.com

Brufani Palace Perugia (pág. 204)
Piazza Italia 12, 06121 Perugia
telefone: +39.075.573 2541
fax: +39.075.572 0210
brufanipalace@sinahotels.it
www.brufanipalace.com

Ca Maria Adele (pág. 106)
Rio Terà dei Catecumeni 111,
30123 Dorsoduro Veneza
telefone: +39.041.520 3078
fax: +39.041.528 9013
info@camariaadele.it
www.camariaadele.it

Ca'Pisani (pág. 108)
Dorsoduro 979/a, 30123 Veneza
telefone: +39.041.240 1411
fax: +39.041.277 1061
info@capisanihotel.it
www.capisanihotel.it

Cala Caterina (pág. 270)
Via Lago Maggiore 32,
09049 Villasimius, Sardenha
telefone: +39.070.797 410
fax: +39.070.797 473
calacaterina@mobygest.it
www.mobygest.it
www.hotelphilosophy.net

Casa Angelina Lifestyle (pág. 232)
Via G. Capriglione 147,
84010 Praiano, Salerno
telefone: +39.089.813 1333
fax: +39.089.874 266
reservations@casangelina.com
www.casangelina.com

Charming House DD.724 (pág. 110)
Dorsoduro 724, 30123 Veneza
telefone: +39.041.277 0262
fax: +39.041.296 0633
info@dd724.it
www.dd724.it

Chia Laguna Villas (pág. 272)
Località Chia, 09010 Domus de Maria,
Cagliari, Sardenha
telefone: +39.070.9239 3431
fax: +39.070.923 0144
info@chialagunaresort.com
www.chialagunaresort.com

Costantinopoli 104 (pág. 234)
Via S Maria Constantinopoli 104,
80138 Nápoles
telefone: +39.081.557 1035
fax: +39.081.557 1051
info@constantinopoli104.it
www.constantinopoli104.com

Falconara (pág. 274)
Località Falconara, Butera, 93011 Sicília
telefone: +39.0934.349 012
fax: +39.0934.349 015
falconara@mobygest.it
www.mobygest.it
www.hotelphilosophy.net

Furore Inn Resort + Spa (pág. 236)
Via dell'Amore, Piazza Sant'Elia 1,
84010 Furore, Amalfi Coast
telefone: +39.089.830 4711
fax: +39.089.830 4777
information@furoreinn.it
www.furoreinn.it

Gallia Palace Hotel (pág. 142)
58040 Punta Ala, Toscana
telefone: +39.056.492 2022
fax: +39.056.492 0229
info@galliapalace.it
www.galliapalace.it

Grand Hotel Baglioni (pág. 112)
Via Indipendenza 8, 40121 Bolonha
telefone: +39.051.225 445
fax: +39.051.234 840
reservations.ghbbologna@baglionihotels.com
www.baglionihotels.com

Grand Hotel et de Milão (pág. 62)
Via Manzoni 29, 20121 Milão
telefone: +39.02.723 141
fax: +39.02.8646 0861
reservations@grandhoteletdemilan.it
www.grandhoteletdemilan.it

Grand Hotel Excelsior Vittoria
(pág. 238)
Piazza Tasso 34, 80067 Sorrento, Nápoles
telefone: +39.081.877 7111
fax: +39.081.877 1206
exvitt@exvitt.it
www.exvitt.it

Grand Hotel Firenze (pág. 144)
Piazza Ognissanti 1, 50123 Florença
telefone: +39.055.27 161
fax: +39.055.217 400
grandflorença@luxurycollection.com
www.luxurycollection.com/grandflorença

Grand Hotel Parker's (pág. 240)
Corso Vittorio Emanuele 135,
80121 Nápoles
telefone: +39.081.761 2474
fax: +39.081.663 527
info@grandhotelparkers.it
www.grandhotelparkers.it

Grand Hotel Villa Medici Florença
(pág. 146)
Via Il Prato 42, 50123 Florença
telefone: +39.055.277 171
fax: +39.055.238 1336
villa.medici@sinahotels.it
www.villamedicihotel.com

Hotel Bernini Palace (pág. 148)
Piazza San Firenze 29, 50122 Florença
telefone: +39.055.288 621
fax: +39.055.268 272
reservations.berninifirenze@baglionihotels.com
www.baglionihotels.com

Hotel Capo d'Orso Thalasso + Spa
(pág. 276)
Località Cala Capra,
07020 Palau, Sardenha
telefone: +39.0789.790 018
fax: +39.0789.790 058
info@delphina.it
www.delphina.it

Hotel de Russie (pág. 206)
Via del Babuino 9, 00187 Roma
telefone: +39.06.328 881
fax: +39.06.3288 8888
reservations.derussie@roccofortecollection.com
www.roccofortecollection.com

Hotel Giardino (pág. 64)
Via Segnale 10, CH-6612
Ascona, Switzerland
telefone: +41.91.785 8888
fax: +41.91.785 8899
welcome@giardino.ch
website: www.giardino.ch

Hotel Gritti Palace (pág. 114)
Campo Santa Maria del Giglio,
2467 Veneza
telefone: +39.041.794 611
fax: +39.041.520 0942
grittipalace@luxurycollection.com
www.luxurycollection.com/grittipalace

Hotel Lord Byron (pág. 208)
Via Giuseppe De Notaris 5,
00197 Roma
telefone: +39.06.322 0404
fax: +39.06.322 0405
info@lordbyronhotel.com
www.lordbyronhotel.com

Hotel Marinedda Thalasso + Spa
(pág. 278)
07038 Isola Rossa, Sardenha
telefone: +39.0789.790 018
fax: +39.0789.790 058
info@delphina.it
www.delphina.it

Hotel Milano Alpen Resort, Meeting + Spa (pág. 66)
Via Silvio Pellico 3, 24020
Castione della Presolana, Bratto
telefone: +39.0346.31211
fax: +39.0346.36236
info@hotelmilano.com
www.hotelmilano.com

Hotel Monaco + Grand Canal
(pág. 116)
San Marco 1332, 30124 Veneza
telefone: +39.041.520 0211
fax: +39.041.520 0501
mailbox@hotelmonaco.it
www.hotelmonaco.it

Hotel Pitrizza (pág. 280)
07020 Porto Cervo, Costa
Smeralda, Sardenha
telefone: +39.0789.930 111
fax: +39.0789.930 611
pitizza@luxurycollection.com
luxurycollection.com/hotelpitrizza

Hotel Regency Firenze (pág. 150)
Piazza M. D'Azeglio 3, 50121 Florença
telefone: +39.055.245 247
fax: +39.055.234 6735
info@regency-hotel.com
www.regency-hotel.com

Hotel San Francesco al Monte
(pág. 242)
Corso Vittorio Emanuele 328,
80135 Nápoles
telefone: +39.081.423 9111
fax: +39.081.251 2485
info@hotelsanfrancesco.it
www.hotelsanfrancesco.it

Hotel Santa Maria Novella (pág. 152)
Piazza Santa Maria Novella 1,
50123 Florença
telefone: +39.055.271 840
fax: +39.055.2718 4199
info@hotelsantamarianovella.it
www.hotelsantamarianovella.it

Hotel Savoy (pág. 154)
Piazza della Repubblica 7,
50123 Florença
telefone: +39.055.273 5831
fax: +39.055.273 5888
reservations.savoy@roccofortecollection.com
www.roccofortecollection.com

Hotel Signum (pág. 282)
Via Scalo 15, 98050 Malfa, Salina,
Aeolian Islands
telefone: +39.909.844 222
fax: +39.909.844 102
salina@hotelsignum.it
www.hotelsignum.it

Hotel Villa del Quar (pág. 118)
Via Quar 12, 37020
Pedemonte, Verona
telefone: +39.045.680 0681
fax: +39.045.680 604
info@hotelvilladelquar.it
www.hotelvilladelquar.it

I Casali Di Monticchio (pág. 210)
Vocabolo Monticchio 34, 05011
Allerona, Umbria
telefone: +39.763.628 365
fax: +39.763.629 569
info@monticchio.com
www.monticchio.com

Il Pellicano (pág. 158)
Sbarcatello 1, 58018 Porto
Ercole, Toscana
telefone: +39.056.485 8111
fax: +39.056.483 3418
info@pellicanohotel.com
www.pellicanohotel.com

L'Albereta (pág. 68)
Via Vittorio Emanuele II 23,
25030 Erbusco, Brescia
telefone: +39.030.776 0550
fax: +39.030.776 0573
info@albereta.it
www.albereta.it

L'Andana (pág. 160)
58043 Castiglione della, Pescaia,
Grosseto telefone: +39.0564.944 800
fax: +39.0564.944 577
info@andana.it
www.andana.it

La Coluccia (pág. 284)
Gallura, Località Conca Verde,
07028 Santa Teresa Gallura, Sardenha
telefone: +39.0789.758 004
fax: +39.0789.758 007
lacoluccia@mobygest.it
www.mobygest.it
www.hotelphilosophy.net

Le Meridien Chia Laguna (pág. 286)
Località Chia, 09010 Domus De Maria,
Cagliari, Sardenha
telefone: +39.070.92391
fax: +39.070.923 0141
info@hotelchialaguna.com
www.lemeridien-chialaguna.com

Maison La Minervetta (pág. 244)
Via Capo 25, 80067 Sorrento, Nápoles
telefone: +39.081.877 4455
fax: +39.081.878 4601
info@laminervetta.com
www.laminervetta.com

Masseria Cimino (pág. 246)
Contrada Masciola, 72010 Savelletri
di Fasano, Brindisi
telefone: +39.080.482 7886
fax: +39.080.482 7950
info@masseriacimino.com
www.masseriacimino.com

Masseria San Domenico, Resort, Spa-Thalasso, Golf (pág. 248)
Strada Litoranea 379, 72010 Savellatri
di Fasano, Brindisi
telefone: +39.080.482 7769
fax: +39.080.482 7978
info@masseriasandomenico.com
www.masseriasandomenico.com

Palace Merano Espace Henri Chenot
(pág. 70)
Via Cavour 2, 39012 Merano
telefone: +39.047.327 1000
fax: +39.047.327 1100
reservations@palace.it
www.palace.it
www.henrichenot.com

Palazzo Arzaga Hotel Spa + Golf Resort (pág. 72)
Loc. Arzaga 25080, Carzago di
Calvagese della Riviera, Brescia
telefone: +39.030.680 600
fax: +39.030.680 270
arzaga@arzaga.it
www.palazzoarzaga.com

Palazzo Viviani (pág. 120)
Via Roma 38, 47837 Montegridolfo,
Emilia-Romanha
telefone: +39.0541.855 350
fax: +39.0541.855 340
montegridolfo@mobygest.it
www.mobygest.it
www.hotelphilosophy.net

Park Hyatt Milão (pág. 74)
Via Tommaso Grossi 1, 20121 Milão
telefone: +39.02.8821 1234
fax: +39.02.8821 1235
milano@hyattintl.com
www.milan.park.hyatt.com

Principe di Piemonte (pág. 162)
Piazza G. Puccini 1, 55049
Viareggio, Lucca
telefone: +39.0584.4011
fax: +39.0584.401 803
info@principedipiemonte.com
www.principedipiemonte.com

endereços

Regina Hotel Baglioni (pág. 214)
Via Veneto 72, 00187 Roma
telefone: +39.06.421 111
fax: +39.06.4201 2130
reservations.reginaroma@baglionihotels.com
www.baglionihotels.com

Relais La Suvera (pág. 166)
53030 Pievescola, Siena
telefone: +39.577.960 300
fax: +39.577.960 220
reservations@lasuvera.it
www.lasuvera.it

Relais Santa Croce
(pág. 172)
Via Ghibellina 87, 50122 Florença
telefone: +39.055.234 2230
fax: +39.055.234 1195
info@relaisantacroce.com
www.relaisantacroce.com

Resort Valle dell'Erica Thalasso + Spa
(pág. 288)
07028 Santa Teresa Gallura, Sardenha
telefone: +39.0789.790 018
fax: +39.0789.790 058
info@delphina.it
www.delphina.it

San Clemente Palace Hotel + Resort
(pág. 122)
Isola di San Clemente 1, San Marco,
30214 Veneza
telefone: +39.041.244 5001
fax: +39.0.41.244 5800
sanclemente@thi.it
www.sanclemente.thi.it

Santa Teresa (pág. 290)
C. da Monastero Alto, Sibà,
91010 Scauri Siculo, Pantelleria
Egadi Islands, Sicília
telefone: +39.092.391 6389
fax: +39.092.391 6666
santateresa@mobygest.it
www.mobygest.it
www.hotelphilosophy.net

Seiser Alm Urthaler (pág. 76)
Fam. Urthaler, I-39040 Seiser Alm
telefone: +39.0471.727 919
fax: +39.0471.727 820
info@seiseralm.com
www.seiseralm.com

St. Regis Grand Hotel, Roma
(pág. 216)
Via Vittorio Emanuele Orlando 3,
00185 Roma
telefone: +39.06.47 091
fax: +39.06.474 7307
StRegisGrandRoma@stregis.com
www.stregisgrand.hotelinroma.com

Terme di Saturnia Spa + Golf Resort
(pág. 174)
58014 Saturnia, Grosseto
telefone: +39.0564.600 111
fax: +39.0564.601 266
info@termedisaturnia.it
www.termedisaturnia.it

The Duke Hotel (pág. 218)
Via Archimede 69, 00197 Roma
telefone: +39.06.367 221
fax: +39.06.3600 4104
theduke@thedukehotel.com
www.thedukehotel.com

The Gray Milano (pág. 78)
Via San Raffaele 6, 20121 Milão
telefone: +39.02.720 8951
fax: +39.02.866 526
info.thegray@sinahotels.it
www.hotelthegray.com

The Straf (pág. 80)
Via San Raffaele 3, 20121 Milão
telefone: +39.02.805 081
fax: +39.02.8909 5294
reservations@straf.it
www.straf.it

The Villa Book (pág.s 82, 156, 182, 250, 252)
12 Venetian House, 47 Warrington
Crescent, London W9 1EJ
telefone: +44.845.500 2000
fax: +44.845.500 2001
info@thevillabook.com
www.thevillabook.com

Villa La Vedetta (pág. 176)
Viale Michelangiolo 78, 50125
Florença
telefone: +39.055.681 631
fax: +39.055.658 2544
info@villalavedettahotel.com
www.concertohotels.com

Villa Mangiacane (pág. 178)
Via Faltigniano 4, 50026 San
Casciano, Florença
telefone: +39.055.829 0123
fax: +39.055.829 0358
mangiacane@steinhotels.com
www.villamangiacane.com

Villa Olmi Resort (pág. 180)
Via degli Olmi 4/8, 50012 Bagno
a Ripoli, Florença
telefone: +39.055.637 710
fax: +39.055.6377 1600
reservations@villaolmiresort.com
www.villaolmiresort.com

MADE IN ITALY: MODA

10 Corso Como
Corso Como 10, 20154 Milão
telefone: +39.02.2900 2674
info@10corsocomo.com
www.10corsocomo.com

244 Via Panisperna
Via Panisperna 244, 00184 Roma
telefone: +39.06.488 0598

Armani
Spazio Armani
Via Manzoni 31, 20121 Milão
telefone: +39.02.7231 8630
fax: +39.02.7231 8639
www.armani-viamanzoni31.it

Boutique Giorgio Armani Milano
Via Sant'Andrea 9, 20121 Milão
telefone: +39.02.7600 3234
fax: +39.02.7601 4926
www.armani.com

Barbaro
Galleria Umberto I 50, 80132 Nápoles
telefone: +39.081.410 041

Brioni
Via Veneto 129, 00187 Roma
telefone: +39.06.4782 2119
www.brioni.it

Bulgari
Via della Spiga 6, 20121 Milão
telefone: +39.02.7601 3448
fax: +39.02.7631 7143
www.bulgari.com

Via Condotti 10, 00187 Roma
telefone: +39.06.696 261
fax: +39.06.678 3419
www.bulgari.com

Degli Effetti
Piazza Capranica 75, 79, 93,
00186 Roma
telefone: +39.06.679 0202
info@deglieffetti.com
www.deglieffetti.com

Di Maria
Via F Bandiera 63, 90133 Palermo
telefone: +39.091.609 0395

Diesel
Milano Concept, Corso di Porta
Ticinese 44, 20123 Milão
telefone: +39.02.8942 0916
www.diesel.com

Dolce + Gabbana
Via della Spiga 26a, 20129 Milão
telefone: +39.02.7600 1155
www.dolcegabbana.it

E. Marinella
Riviera di Chiaia 287, 80121 Nápoles
telefone: +39.081.764 4214
fax: +39.081.245 1182
marinella@marinellanapoli.it
www.marinellanapoli.it

Eddy Monetti
Via Dei Mille 45, 80121 Nápoles
telefone: +39.081.407 064
fax: +39.081.764 3744
info@eddymonetti.it
www.eddymonetti.it

Emilio Pucci
Palazzo Pucci
Via dei Pucci 6r, 50122
Florença
telefone: +39.055.261 841
fax: +39.055.280 451
www.emiliopucci.com

Via Camerelle 65, 80073 Capri
telefone: +39.081.838 8200
www.emiliopucci.com

Fendi
Via Sant'Andrea 16, 20121 Milão
telefone: +39.02.7602 1617
www.fendi.com

Via Borgognona 39, 00187 Roma
telefone: +39.06.696 661
www.fendi.com

Palazzo Fendi
Largo Goldoni 415-421, 00187
Roma
telefone: +39.06.334 501
www.fendi.com

Via Camerelle 8, 80073 Capri
telefone: +39.081.837 0871
www.fendi.com

Fratelli Rossetti
Via Montenapoleone 1, 20121 Milão
telefone: +39.02.7602 1650
www.rossetti.it

Furla
Corso Vittorio Emanuele 1, 20121 Milão
telefone: +39.02.88521
www.furla.com

Gianfranco Ferré
Via Sant'Andrea 15, 20121 Milão
telefone: +39.02.780 406
www.gianfrancoferre.com

Giusti
Galleria Cavour 9h, 40124 Bolonha
telefone: +39.051.228 755

Gucci
Via Montenapoleone 5-7, 20121 Milão
telefone: +39.02.771 271
www.gucci.com

Galleria Cavour 9o, 40124 Bolonha
telefone: +39.051.262 981
www.gucci.com

Via Tornabuoni 73r, 50123 Florença
telefone: +39.055.264 011
www.gucci.com

Via Roma 32r, 50123 Florença
telefone: +39.055.759 221
www.gucci.com

Via Camerelle 25-27, 80073 Capri
telefone: +39.081.837 0820
www.gucci.com

L'Arte del Sandalo Caprese
Via Orlandi 75, Anacapri,
80071 Capri
telefone: +39.081.837 3583

La Coppola Storta
Via dell'Orologio 25, 90134 Palermo
www.lacoppolastorta.com

La Parisienne
Piazza Umberto I 7, 80073 Capri
telefone: +39.081.837 0283

La Perla
Galleria Cavour 1, 40124 Bolonha
telefone: +39.051.273 363
fax: +39.051.270 377
laperlainfo@laperla.com
www.laperla.com

Leam
Via Appia Nuova 26 and 32,
00178 Roma
telefone: +39.06.7720 7204
leam@leam.com
www.leam.com

Marella Ferrera
Viale XX Settembre 25/27,
95100 Catania
telefone: +39.095.446 751
www.marellaferrera.com

Max Mara
Piazza del Liberty 4, 20121 Milão
telefone: +39.02.777 921
fax: +39.02.7779 2801
ufficio.stampa@maxmara.it

Merolla e del'Ero
Via Calabritto 20, 80121 Nápoles
telefone: +39.081.764 3012

Miss Sixty
Via Torino 19, 20123 Milão
telefone: +39.08.715 891
fax: +39.08.7156 2496
misssixty@misssixty.com
www.misssixty.com

Moschino
Via Sant'Andrea 12, 20121 Milão
telefone: +39.02.7600 0832
www.moschino.it

Patrizia Pepe
Piazza san Giovanni 12r, 50123 Florença
telefone: +39.055.264 5056
info@patriziapepe.com
www.patriziapepe.com

Prada
Galleria Vittorio Emanuele II 63/65,
20121 Milão
telefone: +39.02.876 979
www.prada.com

Via Montenapoleone 8, 20121 Milão
telefone: +39.02.7602 0273
www.prada.com

Via Camerelle, Capri
www.prada.com

Roberta Lojacono
Via Turati 17, 90139 Palermo
info@robertalojacono.it
www.robertalojacono.it

Roberto Cavalli
Via dei Tornabuoni 83r, 50123 Florença
telefone: +39.055.239 6226
www.robertocavalli.com

Via Vittorio Emanuele 26, 80073 Capri
telefone: +39.081.837 7750
www.robertocavalli.com

Salvatore Ferragamo
Via Montenapoleone 3, 20121 Milão
telefone: +39.02.7600 0054
www.salvatoreferragamo.com

Via dei Tornabuoni 4r-14r,
50123 Florença
telefone: +39.055.292 123
fax: +39.055.336 0468
www.salvatoreferragamo.com

Via Vittorio Emanuele 21-29, 80073 Capri
telefone: +39.081.837 0499
fax: +39.081.837 6777
www.salvatoreferragamo.com

Spazio
Via Porta Rossa 107r, 50123 Florença
telefone: +39.055.212 995
spazioa.firenze@aeffe.com
www.aeffe.com

TAD
Via Del Babuino 155a, 00187 Roma
telefone: +39.06.3269 5131
roma@taditaly.com
www.taditaly.com

Tod's
Galleria Vittorio Emanuele II, 20121 Milão
telefone: +39.02.877 977
www.tods.com

Trussardi
Via Sant'Andrea 3/5/7, 20121 Milão
telefone: +39.02.7602 0380
www.trussardi.com

Valentino
Via Montenapoleone 20, 20121 Milão
telefone: +39.02.7600 6182
fax: +39.02.780 437
www.valentino.it

Via Condotti 13, 00187 Roma
telefone: +39.06.679 5862

endereços

fax: +39.06.6994 0709
www.valentino.it

Via del Babuino 61, 00187 Roma
telefone: +39.06.3600 1906
fax: +39.06.3600 1930
www.valentino.it

Via Bocca di Leone 15, 00187 Roma
telefone: +39.06.678 3656
fax: +39.06.673 9394
www.valentino.it

Venetia Stadium
St. Mark's Square 2425, 30124 Veneza
telefone: +39.041.523 6953
fax: +39.041.522 7353
info@venetiastudium.com
www.venetiastudium.com

Versace
Via Montenapoleone 11, 20121 Milão
telefone: +39.02.7600 8528
www.versace.com

Galleria Cavour 2n, 40124 Bolonha
telefone: +39.051.221 016
www.versace.com

Vittorio Trois
Campo San Maurizio, San Marco 2666, 30124 Veneza
telefone: +39.041.522 2905

MADE IN ITALY: DESIGN

Alessi
Via Privata Alessi 6, 28887 Crusinallo Di Omegna
telefone: +39.0323.868 611
fax: +39.0323.641 605
www.alessi.com

Archimede Seguso
Via dei Due Macelli 56, 00187 Roma
telefone: +39.06.679 1781
info@aseguso.com
www.aseguso.com

Arclinea
Lungotevere de'Cenci 4b, 00186 Roma
telefone: +39.06.686 5104
info@arclinea-roma.com
www.arclinea-roma.com

Arper
Via Lombardia 16, 31050 Monastier
telefone: +39.0422.7918
fax: +39.0422.791 800
info@arperitalia.it
www.arper.com

Artemide
Via Bergamo 18, 20010 Pregnana
telefone: +39.02.935 181
fax: +39.02.9359 0254
info@artemide.com
www.artemide.com

B&B Italia
Via Durini 14, 20122 Milão
telefone: +39.02.764 441
fax: +39.02.7644 4222
store.milano@bebitalia.it
www.milano.bebitalia.com

Babuino Novecento
Via del Babuino 65, 00187 Roma
telefone: +39.06.3600 3853
bab900@tiscali.it
www.babuinonovecento.com

Benedetti
Via Marmorata 139/141, 00153 Roma
telefone: +39.06.574 6610
fax: +39.06.574 6357
info@benedettiarredamenti.eu
www.benedettiarredamenti.eu

Cappellini
Via Santa Cecilia 4, 20122 Milão
telefone: +39.02.7600 3889
fax: +39.02.7600 3676
s.cecilia@cappellini.it
www.cappellini.it

Via di Propaganda 8, 00187 Roma
telefone: +39.06.678 4383
fax: +39.06.6929 5447
cappellini.roma@cappellini.it
www.cappellini.it

Carlo Moretti
Fondamenta Manin 3, 30141 Murano, Veneza
telefone: +39.041.736 588
fax: +39.041.736 282
info@carlomoretti.com
www.carlomoretti.com

Cassina
Via Durini 16, 20122 Milão
telefone: +39.02.7602 0745
fax: +39.02.7602 0758
showroom@cassina.it
www.cassina.com

Ceramica Flaminia
S.S. Flaminia Km 54, 630, 01033 Civita Castellana
telefone: +39.0761.542 030
fax: +39.0761.540 069
ceramicaflaminia@ceramicaflaminia.it
www.ceramicaflaminia.it

C.u.c.i.n.a
Via Mario d'Fiori 65, 00187 Roma
telefone: +39.06.679 1275

Danese
Piazza San Nazaro in Brolo 15, 20122 Milão
telefone: +39.02.5843 2104
fax: +39.02.5830 4150
www.danesemilano.com

Domus Vetri d'Arte
Fondamenta Vetrai 82, 30141 Murano, Veneza
telefone: +39.041.739 215
domusvetri@hotmail.com

E De Padova
Corso Venezia 14, 20121 Milão
telefone: +39.02.777 201
fax: +39.02.7772 0270
negozio@depadova.it
www.depadova.it

Flos
Via Angelo Faini 2, 25073 Bovezzo
telefone: +39.0302.4381
fax: +39.0302.438 250
www.flos.com

Fornari + Fornari
Via Frattina 133, 00187 Roma
telefone: +39.06.678 0105
fax: +39.06.679 7464
www.fornari1905.com

Fornasetti
Via Manzoni 45, 20121 Milão
telefone: +39.02.659 2341
fax: +39.02.259 4288
info@fornasetti.com
www.fornasetti.com

Galleria MK
Via Pietro Maroncelli 2, 20154 Milão
telefone: +39.02.655 1035
info@galleriamk.com
www.galleriamk.com

Galleria Rossella Colombari
Via Pietro Maroncelli 10, 20154 Milão
telefone: +39.02.2900 1189

Gusto
Piazza Augusto Imperatore 9, 00100 Roma
telefone: +39.06.323 6363
www.gusto.it

High Tech d'Epoca
Piazza A. Capponi 7, 00193 Roma
telefone: +39.06.687 2147
www.htdepoca.it

Il Loft
Via Pegoraro 24, 21013 Gallarate
telefone: +39.0331.776 578
fax: +39.0331.776 579
info@illoft.com
www.illoft.com

Magazzini Associati
Corso del Rinascimento 7, 00186 Roma
telefone: +39.06.6813 5179

Maurizio de Nisi
Via Panisperna 51, 00184 Roma
telefone: +39.06.474 0732
info@mauriziodenisi.com
www.mauriziodenisi.com

Minotti
Via Indipendenza 152, 20036 Meda
telefone: +39.03.6234 3499
fax: +39.03.6234 0319
info@minotti.it
www.minotti.com

Murano Più
Corso del Rinascimento 43/45, 00186 Roma
telefone: +39.06.6880 8038
fax: +39.06.687 5116
muranopiu@muranopiu.com
www.muranopiumadeinitaly.com

Odorisio
Via Tomacelli 150, 00186 Roma
telefone: +39.06.687 8235
fax: +39.06.687 8322
info@ odorisio.it
www.odorisio.it

Pauly
Calle Larga San Marco, 4391A San Marco, Veneza
telefone: +39.041.520 9899

Poltrona Frau
S.S. 77 Km 74,500, 62029 Tolentino
telefone: +39.0733.9091
fax: +39.0733.971 600
info@poltronafrau.it
www.poltronafrau.com

Retrò
Piazza del Fico 20-21, 00186 Roma
telefone: +39.06.6819 2746
info@retrodesign.it
www.retrodesign.it

Spazio Sette
Via dei Barbieri 7, 00186 Roma
telefone: +39.06.686 9747
fax: +39.06.6830 7139
www.spaziosette.com

Zucchetti
Via Molini di Resiga 29, 28024 Gozzano
telefone: +39.0322.954 700
fax: +39.0322.954 823
customer@zucchettidesign.it
www.zucchettionline.it

O CENÁRIO GASTRONÔMICO ITALIANO

Antica Focacceria San Francesco
Via A Paternostro 58, 90100 Palermo
telefone: +39.091.320 264
fax: +39.091.612 8855
info@afsf.it
www.afsf.it

Baby dell'Aldrovandi Palace
Via Ulisse Aldrovandi 15, 00197 Roma
telefone: +39.06.321 6126
fax: +39.06.322 1435
baby@ aldrovandi.com
www.aldrovandi.com

Bottega del Vino
Via Scudo di Francia 3, 37121 Verona
telefone: +39.45.800 4535
fax: +39.45.801 2273
www.bottegavini.it

Caffè Groppi
Via Goffredo Mameli 20, 28069 Trecate
telefone: +39.0321.71154
fax: +39.0321.785 732
info@caffegroppi.it
www.caffegroppi.it

Caminetto d'Oro
Via de'Falegnami 4, 40121 Bolonha
telefone: +39.051.263 494
fax: +39.051.656 1109
info@caminettodoro.it
www.caminettodoro.it

Castel Ringberg
San Giuseppe al Lago 1, 39052 Caldaro
telefone: +39.0471.960 010
fax: +39.0471.960 803
info@castel-ringberg.com
www.castel-ringberg.com

Castello Banfi
Loc. Sant'Angelo Scalo, Castello di Poggio alle Mura, 53024 Montalcino telefone: +39.0577.877 500
info@castellobanfi.com
www.castellobanfi.com

Combal.Zero
Piazza Mafalda di Savoia, 10098 Rivoli
telefone: +39.011.956 5225
fax: +39.011.956 5248
combal.zero@combal.org
www.combalzero.it

Cracco
Via Victor Hugo 4, 20123 Milão
telefone: +39.02.876 774
fax: +39.02.861 040

Da Caino
Via Chiesa 4, 58050 Montemerano
telefone: +39.0564.602 817
fax: +39.0564.602 807
info@dacaino.it
www.dacaino.it

Da Michele
Via C Sersale 1/3, 80100 Nápoles
telefone: +39.081.553 9204
www.damichele.net

Dal Pescatore
Loc. Runate 17, 46013 Canneto sull'Oglio
telefone:+39.0376.723 001
fax: +39.0376.70304
pescatore@relaischateaux.com
www.dalpescatore.it

Dolce Stil Novo
Via San Pietro 71/73, Loc. Devesi-Ciriè, 10073 Turim
telefone: +39.011.921 1110
dolcestilnovo@esanet.it
www.dolcestilnovo.com

Enoteca Ferrara
Piazza Trilussa 41, 00153 Roma
telefone: +39.06.5833 3920
fax: +39.06.580 3769
info@enotecaferrara.it
www.enotecaferrara.it

Enoteca Pinchiorri
Via Ghibellina 87, 50122 Florença
telefone: +39.055.242 757
fax: +39.055.244 983
ristorante@enotecapinchiorri.com
www.enotecapinchiorri.com

Gambero Rosso
Piazza della Vittoria 13, 57027 San Vincenzo
telefone: +39.0565.701 021
fax: +39.0565.704 542
info@ristorantegamberorosso.it
www.ristorantegamberorosso.it

Il Canto
Hotel Certosa di Maggiano
Strada di Certosa 82, 53100 Siena
telefone: +39.0577.288 180
fax: +39.0577.288 189
info@certosadimaggiano.it
www.ilcanto.it

Il Latini
Via dei Palchetti 6r, 50123 Florença
telefone: +39.055.210 916
fax: +39.055.288 794
info@illatini.com
www.illatini.com

Il Vecio Fritolin
Calle della Regina, 2262 Veneza
telefone: +39.041.522 2881
info@veciofritolin.it
www.veciofritolin.it

L'Olivo
Capri Palace Hotel + Spa
Via Capodimonte 2b, 80071 Anacapri
telefone: +39.081.978 0111
fax: +39.081.837 3191
info@capri-palace.com
www.capripalace.com

endereços

La Pergola de l'Hotel Roma Cavalieri Hilton
Via A Cadlolo 101, 00136 Roma
telefone: +39.06.3509 2152
fax: +39.06.3509 2165
lapergolareservations.rome@hiltonint.com
www.cavalieri-hilton.it

La Pista
Via Nizza 262/294, Lingotto,
10126 Turim
telefone: +39.011.631 3523
www.lapista.to.it

La Terrazza dei Barbanti
Hotel San Francesco al Monte
Corso Vittorio Emanuele 328,
80135 Nápoles
telefone: +39.081.423 9111
fax: +39.081.251 2485
info@hotelsanfrancesco.it
www.hotelsanfrancesco.it

Laite
Via Hoffe 10, 32047 Sappada, Belluno
telefone: +39.0435.469 070
ristorantelaite@libero.it
www.ristorantelaite.com

Le Calandre
Loc. Sarmeola, Via Liguria 1,
35030 Rubano telefone: +39.049.630
303 fax: +39.049.633 000
reception@calandre.com
www.calandre.com

Locanda dell'Isola Comacina
Ossuccio, 22010 Lago di Como
telefone: +39.0344.55083 or 56755
fax: +39.0344.57022
www.locanda-isola-comacina.com

Locanda Mongreno
Strada Comunale Mongreno 50,
10132 Turim
telefone: +39.011.898 0417
fax: +39.011.822 7345

Locanda nel Borgo Antico
Via Boschetti 4, 12060 Barolo
telefone: +39.0173.56355
fax: +39.0173.560 935
info@locandanelborgo.com
www.locandanelborgo.com

Madonnina del Pescatore
Lungomare Italia 11, 60017
Marzocca di Senigallia
telefone: +39.071.698 267
fax: +39.071.698 484
info@madonninadelpescatore.it
www.madonninadelpescatore.it

Met de l'Hotel Metropole
Riva degli Schiavoni Castello 4149,
30122 Veneza telefone: +39.041.520
5044 venice@hotelmetropole.com
www.hotelmetropole.com

Osteria La Francescana
Via Stella 22, 41100 Modena
telefone: +39.059.210 118
fax: +39.059.220 286

Osteria Sotto l'Arco
Corso Vittorio Emanuele II 71,
72012 Carovigno
telefone: +39.0831.996 286
fax: +39.0831.994 769
sottolarco@libero.it
www.giasottolarco.it

Palatium Enoteca Regionale
Via Frattina 94, 00187 Roma
telefone: +39.06.6920 2132
fax: +39.06.6938 0504
info@enotecapalatium.it
www.enotecapalatium.it

Paolo e Barbara
Via Roma 47, 18038 San Remo
telefone: +39.0184.531 653
fax: +39.0184.545 266
paolobarbara@libero.it
www.paolobarbara.it

Piazza Duomo
Piazza Risorgimento 4, 12051 Alba
telefone: +39.0173.366 167
info@piazzaduomoalba.it
www.piazzaduomoalba.it

Ristorante Duomo
Loc. Ibla, Via Capitano Bocchieri 31,
97100 Ragusa
telefone: +39.0932.651 265
info@ristoranteduomo.it
www.ristoranteduomo.it

Ristorante Sadler
Via Ascanio Sforza 77, 20100 Milão
telefone: +39.02.5810 4451
fax: +39.02.5811 2343
sadler@sadler.it
www.sadler.it

S'Apposentu
Via Sant'Alenixedda, Teatro Lirico,
09128 Cagliari
telefone: +39.0704.082 315
fax: +39.0704.525 308
sapposentu@tiscalinet.it
www.sapposentu.it

San Domenico
Via Gaspere Sacchi 1,
40026 Imola
telefone: +39.0542.29000
fax: +39.0542.39000
sandomenico@sandomenico.it
www.sandomenico.it

St. Hubertus de l'Hotel Rosa Alpina
Fraz. San Cassiano, Strada Micura de Rü
20, I-39030 San Cassiano in Badia
telefone: +39.0471.849 500
fax: +39.0471.849 377
info@rosalpina.it
www.rosalpina.it

Su Gologone
Loc. Su Gologone, 08025 Oliena
telefone: +39.0784.287 512
fax: +39.0784.287 668
gologone@tin.it
www.sugologone.it

Torre del Saracino
Loc. Marina di Seiano, Via Torretta 9,
80069 Vico Equense
telefone: +39.081.802 8555
info@torredelsaracino.it
www.torredelsaracino.it

Villa Crespi
Via G. Fava 18, 28016
Orta San Giulio
telefone: +39.0322.911 902
fax: +39.0322.911 919
info@hotelvillacrespi.it
www.hotelvillacrespi.it

Villa Fiordaliso
Corso Zanardelli 132, 25083
Gardone Riviera
telefone: +39.0365.20158
fax: +39.0365.290 014
info@villafiordaliso.it
www.villafiordaliso.it

Vissani
Fraz. Civitella del Lago, 05023 Baschi
telefone: +39.0744.950 206
fax: +39.0744.950 186

TESOUROS DA ITÁLIA

Accademia
Campo della Carita
Dorsoduro n.1050, 30130 Venezia
telefone: +39.041.520 0345
www.gallerieaccademia.org

Archeological Museum
Piazza Museo Nazionale 19,
80135 Nápoles
telefone: +39.081.292 823
www.archeona.arti.beniculturali.it

Bargello
Via del Proconsolo 4, 50122 Florença
telefone: +39.055.294 883
www.polomuseale.firenze.it/musei/bargello

Ca'Pesaro International Gallery of Modern Art
Santa Croce 2070, 30125 Veneza
telefone:+39.041.721 127
fax: +39.041.524 1075
www.museicivicivenezia ni.it

Centrale Montemartini
Via Ostiense 106, 00154 Roma
fax: +39.06.575 4207
museo.centrale.montemartini@comune.roma.it
www.centralemontemartini.org

Cittadella dei Musei
Piazza Arsenale, I-09100 Cagliari
telefone: +39.070.655 911

Coleção Peggy Guggenheim
Palazzo Venier dei Leoni
Dorsoduro 704, I-30123 Veneza
telefone: +39.041.240 5411
fax: +39.041.520 6885
info@guggenheim-venice.it
www.guggenheim-venice.it

Fondazione Sandretto Re Rebaudengo
Via Modane 16, 10141 Turim
telefone: +39.011.379 7601
www.fondsrr.org

Galleria Borghese
Piazzale Scipione Borghese 5,
00197 Roma
telefone: +39.06.32810
www.galleriaborghese.it

Galleria dell'Accademia
Via Ricasoli 58-60, 50122 Florença
telefone: +39.055.294 883
www.polomuseale.firenze.it/accademia
www.polomuseale.firenze.it

Galleria Nazionale d'Arte Moderna
Viale delle Belle Arti 131,
00196 Roma
telefone: +39.06.322 981
www.gnam.arti.beniculturali.it

Galleria Nazionale Umbria
Corso Vannucci 1, Perugia,
06100 Umbria
telefone: +39.075.574 1247
info@gallerianazionaleumbria.it
www.gallerianazionaleumbria.it

Galeria Uffizi
Loggiato degli Uffizi 6, 50121 Florença
telefone: +39.055.294 883
www.uffizi.firenze.it

Lo Scrigno
Pinacoteca Giovanni e Marella Agnelli
Lingotto, Via Nizza 230, 10126 Turim
telefone: +39.011.006 2008
www.pinacoteca-agnelli.it

MADre
Via Settembrini 79, 80139 Nápoles
telefone: +39.081.1931 3016
www.museomadre.it

MAMbo
Museo d'Arte Moderna di Bolonha
Via Don Minzoni 14, 40121 Bolonha
telefone: +39.051.649 6611
fax: +39.051.649 6600
info@mambo-bologna.org
www.mambo-bologna.org

MART
Corso Bettini 43, 38068 Rovereto
telefone: +39.0424.600 435
www.mart.trento.it

Milão Triennale
Triennale di Milano
Viale Alemagna 6, 20121 Milão
telefone: +39.02.875 441
www.triennale.it

Museo Archeologico Regionale
Piazza Olivella 24, 90100 Palermo
telefone: +39.091.611 6805

Museo del Mare
Calata de Mari 1, Darsena-Via Gramsci,
16126 Genoa
telefone: +39.010.234 5655
info@galatamuseodelmare.it
www.galatamuseodelmare.it

Museo dell'Automobile
Corso Unita d'Italia 40, 10126 Turim
telefone: +39.011.677 666
fax: +39.011.664 7148
www.museoauto.it

Museo della Vita e delle Tradizioni Popolari Sarde
Via Mereu 56, 08100 Nuoro
telefone: +39.0784.242 900

Museo di Arte Contemporanea
Castello di Rivoli
Piazza Mafalda di Savoia,
10098 Rivoli, Turim
telefone: +39.011.956 5222
fax: +39.011.956 5230
info@castellodirivoli.org
www.castellodirivoli.it

Museo Morandi
Piazza Maggiore 6, 40124 Bolonha
www.museomorandi.it

Museo Nazionale di Capodimonte
Parco di Capodimonte
Via Miano 2, 80131 Nápoles
telefone: +39.081.749 9111
fax: +39.081.744 5032
capodimonte.spmn.remuna.org

Museo Salvatore Ferragamo
Piazza Santa Trinita 5r,
50123 Florença
telefone: +39.055.336 0456
fax: +39.055.336 0475
www.salvatoreferragamo.it

Museu do Cinema
Via Montebello 20, 10124 Turim
telefone: +39.011.813 8560
www.museonazionaledelcinema.it

Museu Internacional de Cerâmica
Viale Baccarini 19, I-48018 Faenza
telefone: +39.0546.697 311
www.micfaenza.org

Museus Capitolinos
Piazza del Campidoglio 1, 00186 Roma
telefone: +39.06.8205 9127
www.museicapitolini.org

Museus Vaticanos
Viale Vaticano, 00120 Vaticano
telefone: +39.06.6988 3333
www.vatican.va

Palazzo dei Diamanti
Corso Ercole d'Este 21, 44100 Ferrara
telefone: +39.0532.244 949
diamanti@comune.fe.it
www.palazzodiamanti.it
www.artecultura.fe.it

Palazzo Doria Pamphilj
Piazza del Collegio Romano 2,
I-00186 Roma
telefone: +39.06.679 7323
fax: +39.06.678 0939
arti.rm@doriapamphilj.it
www.doriapamphilj.it

Palazzo Fortuny
San Marco 3780, 30124 Veneza
telefone: +39.041.520 0995
fax: +39.041.522 3088
www.museicivicivenezia ni.it

Palazzo Massari
Corso Porta Mare 9, 44100 Ferrara
telefone: +39.0532.243 415
fax: +39.0532.205 035
artemoderna@comune.fe.it
www.palazzodiamanti.it
www.artecultura.fe.it

Palazzo Pantaleo
Corso Vittorio Emanuele II,
74100 Taranto
telefone: +39.099.458 1715
www.museotaranto.it

Pinacoteca di Brera
Via Brera 28, 20121 Milão
telefone: +39.02.722 631
www.brera.beniculturali.it

Pinacoteca Nazionale
Via delle Belle Arti 56, I-40100
Bolonha
telefone: +39.051.420 9411
www.pinacotecabologna.it

Studio Museo Achille Castiglione
Piazza Castello 27, 20121 Milão
telefone: +39.02.805 3606
www.triennale.it

endereços

SOCIEDADE DO CAFÉ

Alle Logge di Piazza
Piazza del Popolo 1, 53024
Montalcino, Toscana
telefone: +39.057.784 6186

Antico Caffè
Piazza Costituzione 10/11, 09100
Cagliari, Sardenha
telefone: +39.070.658 206
info@anticocaffe1855.it
www.anticocaffe1855.it

Armani Privé
Via Alessandro Manzoni 31,
20121 Milão
telefone: +39.02.6321 2655
www.giorgioarmani.com

Bacaro Jazz
San Marco 5546, 30124 Veneza
telefone: +39.041.528 5249
info@bacarojazz.com
www.bacarojazz.com

Bar Dandolo
Hotel Daniele
Riva degli Schiavoni 4196, 30122
Veneza
telefone: +39.041.782 782
www.danieli.hotelinvenice.com

Bar Mexico
Piazza Dante 86, 80135 Nápoles
telefone: +39.081.549 9330

Baratti + Milano
Piazza Castello 27, 10124 Turim
telefone: +39.011.440 7138

Bibli
Via dei Fienaroli 28, Trastevere,
00153 Roma
telefone: +39.06.581 4534
www.bibli.it

Buddha del Mar
Villagio Gallura 2, San Teodoro,
08020 Sardenha
info@buddhadelmar.it
www.buddhadelmar.it

Café du Port
Molo Vecchio, 07020 Porto
Cervo, Sardenha
telefone: +39.0789.92348

Caffè Al Bicerin
Piazza della Consolata 5, 10122 Turim
telefone: +39.011.436 9325
bicerin@bicerin.it
www.bicerin.it

Caffè Cibreo
Via del Verrocchio 5r, 50122 Florença
telefone: +39.055.234 5853

Caffè Florian
Piazza San Marco 56, 30124 Veneza
telefone: +39.041.520 5641
fax: +39.041.522 4409
info@caffeflorian.com
www.caffeflorian.com

Caffé Latino
Bastioni Magellano 10, 07041
Alghero, Sardenha
telefone: +39.079.976 541
fax: +39.079.984 795

Caffè Marconi
Corso Marconi 3, 10124 Turim
telefone: +39.011.650 5151

Caffè Pansa
Piazza Duomo 40, 84011 Amalfi
telefone: +39.089.871 065
www.pasticceriapansa.it

Caffè Sicilia
Corso Vittorio Emanuele 125,
96017 Noto, Sicília
telefone: +39.0931.835 013
www.paginegialle.it/caffesicilia

Caffè Zucca
Galleria Vittorio Emanuele II
Piazza del Duomo 21, 20121 Milão
telefone: +39.02.8646 4435

Caffeteria Leonardo
Via A Saffi 7, 20121 Milão
telefone: +39.02.439 0302

Ciak Bar
Museu do Cinema
Via Montebello 20, 10124 Turim
telefone: +39.011.839 5711
info@museocinema.it
www.museonazionaledelcinema.org

Coffee Design
Triennale di Milano
Viale Alemagna 6, 20121 Milão
telefone: +39.02.875 441
www.triennale.it

Cova
Via Montenapoleone 8, 20121 Milão
telefone: +39.02.7600 5599

Culti Spa Café
Via Carlo Poerio 47-47/b, 80121
Nápoles
telefone: +39.081.764 4619
www.culti.it

Dal Pescatore
Piazzetta Sant'Angelo
Loc. Sant'Angelo, 80070 Ischia
telefone: +39.081.999 206

Donatello Bar
The Westin Excelsior, Florença
Piazza Ognissanti 3, 50123 Florença
telefone: +39.055.27151
fax: +39.055.210 278
www.starwoodhotels.com/westin

Fiat Café
Triennale di Milano
Viale Alemagna 6, 20121 Milão
telefone: +39.02.875 441
www.triennale.it

Freni + Frizioni
Via del Politeama 4-6, Trastevere,
00153 Roma
telefone: +39.06.5833 4210
info@ freniefrizioni.com
www.freniefrizioni.com

Giubbe Rosse
Piazza della Repubblica 13/14r,
50123 Florença
telefone: +39.055.212 280
fax: +39.055.290 052
info@giubberosse.it
www.giubberosse.it

Gran Caffè Cimmino
Via Filangieri Riccardo 12, 80121
Nápoles
Via Petrarca 147, 80122 Nápoles

Gran Caffè Gambrinus
Via Chiaia 1-2, 80132 Nápoles
telefone: +39.081.417 582
www.caffegambrinus.com

Kursaal Kalesa
Foro Umberto I 21, 90133 Palermo,
Sicília
telefone: +39.091.616 2111
info@kursaalkalhesa.it
www.kursaalkalhesa.it

Martini Bar
Corso Venezia 15, 20121 Milão
telefone: +39.02.7601 1154

Mulassano
Piazza Castello 15, 10124 Turim
telefone: +39.011.547 990

Museo Atelier Canova Tadolini
Via del Babuino 150a/b, 00187 Roma
telefone: +39.06.3211 0702
fax: +39.06.3262 9336

Negroni
Via de'Renai 17r, 50125 Florença
telefone: +39.055.245 647
www.negronibar.com

Ojster's Bar
Villagio Poltu Quatu, 07020 Porto
Cervo, Sardenha
telefone: +39.0789.99460

Pasticceria Di Pasquale
Corso Vittorio Veneto 104,
97100 Ragusa, Sicília
telefone: +39.0932.624 635
fax: +39.0932.627 709
info@pasticceriadipasquale.com
www.pasticceriadipasquale.com

Peck Bar
Via Spadari 9, 20121 Milão
telefone: +39.02.802 3161

Quisi Bar
Grand Hotel Quisisana
Via Camerelle 2, 80073 Capri,
Campanha
telefone: +39.081.837 0788
fax: +39.081.837 6080
info@quisi.com
www.quisi.it

Ristorante Gran Caffè Quadri
Piazza San Marco 121, 30124 Veneza
telefone: +39.041.522 2105
fax: +39.041.520 8041
www.quadrivenice.com

Spinnato Antico Caffè
Via Principe di Belmonte 107/115,
90139 Palermo, Sicília
telefone: +39.091.329 220

Supperclub
Via dei Nari 14, 00186 Roma
telefone: +39.06.6880 7207
www.supperclub.com

Tazio Champagnerie
Hotel Exedra
Piazza della Republica 47, 00185 Roma
telefone: +39.06.489 381
fax: +39.06.4893 8000
www.boscolohotels.com

Tazza d'Oro
Via degli Orfani 84, 00186 Roma
telefone: +39.06.678 9792
fax: +39.06.679 8131
info@tazzadorocoffeeshop.com
www.tazzadorocoffeeshop.com

The Fusion Bar
Gallery Hotel Art
Vicolo dell'Oro 5, 50123 Florença
telefone: +39.055.283 054
www.glahotels.com

CUIDADOS À ITALIANA

Acanto Spa
Piazza Rondanini 30, 00186 Roma
telefone: +39.06.6813 6602
info@acantospa.it
www.acantospa.it

Bagni di Bormio Spa Resort
Via Bagni Nuovi 7, 23038
Valdidentro, Sondrio
telefone: +39.0342.910 131
fax: +39.0342.918 511
www.bagnidibormio.it

Borgo La Bagnaia
Strada Statale 223,
Siena Grosseto Km 12, 53016
Localita Bagnaia, Siena
telefone: +39.0577.813 000
fax: +39.0577.817 464
www.borgolabagnaia.com

Bulgari Hotel Spa
Bulgari Hotels + Resorts Milano
Via Privata Fratelli Gabba 7b,
20121 Milão
telefone: +39.02.805 8051
fax: +39.02.8058 05222
www.bulgarihotels.com

Capri Beauty Farm
Capri Palace Hotel + Spa
Via Capodimonte 2b, 80071 Anacapri
telefone: +39.081.978 0111
fax: +39.081.837 3191
info@capri-palace.com
www.capripalace.com

Casanova Spa
Hotel Cipriani
Giudecca 10, 30133 Veneza
telefone: +39.041.520 7744
fax: +39.041.520 3930
info@hotelcipriani.it
www.hotelcipriani.com

Daniela Steiner Beauty Spa
Kempinski Hotel Giardino
di Costanza Sicília
Via Salemi Km 7, 100,
91026 Mazara del Vallo
telefone: +39.0923.675 000
fax: +39.0923.675 876
info.mazara@kempinski.com
www.kempinski-sicily.com

ESPA at Castello del Nero
Castello del Nero Hotel + Spa
Strada Spicciano 7,
50028 Tavarnelle Val di Pesa
telefone: +39.055.806 470
fax: +39.055.8064 7777
reservations@castellodelnero.com
www.castello-del-nero.com

Grand Hotel Tombolo
Via del Corallo 3, 57022 Marina di
Castagneto Carducci
telefone: +39.0565.74530
fax: +39.0565.744 052
info@tombolotalasso.it
www.grandhoteltombolo.com

Spa at Mezzatorre
Mezzatorre Resort + Spa
Via Mezzatorre 23, 80075 Forio D'Ischia
telefone: +39.081.986 111
fax: +39.081.986 015
info@mezzatorre.it
www.mezzatorre.it

Terme Merano
Piazza Terme 9, I-39012 Merano
telefone: +39.0473.252 000
fax: +39.0473.252 022
info@termemerano.it
www.termemerano.it

Terme Pré-Saint-Didier
Allée des Thermes Pré-Saint-Didier,
11010 Terme di Pré-Saint-Didier
telefone: +39.0165.867 272
fax: +39.0165.867 726
info@termedipre.it
www.termedipre.it

Vigilius Resort
Vigiljoch Mountain, I-39011 Lana
telefone: +39.0473.556 600
fax: +39.0473.556 699
info@vigilius.it
www.vigilius.it

Villa del Parco + Spa
Le Méridien's Forte Village Resort
Santa Margherita di Pula, I-09010
Cagliari, Sardenha
telefone: +39.070.921 516
fax: +39.070.921 246
forte.village@fortevillage.com
www.fortevillage.com